U0575118

宁夏社会科学院文库

宁夏农垦史

廖 周 著

**History of
Agricultural Reclamation
in Ningxia**

社会科学文献出版社
SOCIAL SCIENCES ACADEMIC PRESS (CHINA)

总　序

　　宁夏社会科学院是宁夏回族自治区唯一的综合性哲学社会科学研究机构。长期以来，我们始终把"建设成马克思主义的坚强阵地、建设成自治区党委政府重要的思想库和智囊团、建设成宁夏哲学社会科学研究的最高殿堂"作为时代担当和发展方向。特别是党的十八大以来，在自治区党委、政府的正确领导下，坚持以习近平新时代中国特色社会主义思想武装头脑，坚持马克思主义在哲学社会科学领域的指导地位，坚持以人民为中心的研究导向，增强"四个意识"、坚定"四个自信"、做到"两个维护"，以"培根铸魂"为己任，以新型智库建设为着力点，正本清源、守正创新，不断推动各项事业迈上新台阶。

　　习近平总书记在哲学社会科学工作座谈会上强调，当代中国正经历着我国历史上最为广泛而深刻的社会变革，也正在进行着人类历史上最为宏大而独特的实践创新。这种前无古人的伟大实践，必将给理论创造、学术繁荣提供强大动力和广阔空间。作为哲学社会科学工作者，我们积极担负起加快构建中国特色哲学社会科学学科体系、学术体系、话语体系的崇高使命，按照"中国特色哲学社会科学要体现继承性、民族性，体现原创性、时代性，体现系统性、专业性"的要求，不断加强学科建设和理论研究工作，通过国家社科基金项目的立项、结项和博士论文的修改完善，产出了一批反映哲学社会科学发展前沿的研究成果。同时，以重大现实问题研究为主要抓手，建设具有地方特色的新型智库，推出了一批具有建设性的智库成果，为党委、政府决策提供了有价值的参考，科研工作呈现良好的发展势头和前景。

加快成果转化，是包含多种资源转化在内的一种综合性转化。2019年，宁夏社会科学院结合中央和自治区党委、政府重大决策部署，按照"突出优势、拓展领域、补齐短板、完善体系"的原则，与社会科学文献出版社达成合作协议，分批次从已经结项的国家、自治区级社科基金项目和获得博士学位的毕业论文中挑选符合要求的成果，编纂出版"宁夏社会科学院文库"。

优秀人才辈出、优秀成果涌现是哲学社会科学繁荣发展的重要标志。"宁夏社会科学院文库"，从作者团队看，多数是中青年科研人员；从学科内容看，有的是宁夏社会科学院的优势学科，有的是跨学科或交叉学科。无论是传统领域的研究，还是跨学科领域研究，其成果都具有一定的代表性和较高学术水平，集中展示了哲学社会科学事业为时代画像、为时代立传、为时代明德的家国情怀和人文精神，体现出当代宁夏哲学社会科学工作者"为天地立心、为生命立命、为往圣继绝学、为万世开太平"的远大志向和优良传统。

"宁夏社会科学院文库"是宁夏社会科学院新型智库建设的一个窗口，是宁夏社会科学院进一步加强课题成果管理和学术成果出版规范化、制度化的一项重要举措。我们坚持以习近平新时代中国特色社会主义思想为指引，坚持尊重劳动、尊重知识、尊重人才、尊重创造，把人才队伍建设作为基础性建设，实施学科建设规划，着力培养一批年富力强、锐意进取的中青年学术骨干，集聚一批理论功底扎实、勇于开拓创新的学科带头人，造就一支立场坚定、功底扎实、学风优良的哲学社会科学人才队伍，推动形成崇尚精品、严谨治学、注重诚信的优良学风，营造风清气正、互学互鉴、积极向上的学术生态，要求科研人员在具备专业知识素养的同时，将自己的专业特长与国家社会的发展结合起来，以一己之长为社会的发展贡献一己之力，立志做大学问、做真学问，多出经得起实践、人民、历史检验的优秀成果。我们希望以此更好地服务于党和国家科学决策，服务于自治区高质量发展。

路漫漫其修远兮，吾将上下而求索。宁夏社会科学院将以建设具有地方特色和区域特色的新型智库为目标，坚持实施科研立院、人才强院、开放办院、管理兴院、文明建院五大战略，努力建设学科布局合理、功能定位突出、特色优势鲜明，在全国有影响、在西部争一流、在宁夏有大作为的社科研究机构。同时，努力建设成为研究和宣传马克思主义理论的坚强阵地，成为研究自治区经济社会发展重大理论和现实问题的重要力量，成为研究宁夏地方历史文化的重要基地，成为开展对外学术文化交流的重要平台，成为自治区党委、政府信得过、用得上的地方特色和区域特色鲜明的新型智库，为建设经济繁荣民族团结环境优美人民富裕的美丽新宁夏提供精神动力与智力支撑。

宁夏社会科学院

2019 年 12 月

前　言

　　中国农垦究其本质是一个农业企业，同时也是一个特殊的社会组织。说其特殊，主要有三点：一是新中国农垦大多从军垦发展而来，特别是边疆和民族垦区，兼有屯垦戍边的国防及维稳职能；二是农垦的基层农场大多开荒自人烟稀少的亘古荒原和盐碱滩地，由于远离城市，农场需要自主兴办教育、卫生、科技、治安等社会事业，建设交通、电力等基础设施，担负相当于乡级政府的部分职能；三是农场的土地属于国家所有，在计划经济时代，任务由国家下达，粮食上交国家，农工有定额工资，负有保障粮食安全、农业科技及技术推广、资源开发与保护、开发及储备国有土地的事业性功能。

　　我不太赞同在市场经济尚未完善和农垦现代企业制度尚未完全建立之前，单纯用"企业经营"数据考察农垦的发展成效。因为在那之前，社会与政治的影响高于以国营农场为主体的农垦经济生产。且不论历次政治运动和体制变更对垦区正常经营的干扰和影响，就企业的生产而言，就避不开各种政策性成本。首先，从垦区解决就业来看，农垦区安置了大量退伍复员军人、知识青年、分流人员，这种政策性的劳动力安置，体现的政治性高于经济性。在有的垦区，这种影响可能更大。比如在三年困难时期，新疆兵团收容安置了二十余万从各省、区流动到新疆求工就业人员，免除了这些人因饥饿或被遣返而可能产生的严重后果，起到稳定社会的重要功能。其次，从工农差别政策的成本看，农垦的粮食等主要产品和全国农村一样，存在工农业产品价值的不等价交换，其巨额的"剪刀差"本身是难以计算的。再次，从民生成本看，农垦经济的发展成果在垦区得到较为充分的共享。在改革开放前的历史时期，农工有固定工资，享受垦区从"摇篮到坟墓"的各种社会福利，虽然是低水平的，但与周边农村、农民相比，无论是政治地位、经济地位还是幸福指数都比较高。即使在改革开放初期，由于多数垦区农工商一体化起步早，特别是工商服务业发展较农村快，有自成一体的物资供应和保障体系，农工的实际待遇和职业优越感也远高于一般农民。

就宁夏农垦而言，随着城市化的快速推进，原本处于城市远郊的国营农场，逐渐纳入城市郊区，乃至城市中心区。国营农场的土地资源不仅是企业的重要生产资料，也是自治区国有土地的重要战略储备。有数据显示，2003～2014 年，宁夏农垦为自治区、银川市等重大项目提供土地约 56 万亩。所以，考察农垦的经济指标，特别是现代企业制度尚未完善之前的农垦发展成效，必须多角度考量这一组织的特殊性。当然，随着市场经济制度不断完善、现代企业制度的建立，特别是农垦逐渐剥离其社会职能，作为企业，盈利并保障发展成果为全垦区共享，就成为第一要务。

保供给、做示范是农垦安身立命的根本。保供给就是保障国家粮食供给和安全，中国有近 14 亿人口，粮食问题是头等大事。2018 年 9 月，习近平总书记在黑龙江农垦视察时再次强调："中国人要把饭碗端在自己手里，而且要装自己的粮食。"做示范就是要求农垦为农业现代化做示范。农垦今日之地位是在服从与服务于国家战略和地方发展战略的历史进程中形成的，也是在不断发挥"保供给、做示范"中得到保证的，两者存在辩证统一的关系，"有地位"是"有作为"的基础，"有作为"是"有地位"的关键，二者相互依存、相互联系、相互作用。总结好这两条历史经验，才能深刻理解中国农垦的"历史不可忘记，贡献不可磨灭，优势不可比拟，地位不可或缺，作用不可替代"，从而树立农垦发展的道路自信、理论自信和制度自信，按照新时期党中央的要求，把农垦建成"重要农产品生产基地和现代农业的示范带动力量"，推动中国农垦这一特殊组织在"四个全面"战略布局中迈向新征程。

最后，有必要对书中的用语作些说明。随着历史的变迁，一些概念和用语也会发生变化，比如军垦时期的农场亦称团场。大部分时期，国营农场和国有农场其所指一致，大约1989年以后，使用"国有农场"逐渐增多，但时至今日，在国家工商注册信息系统和官方文件中，"国营农场"仍然在使用。本书中有关"农场""团场"、"自营经济""个体私营经济"、"农工""军工""牧工""机农""职工"、"支宁人员""支宁青年"、"场部""场镇"等用语均按照当时的文献使用，其中的差别一般不作说明。由于分期困难，文中有关"一段时期""新世纪以来""新时期"等用语，没有明确时间范围，只能做大概表述。

目　录

第一章　绪论 / 001

　第一节　宁夏农垦史文献述评 / 001

　第二节　宁夏历代垦殖开发的特点 / 005

　第三节　毛泽东、邓小平、习近平关于农垦的重要论述 / 011

第二章　当代宁夏农垦事业的开创 / 036

　第一节　组建宁夏省灵武机械农场 / 037

　第二节　成立农建一师开发西大滩 / 043

　第三节　屯垦开荒新建一批农场 / 051

　第四节　浙江支宁人员在农垦 / 064

　第五节　成立生产建设兵团农业建设第十三师 / 066

　第六节　知识青年到农场 / 071

　第七节　县市农场与机关企事业农场 / 079

　小　结 / 080

第三章　"文化大革命"时期的宁夏农垦 / 087

　第一节　农五师的成立与撤销 / 087

第二节 简泉农场和西湖农场纳入农垦序列 / 092

第三节 从贺兰山军马场到农牧场 / 094

第四节 "评工记分"在垦区的推行 / 097

小 结 / 099

第四章 垦区各项事业的改革探索 / 103

第一节 经营管理体制机制的初步改革 / 104

第二节 妥善解决知青遗留问题 / 121

第三节 垦区工商业的蓬勃发展 / 125

第四节 三个农林场纳入农垦系统 / 133

第五节 农业分区和农业商品生产基地建设 / 140

第六节 垦区教育卫生和科技改革 / 158

第七节 改革初期的垦区经济与社会 / 169

小 结 / 181

第五章 市场经济体制的确立与垦区改革发展 / 186

第一节 垦区工业的困难及应对 / 189

第二节 自营经济的突起与垦区工农业体制改革 / 194

第三节 从渔湖到5A级景区 / 205

第四节 连湖模式与宁夏供港蔬菜产业 / 209

第五节 从工程队到西夏苑房地产开发公司 / 212

第六节 生猪产业与"灵农"品牌建设 / 215

第七节 垦区社会职能的分离改革 / 218

第八节 从场镇建设到小城镇建设 / 224

第九节 土地问题的出现与管理 / 230

小 结 / 235

第六章 深化农垦体制改革与加快产业调整 / 241

第一节 体制改革的梯次推进 / 243

第二节 不断壮大粮食、葡萄、奶和旅游产业 / 258

第三节 农垦改革发展历史经验 / 267

参考文献 / 276

附 录 / 291

宁夏农垦集团机构沿革（1950～2019）/ 291

宁夏农垦集团有限公司组织机构（2019）/ 292

后 记 / 293

第一章 绪论

 宁夏农垦史研究主要以宁夏行政区域内的当代农垦事业发展为研究对象。重点考察新中国成立以来，宁夏各国营农场、军垦团场的建立、产业发展和梯次推进改革的过程，揭示中央、自治区方针政策的变动与宁夏农垦事业的发展关系，总结农垦改革发展的历史经验。同时，本书对宁夏古代屯垦史及特点，当代国营农场的建立缘由，军垦及兵团体制的建立与撤销、知青在农垦、体制改革、产业发展及调整、土地经营与管理、社会职能改革、场镇建设、农垦移民等问题做重点分析。

第一节 宁夏农垦史文献述评

 宁夏自古为边陲重地，亦是我国历代重要的屯垦地区。自秦汉以来，在宁夏土地上的屯垦开发，为历代边疆的稳定、战争的胜利和经济社会发展做出了重要贡献。

 有关宁夏农垦研究的学术史方面，自民国起，出于地缘政治和经济开发的考量，中国学界逐渐关注西北移民垦殖问题，其中包括对宁夏农垦历史的梳理。如高秉坊（1924）《论西北垦殖事业》，南运河工程局（1930）《西北垦殖计划》，安汉（1932）《西北垦殖论》，李积新（1934）《宁夏垦务概况》等著作，从战略及工程技术层面强调西北移民垦殖重要性的同时，也简略地涉及了宁夏农垦史。王国鼎（1933）《中国田制史》是较早系统论述自上古至元代中国地政的著作，并对屯田制度进行了分述。张君约（1939）《历代屯田考（上下）》论述了自西汉至明代的屯田历史，提出"屯田制是中国历史上仁政具体化之最大政策"的论断。1942年宁夏省政府秘书处编纂《十年来宁夏省政述要》，其中有关水利、农业和土地整理与荒地使用等内容，是考察1933～1942年期间宁夏垦殖的重要史料。唐启宇（1944）《历代屯垦研究（上下）》上册主要论述历代屯垦制度，下册分地域探讨屯垦问题，该书将宁夏置入"甘青之屯垦"部分阐述。李贻格（1947）在《宁夏历代屯垦考》一文中简要地梳理了自秦汉至清末，民国行政区域内宁夏的屯垦开发及成效。

新中国成立后，有关古代农垦方面的著作逐渐增多。如王毓铨（1965）《明代的军屯》、唐启宇（1985）《中国农史稿》、杨向奎等（1990）《中国农垦史（上中下）》、刘继光（1991）《中国历代屯垦经济研究》、赵俪生（1997）《古代西北屯田开发史》、田澍（2007）《西北开发史研究》等著作，以西北区域为研究视角，研究屯田制度、经济开发与社会变迁，对宁夏农垦历史均有涉及。杨新才《宁夏农业史》（1998）与刘天明《移民大开发与宁夏历史文化》（2008）则重点以宁夏为研究对象，对历代屯垦对宁夏农业发展的贡献及屯垦戍边与历史文化的演变进行了细致的考察。左书谔（1986）、刘菊湘（1996）、吕卓民（1997）、李蔚（2000）、薛正昌（2015）分别对明代屯垦、西夏屯田、屯田与水利开发等问题做了专题研究，这些文献都为古代及近现代宁夏农垦史的进一步梳理和研究提供了宝贵的基础。

在宁夏历代屯垦综述性研究方面，主要有4篇著作。一是李贻格于1947年在《农业通讯》第10～11期上发表的《宁夏历代屯垦考》，这是研究宁夏历代垦殖开发最早的一篇文章。其二是和龑于1986年在《宁夏文史》上发表的《宁夏平原历代屯田开发探述》；其三是《宁夏农垦志（1950～1988）》，专设一章对历代垦殖业做了概述；其四是2007年西北师范大学吴超博士的论文《13～19世纪宁夏平原农牧业开发研究》。

在当代宁夏农垦史研究方面，由于新中国农垦史研究是近年来中国当代史新兴研究领域，当代宁夏农垦史研究尚处在文献资料的整理阶段。从20世纪80年代起，宁夏垦区先后编纂了《宁夏农垦志（1950～1988）》《宁夏农垦志（1989～2004）》及各农场志、公司志、文件汇编等二十余种公开和内部出版物，这些志书和文件汇编是研究农垦史重要的史料来源，具有原始性、连续性、时代性等特点。

特别值得一提的是，1984年，宁夏农垦事业管理局成立宁夏农垦经济研究会，该研究会的会刊《宁夏农垦经济研究》（《宁夏农垦经济》），刊登了大量反映当时垦区经济社会发展历史与现状的文章，是考察垦区改革开放初期发展情况的重要资料。1989年，宁夏农垦经济学会编辑出版了《宁夏农垦经济的改革发展研究》，该书部分章节对改革开放前十年作了历史总结。此外，历年宁夏农垦或相关研究人员在《中国农垦》等杂志上发表的文章，亦有重要的参考价值。

宁夏档案馆藏有1950～1985年农垦档案，是研究当代农垦事业发展的重要资料。一些散见于公开期刊中有关宁夏农垦的文章，虽然多倾向于行业或企业宣传，但若引用得当，亦可作为论述某个专题的史料依据。2010年，宁夏农垦局党委组织编纂了《足迹（上下）》《劳模风采（1950～2010）》，这两套书以回忆录和人物传记的方式展现了农垦建设者们60年的奋斗历程，具有口述史料的重要参考价值，弥补了档案文献的生硬和不足。

宁夏的农垦事业是新中国农垦的重要组成部分，其发展历程与新中国历史、新中国农垦历史以及我国农业、国有企业的改革发展史密不可分，所以，宁夏农垦史研究离不开中国农垦史资料的支撑。

在参考文献方面，最具权威的是农业部农垦主管部门汇编的《农垦工作文件资料选编》，该资料共 6 卷本，收集了自 1949～2013 年中央和地方有关农垦工作的重要文献。农业部 2009 年编写的《新中国农业60 年统计资料》是一部全面反映新中国成立以来农村经济及农业生产发展历程的综合性统计资料工具书，收录了 1949～2008 年全国农业（农垦）统计资料及 1978～2008 年各省（自治区、直辖市）主要农业（农垦）统计资料。

宁夏农垦局编纂的《宁夏农垦统计资料汇编（1952～1980）》《宁夏回族自治区农垦统计资料汇编（1981～1985）》《宁夏回族自治区农垦统计资料汇编（1986～1990）》《宁夏农垦统计资料汇编（1991～1995）》《宁夏农垦统计资料汇编（1996～2000）》是考察垦区各项事业发展指标的重要参考资料。

1981 年，农垦部政策研究室编撰的《中国农垦事业大事记》（内部资料）、历年《中国农业年鉴》和《中国农垦统计年鉴》中的大事记部分，时序性强，基本要事不漏，提纲挈领，问题集中，是了解史实线索的重要工具。同时，年鉴也提供了较为可信的统计数据。1986年，《当代中国》丛书编辑委员会曾组织出版《当代中国的农垦事业》，该书以丰富的资料记载了新中国农垦事业开创历程以及各垦区的发展情况。改革开放以来，学界有关新中国农垦事业的起步、各垦区成立的背景、体制改革和产业发展历程、农垦建设者以及建设历史经验总结等或散见于不同著作与文献，或侧重个案研究，从宏观层面叙述新中国农垦史的相关著作并不多。为此，农业部农垦局作为全国农垦事业的主管部门，于 2000 年组织编写了《中国农垦五十年》，介绍自新中国成立以来农垦系统的 50 年奋斗历程。全书分"历程篇""成就篇""经验篇""展望篇""大事篇""资料篇"，是一本较为全面的行业史志。与此书相对照的是他们于 2008 年编写的《中国农垦改革发展 30 年》，此书对农垦系统 1978 年至 2008 年改革开放历史进程和重大成就做了系统的介绍。不足之处是，这两本书对历史问题的探索不够深入，特别是对国家政策变动的经济社会背景交代不够，宣传性的内容较多。

近年来出版的《海南农垦发展史》（2016）、《培育农垦国际大粮商研究》（2017）、《黑龙江屯垦史》（2018）、《打造中国农业领域的航母——新时期农垦改革发展理论与实践》（2018）等著作为本书的结构设计和理论提升提供了借鉴参考。

第二节　宁夏历代垦殖开发的特点

宁夏自古为边陲重地，亦是我国历代重要的屯垦地区。秦时，为北逐匈奴，朝廷开辟北地郡，迁徙民众垦田筑城，使胡人不敢南下牧马；汉武帝时，在朔方屯田，作为北方匈奴与关中之间的缓冲地带，至东汉末年中央权弱，屯田受阻，宁夏平原重归游牧；魏晋南北朝时期，北魏刁雍奏开艾山渠，宁夏南北均有公私屯田，宜产宜牧；隋朝朔州总管在长城以北屯田置业，军粮自足，岁有剩粟；唐时，屯务和渠务齐头并进，军食大济，安史之乱后，军事屯田变为民屯；宋和西夏，为充实边务，均沿边置屯，尤以西夏屯务成就显著，贺兰山"摊粮城"蔚为壮观；元时徙南军屯田宁夏，又安置回回军屯，加上张文谦、郭守敬等人疏浚修复灌渠，再现西夏"塞北江南"；明时，宁夏为九边重镇，设有"五卫七所八十六屯堡"，长城内外，军士屯卫兼顾，仓储充溢；至清代，疆界开阔，宁夏无边患，变军屯为民田，四周移民垦殖日益增多，昔日游牧之地，农商兴盛，与中原无异。清末，社会剧变，人口流动大，土地多有荒废。至民国，虽修建云亭渠，并有垦殖计划，但实际将土地分为军队和官僚私产，垦殖计划破产。

纵观宁夏古代屯垦两千余年，起于秦，盛于汉，复兴于隋唐，反复于宋夏，完备于明，渐变于清，代有兴废。其土地的屯垦开发，为历代边疆的稳定、战争的胜利和经济社会发展做出了重要贡献。

一 宁夏古代屯垦与水利建设相辅相成

秦始皇统一全国后，为防边患，命蒙恬沿黄河筑垣设郡，并以"民屯""罪屯""军屯"等方式开展垦殖。汉武帝接受主父偃的建议，亦在朔方地屯田。宁夏今日的秦渠和汉延渠据传始于秦汉，在民间，并有"白马拉缰"①的传说。而汉延渠修建于公元前110年左右②，同汉武帝及主父偃主张朔方屯田时间一致。

魏晋以后，西北战争连年不断，宁夏平原的农业生产遭受严重破坏。鲜卑拓跋部统一北方，建立北魏政权之初，即着手恢复河套地区的农业生产。时宁夏有高平镇和薄骨律镇，薄骨律镇将刁雍，针对宁夏平原的引黄水利灌溉系统因战乱破坏，致使"官渠乏水，不得广殖"，他上奏朝廷请开艾山渠，"溉官私田四万余顷""官课常充，民亦丰赡"③。

宁夏著名的唐徕渠，历代疏浚重修均与屯垦有关。唐徕渠始于光禄古渠④，此渠被吐蕃马重英在大历十三年（778年）⑤侵犯灵州时毁坏，以扰唐朝边防军的屯田。唐元和十五年（820年），灵州大都督李听对此渠曾大加疏浚、延长，并招徕垦种，遂名唐徕渠。西夏王朝时，为满足军需民食，也曾疏浚修挖此渠，史称其"土境虽小，能以富强，地势然也"⑥。元中统元年（1260年），朝廷计划将南军屯垦西夏营田，至元元年（1264年），著名水利专家郭守敬随中书左丞张文谦到宁夏，开挖毁坏淤浅的唐徕渠、汉延渠、秦家渠等工程。工程完毕后，至元八年（1271年），设立宁夏营田司民屯，陆续迁徙南方投降民众到中兴路

---

① 民间相传秦渠的流向是依白马缰绳拖地而成。参见郭建申编著《中国西部回族民间故事集》，中国文化出版社，2009，第1页。

② 《宁夏水利志》编纂委员会编《宁夏水利志》，宁夏人民出版社，1992，第165页。

③ （北齐）魏收撰《魏书1 卷1～41》，吉林人民出版社，1998，第529页。

④ 宁夏百科全书编纂委员会编《宁夏百科全书》，宁夏人民出版社，1998，第174页。

⑤ 司马光：《柏杨白话版资治通鉴（第7辑）》，万卷出版公司，2009，第339页。

⑥ 耿相新、康华：《二十五史（9）》，中州古籍出版社，1996，第499页。

（后改宁夏路）编聚屯田。

西夏王朝时，为与宋、辽、金抗衡，将军队分为正军与屯军，屯军平时务农，战时为伍，为发展屯务，大兴水利，最著名是李元昊时期开凿的"昊王渠"，从青铜峡引黄河水，沿贺兰山东麓，流经今宁夏吴忠、永宁、银川、贺兰、平罗等县市，全长约 150 千米。

明清时期，屯务与渠务也是齐头并进，屯垦废，渠务凋敝，屯垦兴，旧渠变新渠。自古以来，宁夏平原地区受自然条件所限，农业必须灌溉，而大兴水利必须依靠"国家"或集体的力量，无大规模屯垦，水利就无从谈起，而只要水利先行，屯垦成果必然丰厚，所以历代引黄水利与屯田兴衰相符。正如明代陕西按察副使曹琏在《西夏形胜赋》中所言"带河渠之重阻，奠屯成之基张，垦良田之万顷，撑乔木之千章"①。

二　宁夏古代屯田与边务缓急互动明显

宁夏背靠贺兰山，面向黄河，其间沃野平川，处于中原农耕与北方游牧的交汇地，军事战略位置非常重要。宁夏在历史上，不同时期的军事地位和边务缓急与屯田有着密切的关系。秦汉之时，今宁夏全境处于西防羌族、北御匈奴的前沿与要冲，秦始皇于统一全国后的第二年，亲赴北地郡巡视，后派大将蒙恬率 30 万大军出击匈奴，"取河南地千里"，并迁民屯垦实边，其中北地郡就包括宁夏。两汉时期，宁夏是防御匈奴南进之要冲。为加强军防，汉武帝下令在乌氏县（固原县南）瓦亭关、朝那县萧关设重防，还在富平县神泉障设北地都尉，浑怀障设浑怀都尉，以加强河防与边塞军卫管理。东汉时，也大规模"募民徙塞下屯耕"，巩固边塞②。

---

① （明）胡汝砺纂修《嘉靖宁夏新志》，宁夏人民出版社，1982，第 439 页。
② 宁夏军事志编纂委员会编《宁夏军事志（上）》，宁夏人民出版社，2001，第 84 页。

隋开皇三年（583 年），突厥犯塞，吐谷浑寇边，西北边境屡次发生战争，为减轻粮草转运成本，隋文帝命令大将军赵仲卿随军前往贺兰山，后任朔州总管，大兴屯田，"收获岁广，边戍无馈运之忧"①。

隋唐和五代时期，中央政权对边区少数民族的战争频繁，宁夏军事战略地位日益重要。唐贞观元年设置关内道，包括原州、灵州、盐州、会州等宁夏地区，属于京畿地区，由京官遥领。宁夏境内不仅有军屯，还有大规模的民屯。贞观二十年（646 年），李世民亲临灵州，接受并以屯田的方式安置归附的少数民族，屯垦经济的发展使得朔方军兵马强盛②，关中屏障灵州成为唐肃宗的中兴之本。

宋夏鼎立之时，为战争需要，双方均在边境大力发展军屯，西夏有屯田军，各地设置寨所，武装侵垦③。北宋为防御西夏，在西北地区也普遍设置了屯田，如咸平年间，陕西转运使在镇戎军（治所固原）实行屯田，斐济在灵州也曾实行屯田，景德年间，北宋招募西北百姓为弓箭手，计口给田，"胜者予田二亩"，且不交税④。

元初，受战争破坏，宁夏境内人口稀少，农业凋敝，忽必烈在宁夏设"中兴路新民总管"，迁徙内地居民在西夏故地屯垦。其后，多次迁徙内地降军和回回军往宁夏屯田，并以民屯为主。

至明朝，为防蒙古骑兵南下，政府沿长城设立九个军事重镇，宁夏地区就有两个，宁夏镇和固原镇，并实行军屯制度，规定军队"七分屯种，三分城操"，⑤ 在军屯的带动下，在屯所周边也形成了一定规模的民屯和商屯。由于屯垦制度严密，明军在宁夏的屯垦取得巨大的成

---

① 中国文史出版社编《二十五史（卷五）·南史、北史、隋书》，中国文史出版社，2003，第 1514 页。
② 灵州地区水土丰沃，垦殖发达，据《唐六典》卷七《尚书工部》记载："凡天下诸军、州管屯，总九百九十有二……灵州三十七屯。"参见《册府元龟》卷 503，《邦计部·屯田》，中华书局，1960，第 6036～6037 页。
③ 郑彦卿编著《宁夏五千年》，宁夏人民出版社，2001，第 55 页。
④ 张泽咸等：《中国屯垦史（中册）》，农业出版社，1990，第 158～160 页。
⑤ 《明史》（七），中华书局，1974，第 1884 页。

绩。永乐三年（1405 年），朝廷以"天下屯田积谷宁夏最多"①，表彰了总兵何福。据《春明梦馀录》记载，明代中期宁夏镇仅军屯垦地就有 5528 顷，产粮达 30 多万石②。宁夏、固原卫所在抵御鞑靼、瓦剌的袭扰中也屡有胜绩。自宣德后，由于官员腐败和皇族豪强的蚕食，屯政渐废，屯田多转为佃田。至清朝，宁夏卫所边塞职能弱化，政府招民开荒，按田收租，军屯制度解体。

在历史演变的过程中，宁夏多处于中央政权的边疆地区，出于边防和战争的需要，历代统治者均重视宁夏地域的屯垦，特别在明代，宁夏三面临边，终明之世均为用武之区，所以它的军屯规模与效果最为突出。

三 宁夏古代屯垦保障了丝路与驿路的通畅

丝绸之路的宁夏段，位于丝绸之路的东段北道。大致走向：从长安出发，经平凉入宁夏境内，过弹筝峡（俗称三关口）、瓦亭关，北上原州（固原），再沿清水河谷，向北经石门关（须弥山），折向西北经海原抵靖远，西渡黄河，经景泰县到达凉州（武威）③。这条线路较南线到达凉州近百千米左右，南北朝至隋唐间，成为关中通往河西走廊的主干道④。

汉唐以来，宁夏屯军的主要任务除了防御北方游牧民族的入侵外，还保护关中通往河西的便捷要道安全，保障商贸与驿路的通畅。唐初，政府在朔方即今宁夏和中卫沿黄河两岸，屯军数万人，均为兵农合一的府兵制，到唐中叶，以灵州为指挥中心的军府共拥兵六七万人。隋唐一

① 黄云眉：《明史考证 第 2 册》，中华书局，1980，第 613 页。
② 转引自韩茂莉《中国历史农业地理（下）》，北京大学出版社，2012，第 1080 页。
③ 薛正昌：《丝绸之路与宁夏石窟文化》，《现代哲学》2010 年第 6 期。
④ 马建军：《丝绸之路"宁夏段"申报世界文化遗产预备点突出的普遍价值》，《宁夏师范学院学报（社会科学）》2010 年第 4 期。

代在宁夏原州、盐州等地设有监牧使，不仅为军队提供了万匹骏马，同时也为丝路驿站的通行提供了可靠的运输保障。在边塞，以屯垦点或关隘为中心，大多有以交换为目的的互市交易，参与者多为关隘两边或周边的势力代表及民众等，当时市场的繁荣，从唐宋时期以灵州为中心的马市就可见一斑。

元朝至元九年（1272年），安西王驻兵六盘山，六年后，在开城置屯田总管府，共屯田4.4万多顷①。在明代，宁夏"墙内之地悉分屯垦"②，几乎每个卫所都有屯田，除了中、北部的军屯外，在南部的一些屯田点与关隘、城堡亭燧相连，基本保障了宁夏段丝路畅通无阻，直至清末，林则徐谪戍新疆，走的还是这条古道。从历史上看，每当屯田废弛、边境战乱，丝路就得绕道或阻绝，而丝路的通畅同时也为军屯提供自身不能生产的物资，二者相辅相成。

四　古代屯垦对宁夏生态环境的影响

宁夏古代屯垦中，随着屯垦规模的扩张和农业人口的增长，过度砍伐了南北部山区的森林资源，对中部草原亦有不适宜的开发，这是明末以来，宁夏生态环境不断恶化的主要原因。张维慎（2002）认为，宁夏古代屯垦造成农林牧结构严重失调，从而使宁夏南部水土流失，沟壑发育，宁夏中北部土壤沙漠化③。侯仁之在1960年曾考察宁夏河东沙区明代城堡废墟，他指出，宁夏河东沙区除去少数局部的天然沙丘外，其余地方本应是广阔的草地。自明代中期以后的军屯推行和不合理的耕作，以及过度的樵采和放牧使原来的草原遭到极大的破坏，如铁柱泉城就地起沙等④。在宁夏北部平原，秦汉时期，政府向包括宁夏在内的朔

---

① 宁夏通志编纂委员会编《宁夏通志·军事卷》，方志出版社，2004，第18～19页。
② （清）张廷玉《明史》，岳麓书社，1996，第2571页。
③ 张维慎：《宁夏农牧业发展与环境变迁研究》，陕西师范大学博士论文，2002。
④ 田澍：《西北开发史研究》，中国社会科学出版社，2007，第473页。

方郡大规模移民开垦，不仅使一部分草地被开垦，黄河两岸及贺兰山山脉的森林也第一次遭到大规模破坏。

唐宋西夏由于战争双方的需要，大力发展屯田，特别是西夏统治时期，因地广人稀而进行粗放式耕作，虽然荒地被大面积开垦，但没过几年就撂荒，损毁地力。历朝历代，一些刚刚开垦的土地在战争中撂荒，灌渠堵塞，而气候在一些历史年份恰恰逐渐干冷①，植被不能自然恢复，使得引黄灌区也出现了部分沙化。在中部平原，随着明清在中部沿长城地区的屯垦规模逐步扩大，中部城镇规模不断扩张，土地的沙漠化和荒漠化也加速产生。随着森林植被的破坏，流沙从众多山口侵入，从而形成流动和半流动的沙丘。在南部山区，灌溉本就有限，历代屯田变牧为农，刀耕火种使得森林和草原失去涵养水源的作用，造成水土流失，沟壑丛生。

从生态的角度看，宁夏古代屯垦活动，虽然创造了宁夏平原发达的水利工程，但也造成灌渠周边更大范围生态环境的破坏。农业开发必须与生态建设齐头并进，暂无开发价值的土地，要及时进行环境修复。至当代，在不适宜规模农业开发的区域实行退耕还林、退牧还草，以期生态的可持续发展，是基于历史经验教训考量的正确选择。

第三节　毛泽东、邓小平、习近平关于农垦的重要论述

我国的农垦事业是在毛泽东、周恩来、陈云、王震等党和国家领导人倡议并建立发展起来的。在我国农垦事业的发展历程中，毛泽东在新民主主义革命时期和社会主义建设时期有关军队从事生产，发展军垦、

---

① 我国物候时期的气候变化参见竺可桢《中国近五千年来气候变迁的初步研究》，《新华月报》1973 年第 6 期。

农垦事业的重要论述；周恩来、陈云有关国营农林场发展商品粮和橡胶战略以及搞好水土保持的重要论述；王震关于农垦要屯垦戍边、"一业为主，多种经营""超前规划、因地制宜"的重要论述；邓小平、胡耀邦有关垦区农工商综合经营、农垦工业化的重要论述；江泽民、李鹏、温家宝、朱镕基有关农垦要建立现代企业制度，科技兴垦的重要论述；胡锦涛、李克强关于农垦要发展现代化大农业和新时期新疆兵团维稳戍边的重要论述；习近平关于深化农垦体制改革、保障国家粮食安全、打造中国农垦现代农业航母的重要论述等，都对农垦事业发展起到决定性的指引作用。历届中央领导集体有关农垦事业发展的论述、讲话和指示是国家制定农垦政策的主要依据和指导思想。其中，毛泽东思想、邓小平理论和习近平新时代中国特色社会主义思想对于农垦事业发展最具变革性影响。

一　毛泽东关于屯垦重要论述

早在红军初创时期，毛泽东就明确提出工农革命军要执行消灭敌人，打土豪、筹款子和做群众工作三大任务[1]。在抗日战争时期，由于日本的侵略和国民党顽固派的军事进攻和经济封锁，加之中共领导下抗日军民人数的增加，陕甘宁边区和华北各抗日根据地面临着严重的财政经济困难。为了克服这一困难，1939 年 2 月 2 日，中共中央在延安召开生产动员大会，毛泽东在发言中指出："饿死呢？解散呢？还是自己动手呢？饿死是没有一个人赞成的，解散也是没有一个人赞成的，还是自己动手吧。"[2] 他提出全党全军要"自己动手，自力更生，艰苦奋斗，克服困难"。大会要求军事机关、学校和八路军留守部队当年的生产任

---

[1]　中共中央文献研究室编《毛泽东年谱（1893～1949）（上）》，中央文献出版社，第 2 版，2005，第 228 页。

[2]　中国社会科学院经济研究所现代经济史组编《中国革命根据地经济大事记（1937～1949）》，中国社会科学出版社，1986，第 7 页。

务是一万两千五百石（占生产总任务的41%）。在八路军留守部队中，生产自给运动搞得最好的是一二〇师三五九旅。从1940年起，在旅长王震的领导下，在距延安近百里的南泥洼（后改名为"南泥湾"）开荒造田，从1940年到1943年开垦荒地5万亩，并建立了纺织厂、肥皂厂、盐井、磨坊、运输队、军民供销合作社等工商部门，到1944年，三五九旅实现了全部经费、物资自给，粮食做到了"耕三余一"[①]。1942年，毛泽东为电影《南泥湾》专门题词"自己动手、丰衣足食"。

为推动大生产运动的深入进行，毛泽东于1942年到1945年间先后发表了《抗日时期的经济问题和财政问题》《开展根据地的减租、生产和拥政爱民运动》《组织起来》《必须学会做经济工作》《游击区也能够进行生产》《论军队生产自给——兼论整风和生产两大运动的重要性》等重要著作，其中对军队参加生产的理论和现实问题做了系统的阐述和说明。

毛泽东指出，大生产运动的主要任务是"发展经济，保障供给"；基本原则是"公私兼顾"和"军民兼顾"；其核心内容是既要发展公营经济，也要发展民营经济[②]。在物质分配方面"还应规定按质分等的个人分红制度，使直接从事生产的人员能够分得红利，借以刺激生产的发展"[③]。关于生产的组织形式，他认为要农工商学兵一齐联合起来[④]。

1943年，毛泽东提出："一切机关学校部队，必须于战争条件下厉行种菜、养猪、打柴、烧炭、发展手工业和部分种粮。""一切军民人等凡不注意生产反而好吃懒做的，不算好军人、好公民。"[⑤] 1945年，

[①] 《当代中国的农垦事业》编辑委员会编《当代中国的农垦事业》，中国社会科学出版社，1986，第6、8页。

[②] 《毛泽东选集（第3卷）》，人民出版社，1991，第2版，第891~895页。

[③] 《毛泽东选集（第3卷）》，人民出版社，1991，第2版，1019页。

[④] 《在抗大干部晚会上的报告》，1938年12月12日，转引自胡乔木《胡乔木回忆毛泽东》，人民出版社，2003，第233页。

[⑤] 《毛泽东选集（第3卷）》，人民出版社，1991，第2版，第911页。

毛泽东进一步号召全党全军"除有特殊情形者外,一切部队、机关,在战斗、训练和工作的间隙里,一律参加生产"。同时,还应"组织专门从事生产的人员,创办农场、菜园,牧场、作坊、小工厂、运输队、合作社,或者和农民伙种粮、菜"①。解放战争初期,毛泽东为中共中央起草的给中共中央东北局的指示中指出,"大量的脱离生产人员,专靠东北人民供给,是决不能持久的,是很危险的。因此,除集中行动负有重大作战任务的野战兵团外,一切部队和机关,必须在战斗和工作之暇从事生产"②。

在军队从事生产过程中,毛泽东一再强调对人民群众利益的维护,他指出:"我们要发展公营经济,但是我们不要忘记人民给我们帮助的重要性。""我们一方面取之于民,一方面就要使人民经济有所增长,有所补充。这就是对人民的农业、畜牧业、手工业、盐业和商业,采取帮助其发展的适当步骤和办法,使人民有所失同时又有所得,并且使所得大于所失,才能支持长期的抗日战争。""如果我们的公营经济在一九四三年和一九四四年两年内是继续发展的,如果我们在陕甘宁边区的军队在这两年内获得全部或大部屯田的机会,那末,在两年以后,人民负担又可减轻了,民力又可得到休养了③。"

毛泽东高度赞扬军队在大生产中取得的成绩,1945年,毛泽东在陕甘宁边区劳动模范工作者大会上总结道:"最近几年,我们边区部队从事大量的生产,衣食丰足,同时又进行练兵,又有政治和文化学习,这些都比从前有更大的成绩,军队内部的团结和军民之间的团结,也比从前更好了。"同时他继续鼓励游击区的生产工作,他说:"处在农村游击战争环境中的机关和部队,如果有了生产自给运动,他们的战斗、训练和工作,就更加有劲,更加活跃了;他们的纪律,他们的内部的团

---

① 《毛泽东选集(第3卷)》,人民出版社,1991,第2版,1022页。
② 《毛泽东选集(第4卷)》,人民出版社,1991,第2版,1182页。
③ 《毛泽东选集(第3卷)》,人民出版社,1991,第2版,893~894页。

结和外部的团结，也就更好了。"①　他在为延安《解放日报》写的社论中，赞扬了晋察冀游击队生产运动的经验，称他们"实现了劳力和武力相结合的原则，把战斗任务和生产任务同样看重"②。

对于军队从事生产的合理性问题，毛泽东强调"军队和机关学校所发展的这种自给经济是目前这种特殊条件下的特殊产物，它在其他历史条件下是不合理的和不可理解的，但在目前却是完全合理并且完全必要的③。"毛泽东认为军队从事生产的另一重要任务就是学会经济工作，他说："我们边区和整个解放区，还要有两年至三年工夫，才能学会全部的经济工作。我们到了粮食和工业品全部或大部自种自造自给并有盈余的日子，就是我们全部学会在农村中如何做经济工作的日子。将来从城市赶跑敌人，我们也会做新的经济工作了。"④

毛泽东善于将马克思列宁主义与中国革命实践相结合，并在实践中升华和创新进一步指导实践的理论。1943 年 11 月，毛泽东科学地总结了军队从事生产的工作，并提出了后来影响他解决中国问题的一个重要观点——"组织起来"，他说："把群众组织起来，把一切老百姓的力量、一切部队机关学校的力量、一切男女老少的全劳动力半劳动力，只要是可能的，就要毫无例外地动员起来，组织起来，成为一支劳动大军。我们有打仗的军队，又有劳动的军队。"毛泽东强调："把群众力量组织起来，这是一种方针。""我们部队机关学校的群众生产，虽不要硬安上合作社的名目，但是这种在集中领导下用互相帮助共同劳动的方法来解决各部门各单位各个人物质需要的群众的生产活动，是带有合作社性质的。这是一种合作社。"毛泽东认为，一家一户的个体经济和分散的个体生产是"封建统治的经济基础，而使农民自己陷于永远的

① 《毛泽东选集（第 3 卷）》，人民出版社，1991，第 2 版，1019 页。
② 《毛泽东选集（第 3 卷）》，人民出版社，1991，第 2 版，1022 页。
③ 《毛泽东选集（第 3 卷）》，人民出版社，1991，第 2 版，892 页。
④ 《毛泽东选集（第 3 卷）》，人民出版社，1991，第 2 版，1020 页。

穷苦。克服这种状况的唯一办法，就是逐渐地集体化"。他对集体化的发展方向作了明确的指向："在边区，我们现在已经组织了许多的农民合作社，不过这些在目前还是一种初级形式的合作社，还要经过若干发展阶段，才会在将来发展为苏联式的被称为集体农庄的那种合作社。"①

新中国成立后，1949年12月5日，毛泽东签发了《中央人民政府人民革命军事委员会关于一九五○年军队参加生产建设工作的指示》，号召全军，"除继续作战和服勤务者而外，应当负担一部分生产任务，使我人民解放军不仅是一支国防军，而且是一支生产军，借以协同全国人民克服长期战争所遗留下来的困难，加速新民主主义的经济建设"。1952年2月2日，毛泽东主席发布《人民革命军事委员会命令》，批准中国人民解放军31个师转为建设师，其中参加农业生产建设的有15个师，分布在新疆、甘肃、宁夏、江苏、山东等省、自治区，以他们为主建立了一批农场②。《命令》说："你们过去曾经是久经锻炼的有高度组织性纪律性的战斗队，我相信你们将在生产建设的战线上，成为有熟练技术的建设突击队……你们现在可以把战斗的武器保存起来，拿起生产建设的武器。当祖国有事需要召唤你们的时候，我将命令你们重新拿起战斗的武器，捍卫祖国。"③

1958年1月，为了裁减军队数量和减少脱产人员，中央军委决定在1958年内从军队现有干部中精简十万人，动员他们上山下乡进行劳动生产。并规定："除地方机关可能接收一部分分配工作外，基本上应是动员他们转业复员参加生产建设。知识分子学员中的军士人员和工农骨干，在自愿条件下可动员去国营农场从事劳动，干部中凡愿意去的，

---

① 《毛泽东选集（第3卷）》，人民出版社，1991，第2版，第928~931页。
② 《当代中国的农垦事业》编辑委员会编《当代中国的农垦事业》，中国社会科学出版社，1986，第13~14页。
③ 新疆生产建设兵团史志编纂委员会、兵团党委党史研究室编《新疆生产建设兵团史料选辑·中央领导与兵团专辑·14》，新疆人民出版社，2004，第80页。

也可以去一部分。地方无法接收的，如军队在当地办有军垦农场（或有条件办并准备办军垦农场的），在本人愿意参加的条件下，也可以吸收一定数量。"① 1958 年 3 月，毛泽东、刘少奇、周恩来等人参加的成都会议讨论通过的《中央关于发展军垦农场的意见》提出："军垦既可解决军队复员就业问题，又可促进农业的发展，在有些地区还可以增强国防和巩固社会治安。因此，在有大量可垦荒地、当地缺乏劳动力，又有复员部队可调的条件下，应该实行军垦。"《意见》同时指出："军垦的组织形式，一种是首先组织军垦农场，然后逐步转变为国营农场，另一种是一开始就组织国营农场。军垦农场的经营，应该以农业为中心，同时结合经营林业和畜牧业，农林牧产品加工工业。在一定的条件下，还可经营运输业和建筑业。在建立军垦农场的初期，应保持军队的领导关系，以利军队帮助建场，同时还应受农垦部和地方的领导。待建场完成后，则由农垦部和地方领导。无论建场初期和建场完成以后，均应以地方领导为主。"②

1958 年 8 月，中共中央做出了《关于动员青年前往边疆和少数民族地区参加社会主义建设的决定》，提出 5 年内从内地动员 570 万青年到这些地方去参加开发和建设工作，并要求农垦部负责此项工作③。1962 年 2 月，时任新疆军区生产建设兵团副政治委员的张仲瀚在和周恩来一起在飞往广州的飞机上，周恩来总理告诉张仲瀚："毛主席和我有个设想，把我国三分之一以上的军队，改为生产建设部队。"④ 1965 年，中共中央、国务院批准宁夏、陕西建立农业师。在指示中提出："采取军垦形式，开垦荒地，建设农场，发展生产。" 1966 年，中央决

---

① 国务院军队转业干部安置工作小组办公室编《军队干部转业复员工作文件汇编（1950～1982）》，劳动人事出版社，1983，第 527～531 页。

② 农垦部政策研究室等编《农垦工作文件资料选编》，农业出版社，1983，第 311 页。

③ 农垦部政策研究室等编《农垦工作文件资料选编》，农业出版社，1983，第 321 页。

④ 张仲瀚：《周总理关怀屯垦戍边》，载郭书田等编《周总理与农垦事业》，中国农业出版社，2000，第 12 页。

定在西藏成立农业建设师。1968～1970 年，中共中央、国务院、中央军委先后批准建立黑龙江、内蒙古、兰州、江苏、福州、安徽、云南、山东、浙江、广东生产建设兵团和江西农建师及广西生产师等①。要指出的是，在"文化大革命"时期，各地兵团和建设师的成立对稳定混乱的局势和巩固边防是有积极作用的，但用带兵打仗的方式管理农场企业，其经营体制不符合经济发展的客观规律。因此，1972 年以后，各地建设兵团和建设师相继撤销。

计划并实施建立如此庞大的生产建设部队，除了屯垦戍边的需要外，毛泽东考虑更多的是具有高度组织化的"国有经济体"在社会主义建设各个方面的引领示范作用。

一是帮助边疆发展。1949 年新疆解放初期，毛泽东对向新疆进军的人民解放军和到新疆工作的干部指示：你们到新疆去的任务，是要为各族人民多办好事②。1951 年 12 月，毛泽东在给《王震关于新疆军区一九五二年生产计划的报告》的批复中十分赞同王震准备将开垦好的农场移交给当地农民，试办集体农庄的计划。他说："在你的计划中有利用军队集体劳动的经验，试办十个农民的集体农庄的计划，这个计划很好。……新疆因为是将军队垦出的一部分土地、军队修好的一部分水利和房屋让给农民，如果又能给以机器援助，农民可能很乐意干。望将这方面的经验随时报告。"③

二是发展国民经济，解决民生问题。1957 年 10 月，中共中央公布的经毛泽东多次参与修改的《一九五六年到一九六七年全国农业发展纲要（修正草案）》规定："国家应当有计划地开垦荒地。从 1956 年

① 《当代中国的农垦事业》编辑委员会编《当代中国的农垦事业》，中国社会科学出版社，1986，第 468～470 页。
② 王恩茂：《在庆祝新疆生产建设兵团成立三十周年大会上的讲话》，《党的文献》2004 年第 6 期。
③ 新疆生产建设兵团史志编纂委员会、兵团党委党史研究室编《新疆生产建设兵团史料选辑·中央领导与兵团专辑·14》，新疆人民出版社，2004，第 21 页。

起，在 12 年内，要求国营农场的耕地面积由 1955 年的 1300 多万亩增加到 1 亿亩左右。在有条件的地方，应当组织移民和鼓励合作社组织分社或者派出生产队，进行垦荒。""国营农场应当实行多种经营，提高劳动生产率。"同时，这份《纲要》还提出"要有计划地发展国营牧场和国营林场""积极改良和利用盐碱地、瘠薄的红土壤地、低洼地、沙地和其他各种瘠薄的土地"①。1958 年秋，毛泽东主席将数十封反映订奶困难的人民来信亲自批转给农垦部部长王震，要求国营农场重视发展奶牛生产，增加奶品供应②。在三年困难时期，中央在研究进口粮食的同时也考虑如何提高国营农场的商品粮生产问题，1961 年 4 月，毛泽东主席对王震说，国营农场只要能搞到商品粮，我赞成农垦部搞些直属的③。1962 年 9 月，中共中央发出《关于粮食工作的决定》，提到要大力支持国营农场，提高单位面积产量，能够逐年向国家提供越来越多的商品粮，并规定国营农场每年增加上交国家商品粮 3 亿～5 亿斤④。1978 年 1 月，王震副总理接见全国国营农场工作会议全体代表时说："办国营农场也是按照毛主席，周总理，朱总司令关于我们国家人口多、要充分安置就业的指示，办农场就业花钱少，同时，可为国家多生产粮食。"⑤

三是引领示范农业技术。1954 年 6 月，毛泽东在修改中央农村工作部关于第二次全国农村工作会议报告时，加写了"第二个方针，就是实行技术革命，即在农业中逐步使用机器和实行其他技术改革"⑥。

---

① 经济资料编辑委员会辑《为实现建设社会主义农村的伟大纲领而斗争——全国农业发展纲要（修正草案）文集》，财政经济出版社，1958，第 10～18 页。

② 《当代中国的农垦事业》编辑部编《当代中国的农垦事业》，中国社会科学出版社，1986，第 199 页。

③ 农垦部政策研究室编《中国农垦事业大事记（1949～1981）》（内部资料），第 23 页。

④ 《当代中国的农垦事业》编辑部编《当代中国的农垦事业》，中国社会科学出版社，1986，第 462、464 页。

⑤ 农垦部政策研究室等编《农垦工作文件资料选编》，农业出版社，1983，第 830 页。

⑥ 中共中央文献研究室编《建国以来毛泽东文稿（第四册）》，中央文献出版社，1990，第 497 页。

10 月，毛泽东在答谢苏联赠送可供两万公顷播种面积的国营谷物农场所必需的机器设备时提到"无疑地，这个国营谷物农场不仅在推动中国农业的社会主义改造方面会起重要的示范作用，而且也会帮助中国训练农业生产方面的技术人才和学习苏联开垦生荒地和熟荒地的宝贵经验。"① 1957 年，毛泽东提出"中央和地方的国营农场应当成为繁育农作物良种的基地，积极繁育和推广适合当地的农作物良种"。所有的国营农场，要"团结和帮助周围的农业合作社，在生产技术方面发挥应有的示范作用"。②

随着社会主义公有化的改造，毛泽东对国营农场在社会主义农业的集体化、农业合作化以及农村人民公社化方面的示范作用更加看重。1953 年，针对河南省盲目扩大国营农场问题，中共中央发文指出，"须知目前时期我们发展国营农场主要是为了增产示范，扩大影响，团结群众，积累经验，培养骨干，为将来农业大规模集体化作准备工作，而不是靠经营农场增加国家财政收入"③。毛泽东在 1955 年论述农业合作化问题时说："如果我们不能在大约三个五年计划的时期内基本上解决农业合作化的问题，即农业由使用畜力农具的小规模的经营跃进到使用机器的大规模的经营，包括由国家组织的使用机器的大规模的移民垦荒在内（三个五年计划期内，准备垦荒四亿亩至五亿亩），我们就不能解决年年增长的商品粮食和工业原料的需要同现时主要农作物一般产量很低之间的矛盾，我们的社会主义工业化事业就会遇到绝大的困难，我们就不可能完成社会主义工业化。"④ 1955 年 7 月，毛泽东在省、市、自治

---

① 中共中央文献研究室编《建国以来毛泽东文稿（第四册）》，中央文献出版社，1990，第565 页。
② 经济资料编辑委员会辑《为实现建设社会主义农村的伟大纲领而斗争——全国农业发展纲要（修正草案）文集》，财政经济出版社，1958，第 10～18 页。
③ 北京农业大学农业经济法研究组编《农业经济法规资料汇编（第 7 辑）》（内部资料）1981，第 158 页。
④ 中共中央文献研究室编《建国以来毛泽东文稿（第五册）》，中央文献出版社，1991，第248～249 页。

区党委会议上充满信心地说："同农民的农业生产合作化运动的发展同时，我国已经有了少数社会主义的国营农场。到 1957 年，国营农场将达到 3038 个，耕地面积将达到 1687 万亩。……国营农业在第二第三两个五年计划时期内将有大规模的发展。"① 1955 年 10 月，中共七届六次会议通过的《关于农业合作化问题的决议》中明确指出：应该加强国营农场的工作，使国营农场对于合作化运动更多地起帮助和示范的作用②。在农业部的多项文件中，也一再提到国营农场的主要任务是"启发引导个体小农经营，走向机械化、集体化的生产道路"③。

毛泽东对于问题的看法，从来都不止于"头疼医头，脚痛医脚"，他在大生产的运动中敏锐地发现，将"军民组织起来"，除了能解决吃穿用等现实困难外，"组织起来"带来的社会和民众精神及心理上的变革，更为重要。毛泽东曾多次学习《共产党宣言》，并对文中"增加国营工厂和生产工具数量，按照总的计划来开垦荒地和改良土壤""实行普遍的劳动义务制，成立产业军，特别是在农业方面"等句子做了圈点批画④。据王震回忆，"毛主席、周总理、朱总司令他们曾多次谈到，中国这么一个幅员广阔、多民族的大国，为了巩固边疆、保卫祖国，自古以来就有一个组织军队屯垦戍边的问题。我们的海岸线、边境线很长，有几万里，组织军队屯垦，这样有战斗力，一旦发生战争就能打仗，保卫我们伟大祖国的神圣领土不被侵犯。他们还讲到，共产党宣言的十大纲领中，有一条要建立农业产业大军，所以要开垦荒地，建设一支采用现代化机器和科学技术的农业大军"⑤。所以，毛泽东要求军队

---

① 中共中央文献研究室编《建国以来毛泽东文稿（第五册）》，中央文献出版社，1991，第 237～238 页。
② 中共中央文献研究室编《建国以来重要文献选编（第七册）》，中央文献出版社，2011，第 254 页。
③ 农垦部政策研究室等编《农垦工作文件资料选编》，农业出版社，1983，第 60、68 页。
④ 江东然：《博览群书的毛泽东》，吉林人民出版社，1993，第 109 页。
⑤ 农垦部政策研究室等编《农垦工作文件资料选编》，农业出版社，1983，第 1043～1044 页。

从事生产建设，不仅是解决经济困难和转业军人的就业问题，也不仅仅是屯垦戍边、发展现代农业的问题，而是作为马克思列宁主义的重要实践来看待的。全国各垦区的国营农场更是被看成是示范以合作化为基础的社会主义建设问题。余秋里在一次讲话中提到，毛主席在党的七届六中全会上（1955 年 10 月，会议主要研究农业合作化问题）指出"这一次没有人讲国营农场的问题，是个缺点。希望中央农村工作部和农业部研究国营农场的问题。将来国营农场的比重会一年一年大起来"。1959年 9 月，毛泽东在视察天津杨柳青农场时感慨地说："还是全民所有制优越性大，可给集体所有制作样子。"①

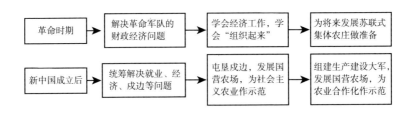

图1 毛泽东在革命时期和新中国成立后屯垦思想的发展路径

毛泽东的屯垦思想是指导革命时期军队从事生产和新中国成立后一段时期内以转业、退伍军人为主体，动员社会各方力量"屯垦戍边"，并从事国营农场生产建设的理论依据。毛泽东的屯垦思想既是对"屯垦戍边"这一延绵千年治国历史经验的继承和发扬，也是毛泽东结合马克思主义尝试解决中国问题的重大实践。在革命时期，以军队为主体的大生产运动，保证了革命根据地的存在和发展，为新中国成立初期的经济建设积累了宝贵的生产和管理经验。中国共产党人成功地实践了马克思、恩格斯关于"成立产业军"的教导，并形成"三个队"的建设理论，为毛泽东在新中国成立后继续丰富这一理论树立了坚定的信心。在我国的"社会主义建设高潮"时期，毛泽东对国营农场在农业合作

---

① 农垦部政策研究室等编《农垦工作文件资料选编》，农业出版社，1983，第 837 页。

化进程中的示范和带头作用寄予了厚望。他认为具有高度组织性和纪律性的屯垦大军，在现代农业科学技术的支撑下，一定能够创建出集"工农商学兵、农林牧副渔"于一体，并在高级阶段发展为农工商一体化的社会主义新农庄，彻底改变中国农村贫穷落后的面貌。为此，他曾设想将全国三分之一以上的军队改为生产建设部队，先创建以复员转业军人为主的军垦农场，创建出样板，再交给地方，并通过这种具有社会主义先进生产力的国营农场，不断引领示范全国的高级农业合作社建设。在随后社会主义曲折发展的十年中，我国的军垦及农垦生产单位承担着大量商品粮和国家战略物资的生产任务，消化解决了数十万城市人口的就业问题，在自身获得较大发展的同时，也因承担过多社会职能而矛盾重重。

受时代的影响和对社会主义建设规律认识的局限，新中国的军垦和农垦事业发展虽然遇到了挫折，但其取得的成就仍然是巨大的。

一是解决了大批复员转业军人的安置和城市及农村富余人口就业问题。截至1984年，全国农垦系统共接收复员转业和荣誉军人145.4万人，吸收农民转为农垦职工145万人[1]。据顾洪章统计，1962~1979年，全国共有291.19万上山下乡的城镇知识青年被安置在国营农场[2]。截至1978年，全国共有国营农场2067个，总人口1095.8万人，实现职工就业514万人[3]。

二是促进了全国经济特别是边疆经济的发展。在新疆，建设兵团在20世纪五六十年代按照"不与民争利"的原则，在天山南北的塔克拉玛干、古尔班通古特两大沙漠边缘和自然环境恶劣的边境沿线，兴建水

① 《当代中国的农垦事业》编辑部编《当代中国的农垦事业》，中国社会科学出版社，1986，第436页。

② 顾洪章主编《中国知识青年上山下乡始末》，人民日报出版社，2009，第258页。

③ 中华人民共和国农业部编《新中国农业60年统计资料》，中国农业出版社，2009，第61~62页。

利，开垦荒地，建成一个个田陌连片、渠系纵横、林带成网、道路畅通的绿洲生态经济网络，并逐步形成以轻工、纺织为主，钢铁、煤炭、建材、电力、化工、机械等门类较多的工业体系；在东北，昔日的"北大荒"变成了"北大仓"；在南部亚热带地区，农场建设者们实现了中国橡胶产业的从无到有。

三是维护了边境安全和民族地区的稳定。无论在"伊塔事件""中印边境自卫反击战""对越自卫反击战"，还是在维护边疆民族地区稳定工作中，兵团战士和农场职工都为战争的胜利和对一些突发事件的成功处理做出了重要的贡献。1962 年，毛泽东对新疆建设兵团在维护边境安全方面的突出表现大加赞赏，他说："新疆军区生产建设兵团有了情况能打仗，我看有希望。"①

二　邓小平等领导人关于农垦重要论述研究述评

邓小平关于农垦重要论述是邓小平理论的重要组成部分。早在1962 年，邓小平在主持中央书记处会议时就对国营农场工作提出管理意见。改革开放后，邓小平在视察新疆、黑龙江、海南等垦区时，做出许多重要指示，在中央有关会议和文件中对国营农场改革亦有诸多重要论述。

从 1998 年起，国内以新疆建设兵团的研究者为主，开始系统研究邓小平关于农垦重要论述。其主要研究成果有：肖发灿（1998）《邓小平与中国农垦建设》，颜忠民（1999）《关于邓小平农垦理论研究》，中共新疆生产建设兵团委员会（1999）《邓小平同志与新疆生产建设兵团》，赵柳成（1999）《第三代中央领导集体的农垦思想》，麻霞（1999）《农垦改革开放的实践丰富了毛泽东屯垦思想》，方英楷、吕道

---

① 《中国民族问题资料·档案集成》编辑委员会编《当代中国民族问题资料·档案集成（第 4 辑）》，载《中国少数民族自治地方概况丛书（第 30 卷）》，中央民族大学出版社，2005，第 632 页。

珍（2000）《论邓小平农垦理论的科学体系》，张振华（2001）《邓小平对毛泽东屯垦思想的继承和发展》，李书卷、王瀚林（2004）《邓小平对毛泽东屯垦思想的重大贡献》，湘平（2006）《简论邓小平农垦思想的主要内容》，杨华（2017）《邓小平关于兵团屯垦思想的政治智慧与实践》等。

2000年，新疆人民出版社出版刘成林等人撰写的《邓小平农垦思想研究》，系统论证了邓小平关于农垦重要论述的形成发展和科学体系，全面概括了邓小平关于农垦重要论述的基本观点。如：国营农场必须实行各种形式的经济责任制；农垦干部要实现"四化"；国营农场要对外开放；建成"三个基地、一个中心"；注重先进技术的引进和推广，为实现农业现代化起示范带头作用；国营农场有优越性，有发展前途，非办不可；对国营农场要统一领导、分级管理；国营农场要加强内部管理，提高效益，扭转亏损；国营农场管理要照顾农业生产特点，划小核算单位；国营农场要搞多种经营，变成农工商联合企业；边疆农垦要加强武装力量建设，备战防边，巩固国防；进一步弘扬农垦精神，大力发展农垦科技、教育、文化，努力提高农垦干部、职工的素质等[①]。

总结前人的研究成果，邓小平关于农垦重要论述主要有以下几个方面的内容。

一是国营农场要全部作为出口产品基地。1959年，国家为了从国外购买急需的粮食和机器，必须出口外国需要的农畜产品，以换回外汇。国家决定把一部分国营农牧场建成出口基地，直接为外贸提供货源。1959年3月，农垦部在北京召开出口工作会议。中央书记处总书记邓小平和中央书记处书记谭震林指示："全民所有制国营农牧场和劳

[①] 刘成林、赵柳成、蔡志远、方英凯等：《邓小平农垦思想研究》，新疆人民出版社，2000，序言。

改农场，凡能生产合乎出口需要的产品的农场，都不打杂，全部作为出口产品基地，专门生产出口需要的大豆、油料、花生、猪、牛、羊、鸡、鸭、鹅、肉、蛋、奶制品等农畜产品，并且使供应出口的产品种类和数量逐年增加。"[1] 根据邓小平的指示，1959 年，国家农垦部成立了出口产品经销机构，直接抓直属垦区的出口工作。国营农场要全部作为出口产品基地的指示对农垦农产品质量提出了更高的要求，因提升质量而倒逼国营农场农业科技和农业机械化加速发展。邓小平的"出口产品基地"指示，是改革开放后农垦确立国营农场要建成以"三个基地一个中心"[2] 为主要任务的指导思想来源。

二是国营农场要加强管理，搞好经济核算。1962 年 5 月，邓小平在中央书记处会议上说："国营农场的家当已经不小，就是没有管好，看来是管理问题。农场是非办不可的，是有发展前途的。苏联现在也走这条路，看来也没有管好。是否世界上的农场都要赔钱？要搞多种经营。农场是有优越性的，现在的问题是如何发挥它的优越性。"他提出，"农场必须有几定，有定员、定额和责任制、经济核算制，才算办企业。""农场以两级制为好，除了大型农场外，一般不要搞三级制。核算单位可以划小一点，要照顾到农业生产的特点。"[3] 改革开放后，邓小平针对诸多问题无人管理的现状，多次提出在管理制度的改革上，要加强责任制。他肯定和支持家庭联产承包责任制，积极推动扩大企业经营管理自主权改革。这些指示都为农垦的农业和工业生产责任制改革指明了方向。1984 年中央 1 号文件指出，"国营农场应继续改革，实行联产承包责任制，办好家庭农场。机械化水平较高，不便于家庭承包的

---

[1] 农垦部政策研究室编《农垦工作文件资料选编》，农业出版社，1983，第360页。

[2] 1985 年 10 月，全国农垦经济体制改革座谈会提出，要把农场建成外贸商品生产基地，农业专业化、商品化、现代化示范基地，大城市和工矿区的副食品生产基地，成为当地农村推广先进技术和优良品种、产品加工、运输和销售的服务中心。

[3] 《邓小平同志在中央书记处会议上讨论国营农场问题时的讲话（1962 年 5 月 15 日）》，载农垦部政策研究室等编《农垦工作文件资料选编》，农业出版社，1983，第535页。

也可实行机组承包"。家庭农场的建立，使原来国有农场的经营模式变成了大农场套小农场统分结合的双层经营体制，改变了过去国有农场高度集中统一的生产经营模式，极大地调动了农垦职工的生产积极性和主动性①。

三是农场要工业化，搞多种经营。1978 年 9 月，邓小平在视察黑龙江垦区时指出："农场不仅要搞粮食，要变成农工商联合企业，基本是农业加工，农业的技术改造，也可以搞种子基地，可以搞种子工厂，搞肥料厂，农业最终是要工业化的。"② 把农牧业生产、农畜产品加工和产品销售组成一个产业链，加速农业现代化，是邓小平同志对毛泽东关于工农商学兵"五位一体"思想的继承与发展，是对农垦企业经营体制的创新。这种一体化组织形式是农垦在改革开放中组建大集团、大公司战略的主要指导思想。1983 年 8 月，邓小平在听取黑龙江友谊农场的生产和建设情况汇报时说："你们不仅要作商品粮基地，还要大力发展畜牧业和饲料工业。" 他还说："你们分离出这么多劳动力，要注意大搞多种经营哟，要多发展林业、林果业、畜牧业、渔业、加工业，全面提高劳动生产力。" 邓小平关于"一业为主，多种经营"的理论是对毛泽东同志的"农林牧副渔"全面发展思想的继承和发展。

四是强调新疆兵团是稳定新疆的核心。根据王震 1981 年 6 月的建议，当年 8 月，邓小平来到新疆石河子垦区，考察新疆生产建设兵团自撤销建制后以农垦总局取代的管理体制是否合适。他回京后指出："新疆生产建设兵团恢复起来确有必要，组织形式与军垦农场不同，任务还是党、政、军结合。新疆生产建设兵团，就是现在的军垦部队，是稳定新疆的核心。"随后，国家农委党组和新疆维吾尔自治区党委给中央提交了《关于恢复新疆生产建设兵团的报告》，提出从防御霸权主义入

---

① 湘平:《简论邓小平农垦思想的主要内容》,《毛泽东思想研究》2006 年第 3 期。
② 农垦部政策研究室编《中国农垦事业大事记（1949～1981）》,内部资料。

侵，维护祖国的领土完整和建设社会主义富强、文明的新疆的战略考虑，建议恢复新疆生产建设兵团的体制。1981 年 12 月，中共中央等发出《关于恢复新疆生产建设兵团的决定》，被撤销 6 年的新疆生产建设兵团得以恢复。以邓小平为核心的中央领导集体及时恢复了兵团建制，纠正了对兵团的一些偏见，在继承和发展毛泽东关于兵团屯垦重要论述的基础上融入了更多、更新的符合新时期社会发展和经济市场化要求的元素，使兵团事业得到恢复和壮大[①]。

关于邓小平农垦重要论述对于农垦事业改革发展的总体评价方面。赵柳成（1999）认为，党的十一届三中全会以后，随着离开生产力的发展抽象谈论公有制优越性的观念的逐渐破除，以邓小平为核心的第二代中央领导集体不再强调国营农场在所有制方面的示范作用，而把着眼点转移到了农垦在我国农业实现专业化、商品化、现代化中起示范作用上面。据此，第二代中央领导集体规定了新时期农垦的基本任务：一是大力发展商品生产，建成稳定的内外贸商品生产基地和城市及工矿区的副食品生产、加工、供应基地；二是向农村开放，发展经济联合，成为当地农村先进技术和优良品种推广、产品加工、运输和销售的服务中心；三是提高经济效益，在农业实现专业化、商品化、现代化中起示范作用；四是屯垦戍边，帮助兄弟民族繁荣经济文化，增强民族团结，稳定边疆，巩固国防。赋予农垦这些任务，反映了第二代中央领导集体对新时期发展农垦事业意义的认识[②]。

在确立和发展中国特色社会主义市场经济过程中，几届中央领导人都一再要求各个方面要重视和支持农垦事业的发展，帮助农垦解决困难。例如，1991 年 3 月，李鹏总理主持召开的关于研究国营农场发展问题的会议纪要指出，"对现在仍处于贫困状态的国营农场，纳入国家

---

① 杨华：《邓小平关于兵团屯垦思想的政治智慧与实践》，《党史博采》2017 年第 1 期。

② 赵柳成：《第三代中央领导集体的农垦思想》，《兵团党校学报》1999 年第 5 期。

的扶贫开发计划，要像对待国家确定的贫困县一样，进行扶持"。并要求："凡是与垦区和农场自办社会性建设有关的税费，如教育费附加、农林特产税、城市建设税、环境保护排污费等，应酌情减免或部分返还给农垦，用于发展生产和自办社会性事业。"① 2002 年，温家宝在有关调研报告上批示："要抓紧研究解决农垦、林业企业的社保问题。"②

在优化农垦产业结构，建立农垦经济新体制方面。1994 年 4 月，朱镕基看望黑龙江农垦系统领导时指出，要发展生产，提高效益，可以广开一些生产门路，多种经营，多发展一些第三产业③。温家宝 1994 年 8 月在黑龙江垦区视察时提出，要全面发展农垦经济，根据建立社会主义市场经济体制和建立现代企业制度的要求，不断把农垦系统的改革引向深入。深化农垦系统体制改革的基本思路，是使农垦适应社会主义市场经济体制改革目标的需要。1996 年 7 月，李鹏在黑龙江考察时要求农垦"大力发展多种经营和农副产品深加工，促进经济结构调整"。2000 年，江泽民总书记为黑龙江垦区题词"发扬北大荒精神，率先实现农业现代化"。2008 年 4 月，胡锦涛在海南考察时指出，要深化农垦体制改革，建立富有效率的农垦管理体制和运行机制，使农垦企业成为海南经济新的增长点④。2009 年，胡锦涛总书记对黑龙江垦区做出了"积极发展现代化大农业"的重要指示。

在边疆垦区发挥屯垦戍边特殊职能方面。1990 年 8 月，江泽民为新疆生产建设兵团题词，"艰苦奋斗，屯垦戍边，建设边疆，保卫边

---

① 《国务院关于研究国营农场发展问题的会议纪要》（1991 年 3 月 9 日），中华人民共和国农业部农垦局编《农垦工作文件资料选编（1991~1995 年）》（内部资料），1997，第 40~41 页。
② 丁哲元：《二十年的农垦情结——回顾有关农垦问题的调研活动》，《中国农垦》2014 年第 11 期。
③ 丛培恩、梅殿龙：《朱镕基副总理在黑龙江看望农垦干部职工》，《中国农垦》1994 年第 6 期。
④ 《学习胡锦涛同志考察海南讲话精神 全面推进垦区橡胶产业改革发展》，《海南农垦报》2008 年 4 月 16 日，第 1 版。

疆，维护祖国统一，增强民族团结，促进各民族共同繁荣"①。1998 年 7 月，他要求新疆建设兵团"增强完成中央赋予的屯垦戍边重要任务的责任感和使命感"，"做新疆生产建设的模范、安定团结的模范、民族团结的模范，以及稳定新疆和巩固边防的模范"②。2001 年 6 月，胡锦涛要求新疆兵团"高举民族团结、维护祖国统一的旗帜，在保持社会稳定、反对民族分裂斗争中充分发挥中流砥柱作用"③。2006 年，他进一步指出，"兵团要更好地发挥建设大军、中流砥柱和铜墙铁壁作用"④。

从党的十三届四中全会到党的十七大，党和国家领导人坚持农垦事业发展基本方针，不断推进农垦改革，逐步建立适应社会主义市场经济要求的农垦经济新体制，从而继承、丰富和发展了邓小平农垦改革重要论述，也进一步解放了农垦生产力。

三 习近平关于农垦的重要论述

党的十八大以来，习近平总书记团结带领全党全国各族人民进行具有许多新的历史特点的伟大斗争，在这一伟大实践中，习近平总书记提出了一系列具有开创性意义的新理念新思想新战略，创立了习近平新时代中国特色社会主义思想⑤。在这个思想体系中，有关坚持党对一切工作的领导、以人民为中心、全面深化改革、新发展理念、在发展中保障和改善民生、人与自然和谐共生等新时代中国特色社会主义的基本方

---

① 中共中央文献研究室编《新疆生产建设兵团工作文献选编（1949~2014）》，中央文献出版社，2014，第 183 页。

② 中共中央文献研究室编《新疆生产建设兵团工作文献选编（1949~2014）》，中央文献出版社，2014，第 205 页。

③ 中共中央文献研究室编《新疆生产建设兵团工作文献选编（1949~2014）》，中央文献出版社，2014，第 244 页。

④ 中共中央文献研究室编《新疆生产建设兵团工作文献选编（1949~2014）》，中央文献出版社，2014，第 268 页。

⑤ 李捷：《习近平总书记的决定性作用与决定性贡献》，《党建》2017 年第 12 期。

略，是农垦深化改革的指导思想。习近平关于深化国企改革、打造中国的国际大粮商战略要求，深化国有农垦体制改革，建设现代农业大基地、大企业、大产业，努力形成农业领域航母思想是新时代农垦改革发展的行动指南。

一是在农业供给侧结构性改革中打造中国的国际大粮商战略。习近平指出，新形势下，农业主要矛盾已经由总量不足转变为结构性矛盾，主要表现为阶段性的供过于求和供给不足并存①。比如，牛奶就难以满足消费者对质量、信誉保障的要求，大豆生产缺口很大而玉米增产则超过了需求增长，农产品库存也过大了。我国不是需求不足，或没有需求，而是需求变了，供给的产品却没有变，质量、服务跟不上。有效供给能力不足带来大量"需求外溢"，消费能力严重外流。要解决这些结构性问题，必须推进供给侧改革②。他提出，要把推进农业供给侧结构性改革、提高农业综合效益和竞争力，作为当前和今后一个时期我国农业政策改革和完善的主要方向。保障粮食安全是农业结构性改革的基本底线③。为此，习近平强调，中国人的饭碗任何时候都要牢牢端在自己手上。我们的饭碗应该主要装中国粮，一个国家只有立足粮食基本自给，才能掌握粮食安全主动权，进而才能掌控经济社会发展这个大局④。由于我国缺乏有国际核心竞争力的大型农业企业集团，习近平提出打造中国的国际大粮商的战略要求。他指出，如果我国没有可靠的生产主体、本国的大粮商，保障国家粮食安全就缺乏有效载体，国内粮食

---

① 中共中央宣传部：《习近平总书记系列重要讲话读本（2016 年版）》，人民出版社，2016，第 157～158 页。
② 习近平：《习近平谈治国理政（第二卷）》，外文出版社，2017，第 253～254 页。
③ 中共中央宣传部：《习近平总书记系列重要讲话读本（2016 年版）》，人民出版社，2016，第 157～158 页。
④ 《中央农村工作会议在京召开 习近平、李克强作重要讲话》，《中国农业信息》2013 年第 12 期。

市场调控就会捉襟见肘，参与国际市场竞争往往就会被动[①]。李克强总理指出，要坚持把保障国家粮食安全作为农业现代化的首要任务，确保谷物基本自给、口粮绝对安全，培育一批有国际竞争力的粮商和农业企业。[②] 在此背景下，中国农垦于 2014 年启动了"国际大粮商"培育计划，积极推进"联合、联盟、联营"发展战略，先后成立中国农垦种业联盟、中国农垦天然橡胶产业联盟、中国农垦乳业联盟，并积极筹建冷链物流、节水灌溉等联盟组织，这些大型行业联盟的组建，标志着农垦已进入以大整合推动大发展为主题的时代。努力使农垦成为国家实施农业宏观调控最强有力的抓手，是关键时候"抓得住、调得动、用得上、应得急"的国家粮食安全保障可靠力量。

二是深化农垦垦区集团化、农场企业化改革。2015 年 10 月 13 日，习近平主持召开中央全面深化改革领导小组第十七次会议，审议通过《关于进一步推进农垦改革发展的意见》。会议指出，我国农垦是在特定历史条件下为承担国家使命而建立的。推进农垦改革发展，要坚持社会主义市场经济改革方向，坚持政企分开、社企分开，以保障国家粮食安全和重要农产品有效供给为核心，以推进垦区集团化、农场企业化改革为主线，依靠创新驱动，加快转变经济发展方式，推进资源资产整合、产业优化升级，建设现代农业的大基地、大企业、大产业，全面增强内生动力、发展活力、整体实力，发挥现代农业建设的骨干引领作用。此份农垦改革发展意见，是以习近平总书记为核心的新一届中央领导集体农垦思想的最新成果，实现了理论、改革、政策三大突破。一是理论上有突破，提出农垦是中国特色农业经济体系不可或缺的重要组成部分，明确了新时期农垦在国家全局中的战略地位。二是改革上有突破，提出要坚持社会主义市场经济改革导向，以垦区集团化、农场企业

---

① 王守聪：《充分发挥农垦在确保国家粮食安全中的骨干作用》，《农民日报》2014 年 6 月 14 日，第 3 版。

② 李克强：《以改革创新为动力加快推进农业现代化》，《求是》2015 年第 4 期。

化为主线，重点回答了垦区怎么改、农场怎么改，以及人员、资产和土地管理体制机制等怎么办的问题，但同时又结合农垦实际提出了"一个机构、两块牌子""管办分离、购买服务"等改革过渡路径。三是政策上有突破，提出要实现"一个同步实施、两个全面覆盖"，即各项规划要在农垦同步实施，国家强农惠农富农和改善民生政策要在农垦全面覆盖①。

三是建设现代农业大基地、大企业、大产业，努力形成农业领域的航母。2016 年 5 月，习近平总书记在黑龙江视察时对深化国有农垦体制改革做出了重要指示，要以垦区集团化、农场企业化为主线，推动资源资产整合、产业优化升级，建设现代农业的大基地、大企业、大产业，努力形成农业领域的航母。贯彻中央的决策部署和习近平总书记的重要指示，2017 年 8 月，黑龙江省委、省政府出台了《关于进一步推进黑龙江农垦改革发展的实施意见》，提出"打造具有国际竞争力的大型现代农业企业集团，初步形成农业领域的航母"的改革目标。在垦区集团化改革方面，突出由行政管理向企业管理转变。省农垦总局整建制转换体制机制，形成以若干个产业板块公司为支撑的农垦企业集团，组建农业产业公司，农牧场作为基地进入产业集团。改革过渡期后，不再保留省农垦总局牌子。在深化农场企业化改革方面，强化国有农场市场主体地位，推进农场公司化改造，建设现代化的水稻、大豆、玉米、麦类、马铃薯、青储饲料、种子、蔬菜、林产品、奶牛、肉牛、生猪、禽类、冷水养殖等专业化生产基地，与龙头企业共同构建产业集团。在改革农垦办社会职能方面，采取整体移交、分步分项移交和内部分开、管办分离相结合的方式，将国有农场承担的社会管理和公共服务职能纳入地方政府统一管理。

---

① 《农垦改革发展意见实现了理论、改革、政策三大突破》，中国政府网，2015 年 12 月 7 日，http：//www. gov. cn/xinwen/2015－12/07/content_ 5020709. htm。

四是在农垦改革中加强党的领导和党的建设。习近平指出，中国特色现代国有企业制度，"特"就特在把党的领导融入公司治理各环节，把企业党组织内嵌到公司治理结构之中，明确和落实党组织在公司法人治理结构中的法定地位，做到组织落实、干部到位、职责明确、监督严格。党对国有企业的领导是政治领导、思想领导、组织领导的有机统一。要处理好党组织和其他治理主体的关系，明确权责边界，做到无缝衔接，形成各司其职、各负其责、协调运转、有效制衡的公司治理机制①。2017 年 5 月，国务院办公厅印发《关于进一步完善国有企业法人治理结构的指导意见》（国办发〔2017〕36 号），进一步明确在新一轮国有企业改革中，要把加强党的领导和完善公司治理统一起来，明确国有企业党组织在法人治理结构中的法定地位，到 2020 年，党组织在国有企业法人治理结构中的法定地位更加牢固。在中央的要求下，各垦区落实党的建设和深化改革同步谋划，同步实施。在广东省农垦集团公司，全面推行集团公司和各产业公司党组织书记、董事长"一肩挑"，党员总经理兼任党组织副书记，党组成员（党委委员）兼任董事。公司"三重一大"②事项坚持"先党内，后提交"程序，党组织单独召开会议对董事会、经理层拟决策的重大问题进行讨论研究，提出意见和建议，再提交董事会、经理层研究通过。加强垦区海外企业党组织建设，在泰国、马来西亚、印度尼西亚、柬埔寨、新加坡等国家的海外企业建立 9 个党支部、2 个党小组③。

五是把新疆兵团建设成"稳定器""大熔炉""示范区"。在新疆组建担负屯垦戍边使命的新疆生产建设兵团，是党中央治国安邦的战略布局，是强化边疆治理的重要方略。2014 年 4 月，习近平在视察新疆

---

① 习近平：《习近平谈治国理政（第二卷）》，外文出版社，2017，第 176~177 页。
② 党的纪律规定，凡属重大决策、重要干部任免、重大项目安排和大额度资金的使用，必须由领导班子集体做出决定。
③ 农业部农垦局：《农垦情况（农垦改革发展专递第 57 号）》2018 年第 14 期。

时指出，兵团的存在和发展绝非权宜之举，而是长远大计。兵团的历史贡献不可磨灭，兵团的战略作用不可替代。新形势下兵团工作只能加强，不能削弱。要发挥好兵团调节社会结构、推动文化交流、促进区域协调、优化人口资源等特殊作用，使兵团真正成为安边固疆的稳定器、凝聚各族群众的大熔炉、先进生产力和先进文化的示范区①。把兵团建设成"稳定器""大熔炉""示范区"，就是要求兵团在政治上能够维护边疆社会稳定，在军事上实现保卫国防，在社会上增强民族团结，在经济上大力发展边疆经济。这一重要论述，是对我们党历届中央领导集体边疆治理思想的继承和发展，是对新形势下兵团履行屯垦戍边使命做出的新定位、提出的新要求，体现了历史与现实、理论与实践、继承与发展的高度统一，为新形势下的兵团工作提供了基本遵循。

---

① 习近平：《建设团结和谐繁荣富裕文明进步安居乐业的社会主义新疆》，新华网，2014 年 4 月 30 日，http：//www.xinhuanet.com/politics/2014 - 04/30/c_ 1110494979_ 3. htm。

第二章　当代宁夏农垦事业的开创

我国的屯田垦殖历史悠久，早在西汉时期就曾招募移民到边疆垦荒，并有军队屯田于河西走廊，作为稳定和保卫边疆、恢复和发展农业生产的重要措施。其后的历朝历代都不同程度地采用了屯垦作为安置难民和解甲归田的军士、供应军需民食和维护政权稳定的手段。中国共产党在领导新民主主义革命时期，在马克思主义的指导下，明确规定人民军队有"战斗队""工作队""生产队"三大任务，开展了以军队为主体的大生产运动，为革命胜利奠定了坚实的物质基础。新中国成立后，为快速医治近代以来长期战争对国民经济的创伤，解决百万军队的复员就业问题，同时探索社会主义现代化农业建设，国家通过复员转业军人建立国营农场，并通过计划移民、吸收农民和发动城市人口上山下乡等方式，大力发展军垦和农垦事业，使之成为中国社会主义建设事业的重要组成部分。

1949年12月5日，毛泽东签发了《中央人民政府人民革命军事委员会关于一九五〇年军队参加生产建设工作的指示》，号召全军，"除继续作战和服勤务者而外，应当负担一部分生产任务，使我人民解放军不仅是一支国防军，而且是一支生产军，借以协同全国人民克服长期战争所遗留下来的困难，加速新民主主义的经济建设。"文件指出："人民解放军参加生产，不是临时的，应从长期建设的观点出发。而其重点，则在于以劳动增加社会和国家的财富。"文件还规定了必要的政策界限。如"禁止开商店从事商业行为"；要"建立军队的生产合作社"；可以与当地农民伙种，但"不得强制执行，不得与民争利"①。这些规定，不仅指导了当时的军垦生产，对以后发展起来的农垦事业，在较长一段历史时期，起着重要的指导作用。在农垦事业的国家层面，1949年11月，中央人民政府农业部成立机垦处，后改为垦务局。12月，农业部召开全国农业工作会议，会议指出，我们必须把中国人民解放军看做国家生产建设的伟大力量，积极地帮助他们进行生产②。并提出，1950年试办国营农场，实行新的机械耕作，积累经验，以低成本增加产量，为小农经济做示范，引导农民走向集体生产。

第一节　组建宁夏省灵武机械农场

1949年9月23日，中国人民解放军十九兵团先头部队进驻银川，宣告宁夏解放。经中央批准，于10月29日成立宁夏省人民政府。在随后成立的西北军政委员会③的领导下，宁夏开展了轰轰烈烈的剿匪肃特、民主改革、恢复生产和发展建设。

1950年4月，西北军政委员会根据党中央和毛主席的指示，决定有计划地将所属部队逐步转为生产队，创建国营农场。西北军政委员会农林部（以下简称西北农林部）派人到宁夏、陕西、甘肃、青海四省开展荒地调查后认为，宁夏的土地资源和灌溉条件较好，决定首先在宁

---

① 中共中央文献研究室编《建国以来重要文献选编（第一册）》，中央文献出版社，2011，第56～59页。
② 《当代中国的农垦事业》编辑部编《当代中国的农垦事业》，中国社会科学出版社，1986，第454页。
③ 西北军政委员会于1950年1月19日成立，是以陕甘宁边区政府为基础，在中国共产党领导西北人民取得解放战争胜利后，建立的西北地区最高政权机关。主席彭德怀，副主席习仲勋、张治中（后又增补马明方为副主席）。参见梁星亮主编《陕甘宁边区史纲》，陕西人民出版社，2012，第645页。

夏建立国营农场。

西北军政委员会根据中央农业部和西北农林部的意见,决定由宁夏军区负责筹建,地方政府予以协助。5 月 7 日,宁夏军区成立建场筹备处,抽调后勤部副政委高宜之负责。5 月 8~15 日,西北农林部会同宁夏军区和省政府派出两个勘察组,分别到平罗县的西大滩和灵武县的山水沟滩调查。经过分析比较认为,灵武山水沟滩虽然面积小,但土地平坦,容易解决灌溉和排水问题,且靠近县城,社会环境相对安定,确定在此建场。[1] 灵武农场位于银川市东南 58 千米、灵武县城西 4 千米处。这里原是黄河古道,后因河床西移,经山洪多年淤积,逐渐形成南高北低的芦苇盐滩。1950 年,地方政府在山水沟修建防洪工程,免除了这片土地的山洪之患。农场地处中温带干旱气候区,气候干燥少雨,无霜期短,但日照时间长,有引黄灌溉之条件,具备发展农业的潜能。根据荒地调查,5 月底,宁夏军区制定出《宁夏省机耕农场计划》。

为了学习外地办场经验并为新建农场培养干部,1950 年 1 月和 7 月,西北农林部和宁夏建设厅先后派出 41 人到中央农业部举办的北京双桥拖拉机人员培训班学习拖拉机驾驶技术。1950 年 5 月,西北军政委员会从中国人民解放军十九兵团和陕、甘、宁、青四省的地方部队中抽调了 80 多人,深入东北地区的国营农场参观考察 4 个多月。

1950 年 6 月,朝鲜战争爆发,至 10 月,中央认为战争不可避免,部队准备参加抗美援朝战争[2]。西北军政委员会决定,将办场任务交给地方政府,以"培养干部、积累经验、多打粮食、示范农民"为建场方针,由西北农林部在宁夏省灵武县境内试办国营机耕农场。

西北农林部修订了建场计划,于 1950 年 10 月 18 日组成了农场筹建处,地址先是在银川市铁匠街(今利民街),后搬到了灵武县城。

---

[1] 刘润琦、程广征主编《足迹(上)》,宁夏人民出版社,2010,第 9 页。
[2] 李捷:《抗美援朝的战略决策及其对新中国的重要意义》,《当代中国史研究》2010 年第 6 期。

11 月初，西北农林部派员来宁夏实地考察农场场址，并与宁夏省党政军主要领导人协商建场事宜。经与宁夏省政府李景林副主席商谈，并经省主席、省军区第一政委潘自力同意，调高宜之任场长。1950 年 12 月 1 日，宁夏第一个国营农场，同时也是西北第一个国营农场——宁夏省灵武机械农场①在灵武县城内一座 28 孔窑洞的旧军营内宣告成立。它的成立标志着新中国成立后宁夏农垦的创立。

1950 年 11 月，西北农林部派遣的拖拉机队 10 余人到达灵武，场部同时还运来了一台苏式纳齐拖拉机、一台苏式万能拖拉机以及五铧犁等农具，加上宁夏在马鸿逵统治时期，由傅作义送给宁夏的 5 台美制福特拖拉机，成为农场开荒的主要机械。1951 年 3 月，宁夏省原先派到北京学习拖拉机的技术人员到场报道，4 月，西北农林部又派 14 名农机人员到农场，这就是灵武农场以及宁夏省灵武机耕学校初期的骨干队伍②。

1951 年 4 月 21 日，第一批 20 名拖拉机手驾驶 6 台拖拉机开始机耕这片处女地，从此开创了宁夏农业机械化作业的新纪元。虽然当时的开荒农机很笨重，在老百姓看来却很新鲜。在灵武西门外试耕时，群众都看呆了，说："几千年来都是用老牛耕地，没想到现在用拖拉机耕地了。"③ 见证这一历史的农场建设者蒋生俊回忆当时的开荒场景：

> 21 日上午，作为灵武农场首任机耕队长的黄嘉珺带领由 20 名拖拉机手驾驶的 5 台美制福特轮式拖拉机和 1 台苏制纳齐履带式拖拉机，一齐发动，机声轰鸣，划破了寂静的灵州大地，预示着这里的历史将翻开新的一页。拖拉机带着铁犁，红旗迎风招展，路旁看热闹的人群熙熙攘攘，垦荒者队伍雄赳赳气昂昂，由灵武县城向第

---

① 1951 年 4 月，西北农林部将宁夏省灵武机械农场改名为国营灵武农场。
② 刘同样：《三十八年农垦情》，载刘润琦、程广征主编《足迹（上）》，宁夏人民出版社，2010，第 95~96 页。
③ 刘润琦、程广征主编《足迹（上）》，宁夏人民出版社，2010，第 10 页。

一作业站荒地进发。垦荒者搭起帐篷，风餐露宿，日夜奋战。白天累了就躺在荒地上小憩一会儿；到了晚上穿上皮袄，拿上钢枪轮流站岗放哨，保卫这神圣的营地。春天风多，一刮起来，沙飞土扬，连眼睛也睁不开，一个个变成了土人，但为了征服荒地，人人精神饱满，紧张而又愉快地工作着。晚上拖拉机的吼声更加响亮，灯光照射出一道道耀眼的光芒。随着"铁牛"的奔跑，泥土在锋利的犁铲下翻飞[①]。

建场初期，农垦建设者们在渺无人烟的盐碱荒滩上，以顽强乐观的精神和惊人的毅力，克服缺设备、缺劳力、缺技术、缺经验等等重重困难，开荒造田、开沟挖渠、建筑房屋。当年开荒地 1.14 万亩，建房 66 间。试种了小麦、水稻、高粱、亚麻、苜蓿等作物。整齐的条田不断增多，牛、猪、羊逐渐成群，各种林木和果树陆续栽植成活。1953 年开挖的东西排水干沟由南向北流淌在农场的两侧。1954 年起开挖的田间排水斗沟、农沟配套成龙。水稻机械旱直播、水稻泥水选种法、优良牧草品种首次在这块土地上推广。分区负责、"三定一奖"、定额管理、计划管理、成本核算等企业管理制度逐步建立。到 1954 年底，灵武农场开垦出荒地 4.09 万亩，建成了 4 个作业站，成立机耕队、修理队和粮油加工厂，建立了医务室、食堂、浴室、理发室、合作社、俱乐部、图书室，职工达到 620 名。

灵武农场是西北第一个国营机械农场，在创建过程中，中央农业部、西北农林部以及宁夏省的党政领导都给予大力支持和关怀，除派遣干部、技术工人，调拨农机物资外，还经常派专家工作组来场指导工作。宁夏省建设厅水利局为农场建成全长 31.5 千米的第一农场渠，解

---

① 蒋生俊：《不能忘记的两个人》，载刘润琦、程广征主编《足迹（上）》，宁夏人民出版社，2010，第 421 页。

决了农场的灌溉水源问题。宁夏省公安厅派出劳改人员，农场附近的灵武、吴忠、金积等各县人民政府动员大量民工，帮助农场建场。在此期间，农场接待了陕、甘、宁三省的农民、工人、干部、学生 1 万多人前来参观，向他们宣传了农业集体化和机械化的优越性。接收西北农学院等大中专院校以及周边农场共十多个单位的 300 余名学生、干部来场实习。为一些新建农场输送干部和技术工人，为附近农场进行了示范性机器代耕[1]。

灵武农场土地盐碱性大、地力薄，是农业生产的两大障碍。由于农场的规划较为仓促，基本上是"边勘测、边规划、边开荒、边建设、边生产"，对开发盐碱地难度认识不够，缺乏改良的经验，走了一段弯路。在农田规划上，片面强调有利于作物通风透光，有利于机械作业，将条田设计为平行等高线（南北向）、长条（1500 米以上）、宽档（108）米、大灌面（7～8 亩），结果造成灌面不易平整，灌溉、排水不利，脱盐效果差。对盐碱危害的严重性认识不足，认为种水稻费工、成本大、机械化程度低，把种稻洗盐[2]只作为过渡性措施，急于种植旱地作物。在建设灌溉系统时，未能同步建立健全排水系统。无沟种稻不但没有达到洗盐的效果，反而使土地盐碱上升，作物大量缺苗。为了实现肥料自给，农场制定了大力发展畜牧业的方针，设想以牧业为农业提供有机肥。从 1951 年起陆续购入蒙古马、黄牛、山绵羊和毛猪。在基础较差的条件下，畜牧养殖出现牲畜水土不服、饲料短缺、管理和防治跟不上等问题，造成亏损。

为扭转这一局面，在 1954 年的冬季整训中，农场深刻总结批判了

---

① 高宜之：《回顾五十年代宁夏农垦事业的起始与发展》，载《宁夏农垦志》编纂委员会编《宁夏农垦志（1950～1988）》，宁夏人民出版社，1995，第 621～622 页。

② 利用种稻洗盐改良盐土是银川灌区农民长期与盐渍化作斗争所采取的重要措施。一般重盐渍化土壤含盐浓度很高，不能种植一般农作物，农民多首先种植水稻，通过种稻用水的淋洗作用使土壤中含盐量降低，收到改良盐土的效果。参见李鸿恩：《在有排水条件下种稻洗盐改良盐土初步观测》，《土壤通报》1958 年第 1 期。

技术指导上的片面性、盲目性的错误，提出"民主办场、勤俭办场、科学办场"的指导思想。派出干部分别到河北省芦台、汉沽、清河农场学习考察渤海区水稻生产、种稻洗盐、改良盐碱土的经验，到黑龙江省的九三农场、宝泉岭农场学习经营管控、政治思想工作和工会工作经验。随后，农场将部分条田改建为垂直等高线（东西向）、条长800米左右、档宽54米、灌面3亩左右。1955年疏浚了东西干沟，劈宽加深了田间斗沟、农沟，稻田增设了毛沟，健全了排水系统；把学来的关于种稻洗盐的先进技术在试点区实验，通过示范、组织观摩，推广到大田生产中去。新的技术和管理取得良好的效益，当年粮豆总产达到307万公斤，平均亩产149公斤，比上年分别增产73.3%和138.4%。农业的增产为畜牧业发展提供了重要的物质保证。1955年，农场调整畜牧业经营方针，确定"以养猪、养马为主，经营猪、马、羊生产"，并加强岗位责任制，牧业亏损比1954年减少51.1%。

在农牧业发展的基础上，农场开展以技术革新为内容的社会主义劳动竞赛，增加了制糖、糕点、酱醋等工副业生产项目。随着生产发展，职工的物质文化生活也得到初步改善。场部地区通了电，架设了有线广播，办起了第一所职工子弟小学，卫生所扩建为职工医院，在各作业站成立医务室。

1958年，农场基本完成建场任务。累计开垦荒地6.08万亩，耕地面积达到5.15万亩，当年粮豆总产469.3万公斤，累计营造果树167亩，造林2838亩。年末存栏猪2838头、羊661只、牛138头、役畜253头。拥有各种拖拉机23台，联合收割机5台，载重汽车5辆。主要作业机械化程度达79.7%，工农业总产值150.9万元[①]，一座社会主义新农场正在这片盐碱荒原中释放出前所未有的活力。

---

① 灵武农场志办公室编《灵武农场志》（内部发行），1990，第7~9页。

第二节 成立农建一师开发西大滩

1952 年 2 月，中华人民共和国和中央人民政府革命军事委员会主席毛泽东发布命令："我批准中国人民解放军西北军区独立第一师①转为中国人民解放军农业建设第一师的改编计划，将光荣的祖国经济建设任务赋予你们。""你们现在可以把战斗的武器保存起来，拿起生产建设的武器，当祖国有事需要召唤你们的时候，我将命令你们重新拿起战斗武器，捍卫祖国。"② 西北军政委员会遵照毛泽东主席的命令，决定中国人民解放军农业建设第一师（以下简称农建一师）在宁夏平罗西大滩垦建国营农场。

西大滩位于银川市以北 4 千米，平罗县西南 17 千米处，海拔 1100 米，黄河、唐徕渠绕于东南，贺兰山峙于西北。东西长 21 千米，南北宽 17 千米，总面积 47.94 万亩，划归农建一师建场的 32.94 万亩，其余归潮湖劳改农场。这里是干旱、少雨、风大、蒸发量大的白僵地、盐碱地，低洼处长着盐碱蒿，高处生长着星星点点的芨芨草，是一片一望无际的茫茫荒原。

一 创立农建一师国营前进机械农场

1952 年 4 月，农建一师师部测量队率先进入西大滩开始勘测。

---

① 西北军区独立第一师是 1950 年 11 月由西北军区独立第二军和原西北独立第一师留下的二团合编而成，也称新独一师，隶属宁夏省军区，全师共编人员 6046 名。其中：西北军区独立第二军是 1949 年 9 月 19 日由国民党第八十一军在宁夏中卫通电起义，并于同年 12 月 19 日改编而来，军长马惇靖。西北独立第一师，亦称老独一师，由陕甘宁晋绥联防军区警备第二旅于 1949 年 7 月改编而来，曾参加解放宁夏战役，11 月，该师改属宁夏省军区，驻防银南地区。参见宁夏军事志编纂委员会编《宁夏军事志（下）》，宁夏人民出版社，2001，第 1073 ~ 1076 页。

② 《军委关于一九五〇年军队参加生产建设工作的指示（一九四九年十二月五日）》，载中共中央文献研究室、中国人民解放军军事科学院编《建国以来毛泽东军事文稿（上）》，中央文献出版社，2010，第 96 ~ 99 页。

1952 年 6 月至 1953 年春天，农建一师师长马惇信、政委张建纲（1953年 6 月为王世杰）奉命先后率领全师三个团 5804 人挺进西大滩，创建国营农场。同年西北农林部和西北农学院组织 60 多人的勘察团到西大滩进行了一个多月的勘察研究工作，拟订了建场设计书，并定名为"农建一师国营平罗机械农场"。全师一、二、三团分建一、二、三个农场。1952 年，农建一师一、二团指战员在西大滩修筑干、支渠 4 千米，各种水利建筑物 10 座，桥梁 14 座，动土 62 万立方米，建砖窑 24座，开荒平田 1.22 万亩。1953 年 1 月，西北农林部通知，将农建一师国营平罗机械农场更名为"农建一师国营前进机械农场"，同年 10 月，西北行政委员会决定，将农场移交宁夏人民政府。

刚转业的部队办农场一无经验，二无专业技术人才，困难重重，但他们有克服困难、艰苦创业的毅力，在实践中边干边学，向有经验的农场学习。当时师政委张建纲带领 49 名干部到华北、东北的双桥、芦台、查哈阳、九三、永安等国营农场参观学习；派 7 名有文化的同志到灵武农场学习农业技术和经营管理；开办了以建场方针、任务和经营管理为主的，包括财会、土壤、气候等业务的学习班；还选派 84 人分别到灵武、芦台、双桥、九三等国营农场培训拖拉机驾驶、联合式收割、机农具检修等技术，与此同时，西北农林部派来 28 名拖拉机驾驶员，建立了机耕队。

在建场初期，全师指战员树立"因陋就简，以场为家，艰苦创业"的长期建场思想，在被苏联专家断定为"农业禁区"的盐碱荒滩上挖地窝、搭帐篷、开垦荒地。春天，他们迎着肆虐的风沙；夏天，他们冒着炙热的酷暑；冬天，他们顶着零下二三十度的冰雪寒风。在工地上，他们吃的是沙粒拌饭，喝的是盐碱苦水。就是在这样恶劣的环境下，部队开展了热火朝天的劳动竞赛和"立功创模"活动①。

---

① 刘润琦、程广征主编《足迹（上）》，宁夏人民出版社，2010，第 11 ~ 12 页。

在垦荒建设中，广大指战员始终以饱满的热情和高昂的斗志投入劳动。在筑渠时，指战员们背着六七十公斤的背兜跑着运土。有的战士嫌背兜小，晚上自己动手薅芨芨草，把背兜加高，能装 100 多公斤的土。许多指战员肩膀压肿了，脊背磨破了，他们就找来破布或鞋底垫上继续坚持。挖土方手磨破了，冻裂口子了，就用布条缠住继续干。每天都劳动十几个小时。从 1952 年农一师的指战员进驻西大滩，至 1955 年 10 月撤销部队建制的 3 年多时间里，共开荒 4.51 万亩，修筑了长达 16 千米的八一渠，开挖干、支、斗渠沟 21 条，以及大量的农渠农沟，动土 1300 多万立方米。如果把这些土方堆成一米见方土墙，可以从西大滩到北京五个来回。前进农场是宁夏军垦创建的第一个国营农场，其创建为宁夏开创其他国营农场培养了一大批干部，同时也积累了经验①。

二　修建八一渠

垦荒建场，水利先行。1953 年，农建一师全体官兵的第一个大战役就是改建和延伸由一团上年开挖的八一渠（该渠始建于 1952 年 8 月 1 日），改建后的八一渠灌溉面积占半个西大滩，长约 16 千米。在没有任何现代机械的情况下，完全靠战士们用双手和双肩来完成。工程之浩大，任务之艰巨是全师前所未有的②。

为了尽快修好大渠，全师上下开展了轰轰烈烈的"立功创模"运动和"争红旗劳动竞赛"活动。"人人争当功臣兵，功臣兵四海扬名，当兵造福为百姓，流尽血汗建奇功……"不但成为部队集会时的必唱歌曲，而且成为每个战士的奋斗目标。一时间，当功臣兵的班务会、争功臣兵的营团誓师大会纷纷召开。强大的思想教育工作激发了每个战士的高昂斗气，这种斗志在"争红旗"的劳动竞赛中得到了充分展现。

---

① 刘润琦、程广征主编《足迹（上）》，宁夏人民出版社，2010，第 12 页。
② 刘润琦、程广征主编《足迹（上）》，宁夏人民出版社，2010，第 123 页。

每当上工的军号声一响，身背装有上百斤泥土背篼的战士立即向渠坝方向跑去，他们一个不服一个，一个比一个跑得快，一个比一个背得多。上坡他们猫着腰，下坡时大步向取土的方向奔去。战士们不停地往返穿梭，整个工地就像滚动的车轮不停地旋转着。他们像一台台输送机，快速地把泥土源源不断地输送到渠坝上。沉重的背篼压在战士们的肩上，稀湿的泥土不断地从背篼的缝隙中挤压出来，淋湿了战士们的脊背，淋湿了战士们全身。稀泥和着汗水不断地流淌着，直到后来整个人就像从泥坑中捞出来的一样。但战士们全然不顾，你追我赶，生怕落后，生怕自己的班级争不到流动红旗。奔跑的脚步一刻都不愿意停息，沉重的背篼一刻也不愿意离开双肩。根据当时的统计，背土的战士一人每天向渠坝运去的土足有 20 方，它足足能装 5 辆当时自苏联进口的嘎斯牌卡车，而战士们每天跑的路程有多远，他们自己也说不清①。有资料显示，最多一个班级人均一天竟然挖出土方达 53 方。

提起当年修八一渠的情境，很多老军工都深情地说："当时劳动强度之大，现在年轻人是想不到的。为了早日建成八一渠，我们背着土始终是跑着，从来不知累、不觉苦，浑身总是有使不完的劲。大家共同的愿望就是争当功臣兵，争作贡献。"在临近收工还有半个小时时，以连为单位又组织开展半小时的劳动竞赛活动，比谁在半小时内背的土最多，挖的土最多，打过夯的地基最多。火热的劳动场面像一幅壮丽的画卷，在这里战士们忘我劳动、无私奉献的精神，积极向上催人奋进的意志，顽强拼搏、艰苦创业的风骨，得到了最完美的诠释。全天收工的号声响了，为了夺得红旗，很多战士已经不满足连队发的背篼，不顾疲劳和饥饿，披着晚霞，跑到荒滩上拔芨芨草自己编背篼，他们编的背篼背在身上高出头顶 20 多厘米，足有一米多高，它装上的土要超过原来的两个背篼。据老军工回忆，当时他们背的背篼倒出的土能装现在半个人

---

① 刘润琦、程广征主编《足迹（上）》，宁夏人民出版社，2010，第 124~127 页。

力车。大背筐带来大效益，大大加快了筑渠的进度，但也极大地消耗着战士们的体力。后来师部下达命令收工必须整队回驻地，即便这样还是有很多战士吃完饭后又悄悄溜出去拔芨芨草。傍晚，当天成绩在黑板上一公布，战士们蜂拥而至争着看进度，有为班级夺得红旗而欢呼的，有为争取夺旗摩拳擦掌的。夺红旗的条件是很严格的，如出现因挖土而折断一根锹把，就是速度最快也与红旗无缘。夜幕降临，熄灯号响了，灯盏盏都灭了，帐篷中的蚊虫便猖獗起来，任凭蚊虫怎样叮咬，战士们倒头便酣然入梦，以致很多战士第二天都带着被叮肿的脸去上工①。

在艰苦的劳动中，部队始终不忘战士们的文化学习。每天上工前，文化教员在每个战士的锹把上写上一两个字，要求他们从会认会写直到理解，背背筐和打夯的战士也要通过各种方式完成学习任务。很多战士就是在劳动中经过学习而扫盲的。休息日各种文体活动丰富多彩，球类比赛、文艺演出应有尽有，使战士既得到休息又体会到了欢乐。1953年9月底，横贯西大滩南北的八一渠终于修成，它宛如一条黄色巨龙横卧在荒凉的西大滩，这条用战士们汗水铸就的大渠为农一师在开发西大滩的创业道路上发挥了举足轻重的作用②。

三　农建一师集体转业

1954年6月，遵照中央人民政府委员会第32次会议"关于撤销宁夏省建制与甘肃省合并的决定"，自9月1日起，宁夏的国营农场归甘肃省领导。1955年10月24日，甘肃省委根据国务院农业部6月24日通知，决定将农建一师彻底转业，撤销农建一师建制和番号，人员由供给制改为工资制。在那个年代，从社会尊崇的军人身份改为工人身份，转业对于军垦官兵而言，是难以接受又不得不接受的事实。老八路闫炳

---

① 刘润琦、程广征主编《足迹（上）》，宁夏人民出版社，2010，第125～126页。
② 刘润琦、程广征主编《足迹（上）》，宁夏人民出版社，2010，第125～126页。

申在回忆录中描述了当时军队集体转业时官兵们的复杂心态：

> 1955年10月的一天，上级突然通知我们连以上的政工干部到师部开会。这可是我们农一师进驻西大滩后三年多来头一回。大家都觉得会有什么重要事情发生。有的猜可能有战斗任务，还有的猜部队可能要换防，一时猜什么的都有。……会上，师政委王世杰正式传达了中央军委关于农一师整体复员转业的命令和农一师复员转业后成立农场管理局，以及三个团转业后成立三个国营农场的决定。命令宣布后，我们都惊呆了！虽然关于农一师要整体转业早有传闻，可今天一下子变为现实，大家都难以接受。一时间，会场鸦雀无声，随后，不少干部伤心地流下了眼泪，有的大哭起来。回到西大滩后……在做了比较充分的准备工作的基础上，我们召集了全营大会，在大会上我向全体指战员正式宣布了组织的这一决定。当时也有战士一时想不通，干部就耐心地逐一做思想工作。由于这项工作在思想上、组织上准备充分，加上经过我们这些政工干部的反复做工作，很快，大家都接受了上级的这一决定。自正式宣布复员转业的那天起，广大指战员都依依不舍地默默摘下了象征着他们一生的荣誉和为之流血牺牲换来的帽徽和胸章，并小心翼翼地珍藏起来，从此告别了人民军队。此后，不少指战员复员转业到甘肃等地投入祖国建设的行列中，还有不少被集体调往宁夏其他新组建的国营农场，又开始了艰苦的创业①。

农建一师撤销后，国营前进机械农场的三个分场改为"国营前进第一农场""国营前进第二农场""国营前进第三农场"三个独立经营

① 闫炳申：《农一师集体转业的经过》，载刘润琦、程广征主编《足迹（上）》，宁夏人民出版社，2010，第30~32页。

单位。当时，农建一师有干部、战士 5293 人，除在前进一场留 765 人、二场留 853 人、三场留 853 人，共 2471 人外，其余 2822 人中，复员回乡的有 620 人，调甘肃省政府各部门及各国营农场的有 1388 人，先后调入宁夏各国营农场及地方工作的有 814 人。这些同志分赴各地继承和发扬了人民解放军的光荣传统，在各自的工作岗位上发挥了骨干作用。

农建一师从 1952 年进军西大滩、创建国营农场，到 1955 年撤销的 3 年零 4 个月里，在荒无人烟、树无一株、沙包连沙包，只有盐蒿、芨芨草，外国专家预言根本不能办农场搞生产的西大滩上，安营扎寨、风餐露宿，住帐篷、睡地窝子，就在这样艰苦的生活环境中，战士们筑起了长 16.5 千米的八一渠和大大小小的斗沟、农渠及整齐的机耕条田，种出了绿油油的庄稼，建起了一排排窑洞和住房。共计开荒造田 45613 亩，修筑动土 2469 万立方米，修建大小水利建筑物 93 座、桥梁 26 座，建砖窑 24 座，建住房 3.5 万平方米，生产粮食 211 万公斤，造林 355 亩，养猪存栏 950 头、羊 1799 只，拥有固定资产 236 万元[1]。

四 两位日本侨民的故事

农垦是一所大学校，也是一个大熔炉。在农场初创的年代，不仅有复转军人、支宁知青、下放干部、归侨侨眷参与农业建设，还有日本侨民的贡献。1953 年 12 月，日本侨民共 40 户，88 人从东北遣送宁夏，由建设厅送到农建一师（前进团场）、灵武农场。农场根据这些侨民的特长，分别安置在机修、电气、医务、农林和畜牧饲养工作岗位上。1955 年 2 月国家统一将他们绝大多数遣送回国。其中，前进团场的田新民和土井晚秋样留场加入中国国籍，与中国妇女结婚，不愿归国。虽然日本侨民在农垦的数量少、参与时间短，但他们的故事反映了农垦历史的多元面貌。这一"微不足道"的历史细节，也是理解农垦的一个

---

① 刘振周、潘英天、张友士：《建国后的宁夏军垦始末》，《宁夏史志研究》1992 年第 4 期。

重要侧面。

当时，这些侨民有41人被安置在灵武农场，37人被安置在农建一师（前进农场）。对待这些曾经与中国人民为敌的日本侨民，中国人民不计前嫌，以宽大的胸怀接纳了他们。他们来到团场后，部队立即把用做战士们学习文化的干打垒的教室腾了出来供他们集体住宿。当时国家给他们的待遇很高，每人每月88元，包括家属和孩子（一般军垦战士每月36元左右），粮油供应标准也比战士高。

日本侨民都有一定的专业技术，安排在前进团场八队的20多名日本侨民除4人从事畜牧兽医工作以外，其他人员都从事机务工作。他们工作认真，业务水平高。当时与这些侨民相处的王贵同志说："那时农一师各个连队都有马匹，只要牲口有病他们立即出诊。"王贵同志亲眼见过一个名叫亲水的日本兽医发现一匹马大便不畅，便挽起袖子把手伸进马的肛门内为其排粪便①。他们在农场期间也为农场培养了一批技术人才，这些人后来成为农场的技术骨干。1955年除了田新民和土井晚秋样两人外，其他日本侨民全部遣返回国。

田新民出生于1918年，来农建一师半年后，自愿加入中国国籍，在二团机耕队任拖拉机驾驶员。田新民技术过硬，就连当时农场机务技术员有很多问题也要向他请教。由于他工作积极，待人和气，关心同事，被团场评为先进生产者。1956年3月初，他与青年驾驶员米积仓各驾驶一台"热托"25K拖拉机给三队麦田拉运羊粪，被安排住在一间小土房内。生炉子时特别关照米积仓把窗户打开，以防煤气中毒，并风趣地说："我死了还有老婆、孩子，你光棍一条，可不能死。"他们鸡鸣出车，黎明时到达贺兰山汝箕沟口羊圈。羊圈在一高台上，坡陡路险，大家说把羊粪背下坡装车。田新民说："春播当紧，这样耽误时间。"于是抢先开到羊圈旁。9时许装好了车，他小心地驾驶拖拉机下

---

① 刘润琦、程广征主编《足迹（下）》，宁夏人民出版社，2010，第697页。

行。但是坡陡拖车重，拖拉机推倒翻了两滚，田新民仍死死地握着方向盘。他苏醒过来的头一句话是："机车怎么样？"米积仓用拖拉机将他送回团部，并立即用汽车送往银川。但田新民由于体内出血过多，途中死亡，时年 38 岁。团部为他召开了隆重的追悼会①。

据钱农回忆，土井晚秋样不但能说一口流利的中国话，汉字也写得很漂亮。他自嘲说："这都是日本为侵华的需要对我们进行早期教育的结果。"土井晚秋样技术全面而且很精湛，他不但懂机械设备的维修，还懂电工原理。他工作调动多次，都与他全面的技术有直接关系，因为当时各单位都需要他这样有技术的人才。一台机器他一个人拆卸后，经过擦拭保养又能顺利装上。他从来不讲究吃穿，与其他工人同住一个宿舍，大家也不把他当外人。他在粮油加工厂工作期间，正值三年困难时期，有时他饿了，有人劝他，"面袋里有面，你拿点吃"，他却说这种事我可不能干②。1971 年 9 月 20 日，土井晚秋样在修理变压器线路时不慎触电身亡。

日本侨民田新民和土井晚秋样二人因侵华而来，却为农垦建设事业奉献才智乃至生命。受历史和时代所限，我们难以拔高对他们的评价，但他们的事迹被记载于农垦志书中，他们的故事被老一辈农垦人所怀念。两位日本侨民的人生在农垦建设中实现历史反转，恐怕也是农垦的魅力所在。

第三节 屯垦开荒新建一批农场

1954 年 7 月 21 日，宁夏省国营机械农场管理局成立之后，从灵武和前进农场抽调干部、战士和职工参加新农场的建设。8 月 16 日建立连湖农场，9 月 11 日巴浪湖农场成立，1955 年 5 月，设立暖泉墩农场

---

① 《宁夏农垦志》编纂委员会编《宁夏农垦志（1950～1988）》，宁夏人民出版社，1995，第 557 页。
② 刘润琦、程广征主编《足迹（上）》，宁夏人民出版社，2010，第 696～698 页。

(暖泉农场)。1953 年 8 月建立的芦花台园艺试验总场，因地下水位升高不宜发展果树，于 1955 年 6 月改为芦花台农场。至此，农垦系统 50 年代在银川平原灌区建立的国营农场有灵武，前进一、二、三场，连湖、巴浪湖、暖泉墩和芦花台等 8 个农场[1]。

一 成立连湖农场

1954 年 5 月 14 日，西北农林局国营农场勘测队第一分队与宁夏省农林厅国营农场勘测队，共同对宁朔县[2]邵岗乡连湖进行了勘测。此处因四周高、中间洼，积水无法排出，积久而成大小水泊相连的湖滩，是原宁夏平原著名的"七十二连湖"之一。这里夏天水汪汪，杂草丛生、野鸭成群；冬天白茫茫，盐碱严重、荒无人烟。总面积 4.45 万亩，其中湖地为 4.01 万亩[3]。

新中国成立之初，宁朔县地方人民政府组织大量民工，在这人迹罕至、没有住户的荒湖中开沟排水、垦荒种植，于 1953 年创办了宁朔县示范繁殖农场，有 12 名单身职工和临时招募的部分民工。1954 年 5 月 31 日，宁夏省农林厅批准筹建方案，定名为"宁夏国营连湖机耕农场"，成立临时办事机构，开始农场筹建工作。8 月 16 日，宁朔县示范繁殖农场全部移交给农林厅国营农场管理局，国营连湖机耕农场正式成立。同月，农林厅从农建一师、灵武农场分别抽调官兵和拖拉机手 20 余人到连湖垦荒创业。之后几年，农场通过调入农建一师官兵、前进农场职工，招收民工和安置浙江支宁青年数百名逐渐扩大建设者队伍。

---

① 《宁夏农垦志》编纂委员会编《宁夏农垦志（1950~1988）》，宁夏人民出版社，1995，第 92 页。

② 宁朔县，旧地名，清雍正年间在宁夏右屯卫的基础上设置。1960 年 8 月，经国务院批准，撤销宁朔、金积两县，成立青铜峡市。以原宁朔县的瞿靖公社全部和小坝、李俊公社的部分地区，原金积县的中滩公社全部和双闸公社部分地区，中宁县的渠口公社部分地区为青铜峡市的行政区域。原宁朔、金积两县的其余地区分别划归永宁县和吴忠市。

③ 连湖农场志编纂委员会编《连湖农场志（1954~2008）》（内部资料），2009，第 33 页。

连湖农场是在湖泊洼地上垦建的农场，全场面积：盐碱地占75%，沼泽地占25%，土壤含盐量达2.8%，地下水位高，生产条件差。20世纪五六十年代粮食亩产只有100公斤左右，低而不稳。面对白茫茫的盐碱地，农场创建者们的首要任务就是改土治碱。通过挖沟开渠、大搞农田基本建设，压碱增肥、改良土壤品质。

由于生产条件差，机械化程度低，除耕地、播种使用机械外，修渠、平田、中耕、除草、收割等农活都要靠职工们的手工劳动完成。但是，困难并没有压倒农场干部职工，当时农场的几位领导，差不多都是参加革命二三十年的转业军人，他们牢记党的教导，发扬老革命的光荣传统，事事以身作则，亲力亲为，风里来雨里去，水一把泥一把，和职工们同甘共苦。农场党委书记李成丕是1931年参加革命的老红军，也是参加过南泥湾垦荒的老战士，他经常以老红军、老八路艰苦奋斗建设南泥湾的精神教育和鼓舞广大干部职工。他说，尽管那时候住窑洞、睡帐篷，但战士们积极响应毛主席"自己动手，丰衣足食"的号召，把一切困难踩在脚下，坚持开荒种地，夺取一个又一个大丰收，终于做到了丰衣足食。正是在这种精神的激励下，场部机关从书记、场长到一般工作人员，除必要的本职工作外，很多时间都是深入生产队和田间地头，大家一同劳动，特别是水稻拔草，夏收、秋收等农活大忙季节，全场干部职工更是齐动员，集中力量打"攻坚战"。连湖多数耕地是从原来长满芦草、蒲草和三棱草的湖滩上开垦出来的，所以稻田的杂草长得凶。每到这时，全体机关工作人员都停止办公一个月，每天和农工们一起在稻田里拔草，无论刮风下雨，蚊子叮咬，都要坚持拔完定额面积的稻田杂草。薅草工作还没完全结束，夏收又开始了。在尚无收割机的年代，夏收更是一场"龙口夺食"的战斗①。

---

①　余里人：《无怨无悔的青春岁月》，载刘润琦、程广征主编《足迹（上）》，宁夏人民出版社，2010，第462~463页。

那个年代，一心为农场建设夜以继日劳碌的农垦人，虽然工作劳累、生活艰苦，但精神很充实。1962 年，连湖农场宣传干事朱业礼创作的歌曲《我们心爱的农场》在《中国农垦》杂志和《宁夏日报》先后发表，被农场干部职工广为传唱。歌词是这样描述农垦拓荒者们的情怀和境界的：

> 贺兰山下，黄河岸旁，有一片平原无比宽广，当百花盛开散发着芳香，鸟儿在枝头愉快的歌唱，绿绿的禾苗像无边的海洋，青青的草地放着牛羊，你要问这里是什么地方，这就是我们心爱的农场。
>
> 贺兰山下，黄河岸旁，有一座村庄和城市一样，当夕阳西下暮色苍茫，看家家户户灯火辉煌，听琴声悠扬歌声嘹亮，欢度着劳动后愉快的时光。
>
> 我们的农场好像天堂，我们都有高尚的理想，要把这理想变成现实，就要贡献出青春的力量，我们要战胜一切困难，为了明天美好的时光，让所有的人们都幸福欢畅……①

这首歌是当时农垦人朴素感情、高尚品格的真实写照。

通过艰苦的创业，到 20 世纪 50 年代末，连湖农场累计开荒种地 2 万余亩，全场 15 个耕作区、141 条地块基本成形。到 1962 年，初步把昔日水深数尺、芦草满湖、野鸭成群的荒湖碱滩，建成了沟渠配套、条田整齐的国营农场。

二 新建巴浪湖农场

巴浪湖以古汉渠引水末端所形成的湖泊得名，位于吴忠市南郊，有

---

① 余里人：《无怨无悔的青春岁月》，载刘润琦、程广征主编《足迹（上）》，宁夏人民出版社，2010，第 463～464 页。

山有川，山区原为传统牧区，川区多为盐碱滩地，人烟稀少。1954 年春，国营灵武农场派 23 名干部和技术人员到巴浪湖勘测筹建金积分场。5 月，西北行政委员会农林局国营农场勘测队三、四两个分队协助测绘调查，形成《宁夏省金积县巴浪湖荒地勘测报告》，7 月 14 日，宁夏省农林厅决定将金积分场命名为"巴浪湖机耕农场"。农垦建设者在这片湖泊碱滩上开始了艰苦卓绝的创业史。

建场初期，农垦建设者在极其困苦的条件下，披星戴月，风餐露宿，以顽强的精神和惊人的毅力，克服缺设备、缺劳力、缺技术、缺经验等重重困难，硬是凭着两个肩膀一双手，开沟挖渠，开荒造田，建筑房屋。到 1956 年开荒地 9676 亩，当年种植水稻 7798 亩，开始植树造林，饲养牲畜，成立机耕队、修理队，建成粮油加工厂。在农业机械化方面，1954 年，农场先后引进东德链式、捷克轮式拖拉机 3 台，苏联各类农机具 7 台，到 1965 年，农场有捷克热托、铁牛、东方红等各种类型拖拉机 14 台，综合机械化率约 45%。

在激情燃烧的岁月，农垦建设者以场为家，甘于奉献，涌现出一批劳动模范和社会主义建设积极分子。如 1956 年荣获全国农业水利系统先进生产者称号的农工王万林。建场之初，他担任生产队小组长。在缺乏机械作业的农田基本建设中，他每项工作都走在最前面，开沟挖渠，一般职工只能完成 220 米，他却完成 260 米。他带领的小组两天能干三天活，一年下来，王万林小组比别的小组职工多干三个多月的活①。1958 年荣获甘肃省先进生产者的牧羊工人席金福，无比珍惜和热爱牧羊工作，常年独自一人在条件恶劣的山川之间转场放牧。每年羊群产羔季节，他会缝制一个褡裢，把途中初产的小羊羔装在褡裢里，最多时装五六只羊羔，步行几十里。夜晚，他守候在羊圈里，发现母羊产羔，及

---

① 《干农活总是走在前的人》，载宁夏农垦事业管理局编《劳模风采（1950～2010）》（内部资料），2010，第 40 页。

时接产、助产。寒冬里，他把被子盖在初产的羊羔身上。由于席金福付出超常的操劳，他放牧的羊群繁殖率、羊羔成活率比其他的羊群高 3~4 成[1]。

巴浪湖的建场史有两个特点：一是参与组建农场的单位多。从建场到 1960 年前后，先后有羊毛改进场、滩羊选育场、公家务羊场、绵羊改进站、灵武农场巴浪湖分场、金积县农场、吴忠羊场、二道湾农场、巴浪湖农场（白土岗农场并入），大量牧场的并入使农场具有农牧结合的特点，并一度改名为巴浪湖牧场[2]。二是回族等少数民族职工多。巴浪湖农场所处的吴忠市是回族聚居区，创办初期招收的职工中多以少数民族为主。在甘肃省管辖时期，1957 年，甘肃省农管局将敦煌安西等河西走廊的军垦农场中，因生活习俗不方便的回族、东乡族军工百余人调入巴浪湖农场。在人员流动和安置方面，也有意识调配少数民族职工。所以，巴浪湖农场回族职工历年平均占比在 70% 左右。

和连湖农场一样，巴浪湖农场在初创阶段，对场区土地盐碱大、地力薄、地势低洼等困难认识不足，也走了一段弯路。农场片面强调长条、宽档、大灌溉面积的条田设计，脱碱效果差，在排水系统不配套的情况下，大面积无沟种稻，不仅没有起到洗盐的效果，反而使盐碱度上升，粮食单产只有 110 多公斤。加上随之而来在"大跃进"中的工作失误，农场遭受巨大损失。

1963 年，农场深刻反思和总结了三年困难时期的经验教训，认真贯彻中央"调整、巩固、充实、提高"的方针，根据农场的生产自然条件，贯彻"三包、一奖、四固定"的生产责任制，完善了以评工记分为主的按劳分配制度，调整产业结构、作物结构和畜群结构，农业上压缩了粮食面积，扩大了秋饲和旱作物的面积，采取水旱轮作和草田轮

---

[1] 《大漠深处牧羊人》，载宁夏农垦事业管理局编《劳模风采（1950~2010）》（内部资料），2010，第 51 页。

[2] 1959 年 4 月，改名为巴浪湖牧场，1968 年 2 月恢复为巴浪湖农场。

作制度，大力平整土地，建设基本农田。到 1964 年，农场向国家提供商品粮 25.95 万公斤。农业发展有力提升畜牧业生产水平，1965 年，羊、猪存栏数分别达到 4193 只和 1118 头，比 1961 年分别增长 65% 和 60%。1966 年工农业总产值比 1960 年增长 62%，全场经营利润 5.33 万元[1]。

三　新建暖泉墩农场

暖泉墩农场[2]位于贺兰县境内，场内有汉墓群、昊王渠、烽火墩等历史古迹。据建场之前的调查，这里人迹稀疏，方圆十几千米只有 9 户人家。植被多为低矮灌木，荒草丛生，目之所及只有"沙井子坑"南边一棵老柳树和农场最东边、最北边的两棵杨树相呼应。

1953 年，第二农场渠[3]的兴建，为开垦这片荒地创造了先决条件。1954 年 12 月，农建一师从一、二、三团抽调干部成立暖泉墩筹建组。1955 年 5 月，暖泉墩农场成立，从农建一师（前进农场）调入一个连队约 130 人的骨干力量，至翌年春季，又从农建一师调进一个连队，近 300 人，开始艰苦的边开荒、边建场、边种地。当年种植了小糜子。1960 年，西干渠的开挖通水，使农场具备了向大规模生产扩展的条件。

由于农场地处贺兰山东麓，许多山沟沟口形成"风口"，由于建场之前植被少，8 级左右的大风时有发生，且多伴随沙暴，场内沙丘遍

---

[1] 巴浪湖农场志编纂委员会编《巴浪湖农场志》（内部资料），1994，第 7~8 页。

[2] 自明代起，贺兰山地区战事频繁，农场境内有多处烽火台，当地俗称"墩子"，暖泉墩由此而来。1962 年 12 月，暖泉墩农场分为暖泉一场和暖泉二场。1965 年 11 月两场合并，为农建十三师二团。1969 年 9 月改称农五师 33 团。1974 年 6 月，改为暖泉农场，并沿用至今。

[3] 1953 年 6 月，主要由劳改单位承担的宁夏省第二农场渠开工，渠道从唐徕渠满达桥建闸引水，经贺兰县的习岗、金山乡，平罗县的下庙、崇岗、大武口乡、惠农县的燕子墩、西永固乡，尾水入第三排水沟。当年完成满达桥节制闸至分水闸 20.4 千米的渠道工程。至 1955 年 10 月，完成 83 千米段渠道工程。黄河水利科学研究院编《黄河引黄灌溉大事记》，黄河水利出版社，2013，第 152 页。

地，生产生活条件恶劣。农垦拓荒者没有房子住，只能住地窝子。为了能尽快开垦出土地，他们没日没夜地拼命干，用肩挑小车拉的方式把一个个沙丘摊平，然后一锹锹深翻土地。累了，就地躺在滚烫的沙丘上休息，渴了就喝点坑里的苦涩盐碱水①。抗美援朝复员老战士田祥停回忆起 1960 年农场大风和地窝子的工作生活场景，他说：

> （在农场工地）遇到刮风天气，瞬间就形成了沙尘暴，大风夹杂着沙粒吹打到脸上，像针扎一样痛，呼吸都很困难。为了防止人被大风吹散，我们手拉手围在一起，就这样大风还是把我们拉成的圈扯开了个口子，把 2 名浙江女支青（支宁青年）刮跑了。待风沙停止后，我们在远离工地 2 千米的地方才找到了她俩。
>
> 遇到下雨时更加难熬，我们每个人窝在地窝内接受着大雨的考验，最早的地窝子其实是不能用来遮雨的，它是用一些杂草及树枝简易搭建的，上面再铺一些泥土。雨一下大，我们就像灌耗子一样被灌了出来，大人小孩只能在大雨中熬到天亮②。

在农场创建初期，农场人员变动比较大。1959 年、1960 年先后安置两批浙江支宁青年 2271 人，1957 年甘肃省农林厅农垦局将农场干部待遇由部队待遇转为地方待遇，大幅下调工资③，100 多名老军工离开农场回原籍，1961 年，支宁青年受困难时期粮食低标准和"双反"运动④影

---

① 刘润琦、程广征主编《足迹（上）》，宁夏人民出版社，2010，第 176 页。
② 田祥停：《沙井子创业回忆》，载刘润琦、程广征主编《足迹（上）》，宁夏人民出版社，2010，第 175～176 页。
③ 1957 年，甘肃省农林厅农垦局在兰州段家滩会议上决定，老军工班长以下人员由 56 元、49 元、42.5 元降为农场级，分别为 39 元、36 元、33 元。
④ "双反"运动，指的是 1960 年，宁夏先后开展的"反对地方民族主义运动"和"反对坏人坏事运动"。这两场运动都严重混淆了两种不同性质的矛盾，造成恶劣影响。错误得到纠正后，有 26801 人得以平反。参见宁夏国史编审委员会编《当代宁夏史通鉴》，当代中国出版社，2004，第 105～107 页。

响，陆续返回原籍 1800 多人①。人口一度下降。1965 年，有 1513 名北京下乡知识青年，怀着满腔热情到农场插队落户。到 1966 年，农场种植农作物 3.36 万亩，羊存栏 5965 只、猪存栏 1697 头。有拖拉机 21台、联合收割机 2 台、大中型农具 88 台（件）。工农业总产值达到 124万元。为改善农场生态环境，累计造林 1757 亩，使万亩农田得到一定程度的保护②。

四　改建南梁农场

南梁农场位于银川市西北郊，北接暖泉农场，南邻贺兰县常信乡，南毗西夏区芦花台乡（现为镇北堡镇）。宁夏解放之前，此地是一片芨芨草盐碱地，只有零星几处车马驿站。1953 年，宁夏省在此建立园艺试验场，翌年，改为甘肃省芦花台园艺总场，因第二农场渠通水后，地下水位急剧升高，不宜发展果树，于 1955 年改建为国营芦花台农场。1958 年 9 月，与邻近刚成立 3 个月的劳改局所属芦北农场合并为芦花台园林试验场。1961 年，该场一、二、三站划归贺兰山畜牧试验场为一分场。11 月，成立南梁畜牧试验场，加挂宁夏农业科学研究所畜牧系牌子。后体制和场域多有变动，直到 1974 年 6 月改为国营南梁农场③。

1955 年农建一师一团一营六连 90 余人集体复员到南梁参加农场建设。1959 年、1960 年全场共安置浙江支宁人员 2924 人，加上原有人员，全场人口达到 4700 余人。1960 年后，随着困难时期支宁人员大批返乡，企业精简下放人员，到 1964 年年底，全场人口降为 1190 人。

农场白僵土面积大，土质差。创建初期体制多变，人事更迭频繁，

①　《暖泉农场志》编纂委员会编《宁夏回族自治区暖泉农场志（1955～1995）》（内部资料），1995，第 4～6 页。

②　综合《宁夏回族自治区暖泉农场志（1955～1995）》有关章节数据。

③　《南梁农场志》编纂委员会编《南梁农场志》（内部资料），1996，第 11～18 页。

垦殖开发困难重重。广大农工靠着愚公移山的精神，在极端艰苦的条件下挖渠引水、开荒造田。畜牧试验场原党总支书记吕宝丰回忆道：

> 由于自然环境恶劣，人们的生活水平十分低下。茫茫无垠的荒滩碱地上长着稀疏的碱蒿，一片凄凉荒芜。同志们吃不饱、睡不好。住房紧张，几对夫妇住一间房，或因陋就简，搭起帐篷，风餐露宿。为了把一片茫茫荒滩改变成绿洲，全场上下齐心协力，发扬不怕苦、不怕累的精神，手磨破了，肩挑肿了，脚打了血泡，不叫一声苦，继续坚持干。

1961 年 11 月，南梁畜牧试验场单独成立时，共开垦荒地 1.3 万亩，先是逐年扩大水稻种植面积，改良土壤，后逐年增加旱地作物。1962～1965 年，年平均粮食亩产只有 67.9 公斤。广大干部职工战天斗地，苦没少吃，罪没少受，由于地力单薄，加上政治运动的影响，这一时期农场的生产建设仍处于低谷。

五 "大跃进"运动中的8个新建农场

1957 年冬季，中国兴起农田水利建设热潮。在中央持续严厉批判反冒进的高压形势下，1958 年 3 月，刚成立不久的中共宁夏回族自治区工委①制定了 1958～1967 年的《农村建设规划》，提出到 1962 年和1967 年粮食产量分别达到 20 亿公斤和 33 亿公斤的高指标②。在总路线、"大跃进"和人民公社化的"三面红旗"指引下，自治区决定新办8 个农场。自治区农垦局 1959 年 7 月开始勘测土地，从各农场抽调干

---

① 1957 年 6 月，国务院第五十一次全体会议讨论决定成立宁夏回族自治区，为加快筹备工作步伐，1957 年 11 月，中共中央决定成立中共宁夏回族自治区工作委员会，筹备和规划各项工作。
② 张远成：《当代宁夏简史》，当代中国出版社，2002，第 62 页。

部及从北大荒来宁的军官，组成建场筹备组。1959 年 12 月 24 日，自治区人民委员会报请国家计委和农垦部批准，建立平吉堡农场（银川市）、渠口堡农场（中宁县）、兴仁堡农场（海原县）和王家团庄农场（同心县），后又于 1960 年 3 月批准建立李家大湾农场（盐池县）、白土岗农场（灵武县）、二道湾农场（吴忠县）和镇北堡农场（银川市）。这 8 个农场规划耕地面积 70 多万亩。所辖地区地势平坦、荒地面积大、土地连片集中、土质较好，但受当时农业开发力量所限，多数农场短期内无力解决灌溉水源。所以，这 8 个农场中除渠口堡农场和平吉堡农场受惠于跃进渠和西干渠的水源保障外，其余 6 个农场因不具备灌溉条件，均于 1961 年 11 月撤销①。

六　初创时期的渠口堡农场

1958 年 4 月，中宁县组织十万民工开挖跃进渠，为开发渠口山川创造了水利条件。1959 年 10 月，根据自治区党委的指示，中宁县为计划安置浙江支宁青年，在渠口人民公社组建了渠口堡农场建场筹备处。先后将鸣沙公社硝磺滩大队、沙梁林场、渠口生产大队、铁桶一生产大队、铁桶二生产大队移交农场，共 4000 余人，并接收浙江支宁青年 2023 人，于 1960 年 6 月 1 日正式成立国营渠口堡农场。农场确立了"以粮为主，粮肉并举，农、林、牧、副、渔综合发展"的建场方针，引进了拖拉机 7 台，联合式收割机 2 台，解放牌汽车 2 辆，开始边生产边建场。1960 年种植粮油作物 4.17 万亩，粮食总产 182.4 万公斤，饲养大家畜 800 头、羊 4771 只，完成工农业总产值 43.88 万元，取得较好的经济效益，增强了职工对国营农场的建设信心②。1961～1965 年，

---

① 《宁夏农垦志》编纂委员会编《宁夏农垦志（1950～1988）》，宁夏人民出版社，1995，第 93～94 页。

② 数据综合参考《渠口农场志》。宁夏农垦国营渠口农场编《渠口农场志》（内部资料），2010。

是渠口堡农场顺利发展的时期。农场可开垦的荒山荒地和小块农田都变成了大片的机耕地，农场粮食连续 5 年增产，为国家提供的商品粮逐年增加，林、牧、副业及文教卫生事业，也有相应发展。农场职工已经能吃上自己栽植的苹果，每逢过年过节，职工家属还可以分到农场自产的平价猪肉、羊肉。职工家属看病有医院，子女上学有学校。随着农场机械化水平的不断提高，农场职工家属的不断增加，农场出现了"劳力过剩"的状况。1964 年起，农场分批将职工及家属输送给灵武、简泉、连湖、西湖等兄弟农场，初步解决了渠口堡农场人员"过剩"的问题①。

1964 年 5 月，渠口堡农场"四清"结束后，自治区决定把渠口堡农场改为全民所有制的人民公社，取消农场职工身份，停发工资，实行人民公社评工计分的分配办法。1967 年 12 月，经宁夏军区支左小组"抓革命，促生产"总指挥部批准，恢复农场职工待遇，改名为国营渠口农场。

七 平吉堡农场的建立和宁夏"第一桶奶"

平吉堡位于银川市西南郊区。在西夏时期，此地有昊王渠，历史上几度修复又几度废弃，土地荒芜。到 1958 年，由于青铜峡水利枢纽工程抬高了黄河水位，自治区决定于 1959 年沿昊王渠故道开挖西干渠，渠道多次穿插古渠而过。西干渠的建成为平吉堡这块古老的土地带来生机。1959 年，银川市委为安置即将到来的浙江支宁青年，从北大荒等地调来有开荒经验的干部，在此地筹建平吉堡农场，规划面积为 28.5 万亩。1960 年 5 月，首批浙江支宁青年 7503 人到达平吉堡农场安家落户。平吉堡农场的创建正值三年困难时期，广大支宁青年和农场职工一

---

① 蒋发隆：《忆渠口农场的创建历程》，载刘润琦、程广征主编《足迹（上）》，宁夏人民出版社，2010，第 147 页。

道、战风沙、治盐碱、平整土地、开渠挖沟，只用两三年时间，就开垦出 7 万多亩荒地，其功绩值得后人铭记。

农场西南有天然的牧场，又靠近银川市，在有关部门和专家的建议下，农场自 1962 年起尝试发展奶牛生产。当年分三批从内蒙古引进奶牛和良种公牛 40 余头，生产鲜奶 14.6 吨，并将其 90% 供应给银川市居民，是宁夏历史上的"第一桶奶"。在当时的生产条件下，饲养奶牛是一件极其艰苦的工作。奶牛一队饲养员吴恩玲说：

> 凡是挤奶员、饲养员每天三班工作制，早上 4 点半到 7 点，中午 12 点到 2 点半，下午 6 点到 8 点半，他们长年累月在凌晨最困的时候被叫醒上班，晚上披星戴月时才回家。上午本来应该睡会儿觉，但在政治挂帅的岁月，每天不是开会就是出去放牛，还要去割草，总要加班，一天工作十几个小时。挤奶是很不容易的事，钻在牛肚子底下，又热又臭，还有蚊虫叮咬，还得用绳把牛后腿捆上防止被踢。在班上两个半小时内，挤奶员要把自己管的十头牛的牛奶挤净，用扁担把奶桶挑到奶房，再回来添草喂料，最后把牛放回运动场，扫牛舍，工作非常紧张辛苦[1]。

为扩大奶牛生产，1962 年 11 月，农场党委经扩大会议决定将奶牛生产队改为"平吉堡奶牛场"，虽然奶牛场属队一级核算单位，只是后来平吉堡奶牛场其中的一个分场，但基本奠定了农场的发展方向和产业特色。到 1965 年，奶牛场共发展奶牛 371 头，年产鲜奶 580 吨。1963～1965 年，农场贯彻"八字方针"，在农场内部进行调整，减少管理人员，撤销站一级建制，场对队直接领导，将大场分为平吉堡第一农场和

---

[1] 吴恩玲：《难忘的奶牛队生活》，载刘润琦、程广征主编《足迹（上）》，宁夏人民出版社，2010，第 661 页。

平吉堡第二农场两个小场。在国家对农场加大投资的支持下，三年共产粮 249.7 万公斤，共创工农业总产值 214.4 万元，年递增 38.9%[①]。

第四节　浙江支宁人员在农垦

宁夏回族自治区成立后，为了加快宁夏的社会主义建设，根据中央的有关精神，宁夏与浙江省达成系列协议，包括由浙江省动员一批思想进步、有文化、有技术的男女青年来宁参加建设，解决宁夏劳力不足的困难。据统计，1959～1960 年，浙江省第一批共组织动员 97462 名浙江支宁人员到宁夏安家落户[②]。其中，1959 年、1960 年农垦的各国营农场共安置 26900 人[③]。

浙江支宁青年大多由青年学生、复员军人、中青年农民、乡村干部组成。他们的到来，为农垦带来新的活力。此时，各农场尚处于初创时期，条件有限，但各农场均千方百计解决支宁青年及其家属的吃住问题。如，南梁农场认为能否安置好浙江支宁青年，是关系能否建设好宁夏的问题，他们采取紧急措施，一是场领导和老职工把家搬到砖窑小屋和牛棚马圈，把全部住房让给支宁人员，并组织人力箍窑洞，修地窝子，解决住宿问题。二是在粮食低标准时期，规定老职工每人每月 10 公斤、干部 7.35 公斤、浙江青年 13.5 公斤粮食[④]。

1960 年，宁夏经济困难，城乡群众皆进入"低标准，瓜菜代"生活阶段，这对刚刚来宁毫无积累的支边人员来说，生活更加困难。一些支边人员出现水肿或极度消瘦。迫于无奈，许多浙江支边人员变卖了衣

---

① 本节文字、数据综合参考《平吉堡奶牛场志》。平吉堡奶牛场编《宁夏回族自治区国营平吉堡奶牛场志（1960～1985 年）》（内部资料），1988。

② 银川移民史研究课题组编著《银川移民史研究》，宁夏人民出版社，2015，第 117 页。

③ 《宁夏农垦志》编纂委员会编《宁夏农垦志（1950～1988）》，宁夏人民出版社，1995，第 13～14 页。

④ 《南梁农场志》编纂委员会：《南梁农场志》（内部资料），1996，第 407 页。

物，作为路费返回浙江或外流新疆、青海等地。加上这一时期，宁夏开展了"反坏人坏事""反地方民族主义"运动，截至 1961 年 6 月，在宁夏的浙江支边人员返籍外流达 8 万余人，占浙江支边人数的 84%①。在宁夏农垦各农场，由于"双反"和低标准"瓜菜代"影响，1960 年 9 月至 1961 年年底也集中出现大批支宁人员返乡和外流。据不完全统计，截至 1961 年 6 月，安置国营农牧场的返籍外流者 2 万余人。到 1967 年，约有 3000 名浙江支宁人员选择留在了农垦各农场。

从 1969 年开始，宁夏和浙江两省多次为"双反"冤假错案复查平反，落实安置政策。据 1986 年《浙江赴宁夏走访组工作报告》，这一时期，宁夏各地市和相关安置单位数次来浙江，对浙江"双反"受害人员按户进行访问，政治上给予恢复名誉，经济困难的又适当给予补助。农垦各农场也相继成立落实政策办公室或领导小组，对包括支宁人员在内的冤假错案，积极开展落实平反工作。据浙江省委调查组的评价，宁夏农垦等单位落实该项工作"做得比较好"②。

尽管受时代影响，出现不应有的历史遗憾，但留在农垦的浙江支宁人员，已成为农垦建设的中坚力量。他们勤劳智慧，任劳任怨，发挥了南方人能吃苦的精神。他们把南方先进的耕作方法，如插秧、摸秧等技术带到农场，提高了宁夏的农业耕作水平，同时把南方一些先进理念和生活方式传授给了当地人民③。从他们当中涌现出一大批劳动积极分子、优秀管理者和技艺精湛的专业技术人员。1960 年从浙江东阳支宁的周球光就是他们中的典型代表。周球光生性勤劳，她从小受苦，8 岁就开始放牛，特别能干。来到农场后，她不仅上班时带头苦干，还经常参加业余劳动，帮助单身职工洗衣缝被。那几年，她年年被评为模范和

① 银川移民史研究课题组编著《银川移民史研究》，宁夏人民出版社，2015，第 118 页。
② 乐子型：《浙江赴宁（夏）走访组工作报告（1986.9）》，载乐子型主编《回忆与思考》（内部资料），2009，第 164 页。乐子型，原为浙江省委副秘书长、省党史研究室主任。
③ 银川市政协文史委课题组编《银川知青移民与上山下乡》（内部资料），2013，第16页。

先进生产者。1968年领导调周球光到畜牧队喂猪，她吃苦肯干，一百多斤的料袋扛上就走。她心地善良，夏天为了给猪清火，她就提上袋子到处捡瓜皮给猪吃。由于喂养精心，她饲养的母猪繁殖率很高，喂得最好的母猪最多一胎下过十几头小猪。由于配种间隔时间太近，母猪下完猪仔累得爬不起来，她就把自己的稀饭给猪吃。冬天生下的小猪怕冷，她就把它们揣在怀里。1968年，她最小的儿子出生才三四个月，又一窝小猪出世，由于奶不够吃，眼看要饿死，情急之下，她就把自己的奶水喂给小猪，救活了它们①。1979年，周球光荣获全国妇联"三八红旗手"荣誉称号。

又如1959年6月，从浙江萧山只身一人来到南梁农场的徐阿奎。改革开放后，担任场领导的他，组织赖呈祥等技术人员通过研究实验，采用大坑穴栽等方法，成功在白僵地、盐碱地扩大了枸杞的种植面积，并通过他不断的呼吁和宣传，引起了自治区领导的重视和大力扶持，使得农场的枸杞产业不断发展壮大。在农场的示范带动下，宁夏的枸杞产业逐渐成为享誉中外的优势农业特色产业。像这样的事例，在各农场还有很多，浙江支宁人员的故事和先进事迹成为农垦创业史中的重要组成部分。

第五节　成立生产建设兵团农业建设第十三师

1962年初，中央刚召开完"七千人大会"，对国内粮食生产问题高度重视，党和国家领导人加大了对增加粮食生产的途径和精简非生产人员的决策思考。2月26日，时任新疆军区生产建设兵团副政治委员的张仲瀚在和周恩来一起飞往广州的飞机上，周恩来总理对张仲瀚谈了一

---

① 李小龙：《养猪状元周球光》，载刘润琦、程广征主编《足迹（上）》，宁夏人民出版社，2010，第497~498页。

个重要思想，周总理说："毛主席和我有个设想，把我国三分之一以上的军队，改为生产建设部队。"① 在广州，周总理在军委工作会议上谈话的要点是"军队转业十万干部的安置问题"②。农垦部在1963年3月给中央的报告中指出，新中国成立十多年的经验表明，"军垦是开发边疆艰苦地区的最好方式"③。

根据中央和农垦部的有关精神，1964年10月，自治区人民委员会派农垦局局长雷震等几位同志去新疆生产建设兵团访问学习，计划在宁夏建立农建师。当年农垦局从各农场抽调"贫下中农出身的、政治历史清楚的，年轻力壮的青年职工或职工子弟"④ 150人，以平吉堡二场七队为基础，成立一个军垦连。从宁夏农垦的角度，当时就是要学习借鉴新疆兵团的模式把国营农场建设好。原农垦局领导柳登旺在回顾这段历史时说：

> 宁夏的农垦事业经过十几年的发展，始终找不到一个农场办社会这样一个性质的办法，光是开荒种地，经营状况也不好。特别是在安置人员方面没有经验。到新疆后发现，那里的情况不一样，有工、有农、有商，企业办社会，交通运输、民兵武装和多种经营方式都搞得很好。学习考察以后，决定要向新疆生产建设兵团学习，学习他们的经营方式，学习他们的生产技术⑤。

---

① 张仲瀚：《周总理关怀屯垦戍边》，载郭书田等编《周总理与农垦事业》，中国农业出版社，2000，第12页。

② 中共中央文献研究室编《周恩来传（4）》，中央文献出版社，2011，第1649页。

③ 《农垦工作的基本总结和今后的方针任务（修改草稿）》，农业部农垦局编《农垦工作文件资料选编》，农业出版社，1983，第607页。

④ 《宁夏回族自治区农垦局关于军垦农场筹备情况报告》（〔1965〕垦办字第023号），1965年3月10日，第95号全宗第21号卷，宁夏档案馆藏。

⑤ 《宁夏农建十三师老领导访谈录》，载新疆生产建设兵团史志编纂委员会·兵团党委党史研究室编《新疆生产建设兵团史料选辑·兵团援建兄弟省区：甘肃农建十一师、宁夏农建十三师·20》，新疆人民出版社，2010，第159~160页。

1965 年 5 月，自治区党委决定在银川地区西干渠沿线及固原、同心等地区筹建农建师和水土保持师。8 月 6 日，中共中央西北局做出两个决议："关于建立黄河中游水土保持建设兵团的决议"和"关于加速发展农业生产建设兵团的决定"。决议指出，"西北其他各省区，要认真地、因地制宜地学习和推广新疆生产建设兵团的成功经验，尽快地把农建师建立和壮大起来"①。按照西北局的决议，当年 8 ~ 9 月，新疆生产建设兵团抽调从师团到班排的各级管理干部和农业、机务技术人员多人，支援宁夏组建农业生产建设师。10 月，自治区农垦局在《关于建立农业生产建设兵团的设想》中，对农建兵团的建设原则、模式、规模和经营方式做了详细的规划②。

1965 年 11 月 3 日，中共中央、国务院批准宁夏、陕西建立农业师，由自治区党委政府领导。续接新疆生产建设兵团编制序列，番号为"农业建设第十三师"，全称为"中国人民解放军生产建设兵团农业建设第十三师"（简称农建十三师）。中央指示，农建师"采取军垦形式，开垦荒地，建设农场，发展生产"③。

农建十三师师部设在银川市新市区（西夏区）的方家圈，师长刘其功、政委由自治区农办主任金浪白兼任。自治区农垦局根据自治区党委的决定，将隶属自治区农垦局的沿贺兰山东麓的黄羊滩，平吉堡一、二场，暖泉一、二场，前进一、二、三场，陈家圈牧扬、南梁牧场等10 个农牧场划归农建十三师领导。新建立的农建十三师，总人口为2.21 万人；土地面积 47.55 万亩，其中耕地面积 19.83 万亩。固定资产

---

① 中共中央文献研究室编《新疆生产建设兵团工作文献选编（1949 ~ 2014）》，中央文献出版社，2014，第 103 ~ 104 页。
② 《关于建立农业生产建设兵团的设想》，1964 年 10 月 14 日，第 95 号全宗第 21 号卷，宁夏档案馆藏。
③ 《中共中央、国务院关于宁夏回族自治区、陕西省建立农业师问题的批复》（中发〔1965〕570 号），载《宁夏农垦志》编纂委员会编《宁夏农垦志》，宁夏人民出版社，1993，第 611 页。

原值 1036.71 万元，有大中型拖拉机 119 台，机引农具 229 台（件），联合收割机 12 台，大家畜 3649 头，猪 5394 头，羊 18859 只[①]。

随后，农建十三师分别将平吉堡、暖泉、前进、南梁农场改编为农建十三师一团、二团、三团和五团，将 1965 年 10 月新建的黄羊滩农场改编为四团，将陈家圈牧场编为师良种繁育场（1969 年 9 月撤销）。当时一团是奶牛场，以奶牛养殖为主；二、三、四团是纯农业生产；五团是半牧半农的农场。此后又先后接管了银川糖厂、银川灰砂砖厂，组建了农垦职工医院、西干渠管理处、建筑工程队、汽车运输队、商业批发转运站等单位。

农建十三师在管理体制上，全部实行军事化。新疆生产建设兵团按五个团的建制选派干部到宁夏，从团、营到连，领导干部基本都是从新疆派来的干部担任。在此之前，宁夏在安置上山下乡知识青年方面比较混乱，管不住，也管不好，组建生产建设兵团后，在"全国学人民解放军"的时代背景下，由于军队的社会认可度高，这样就很好地安置了一批北京的上山下乡知识青年和各大军区的复转军人就业。

在生产上，各团场推广新疆生产建设兵团的经验，大力营造农田防护林，提高机械开荒平田、机械中耕、机械收获等田间作业水平，并改变过去农场只搞种植业的状况，大力发展养殖业和加工业，走种植业、养殖业、农产品加工业的综合发展之路，努力发展教育、卫生等社会事业和团场文娱、文化事业，给农场带来了巨大的变化。农场社会稳定，生产发展，效益不断增加。可惜不久，"文化大革命"开始，农建十三师生产秩序遭到严重破坏。自 1965 年 11 月成立到 1970 年 3 月农建十三师被撤销的 4 个生产年中，广大军垦指战员屯垦戍边，坚持生产，共计生产粮食 2050.25 万公斤，油料 29.1 万公斤，出售肥猪 3024 头，生产牛奶 367.66 万公斤，机砖 3901 万块。但由于运动干扰和经营管理不

① 宁夏军事志编纂委员会编《宁夏军事志（下）》，宁夏人民出版社，2001，第 1026 页。

善，造成连年经营亏损，4 年亏损达 2209.36 万元。

成立国营黄羊滩农场。1965 年 10 月，自治区人民政府抽调 227 名干部职工，开发黄羊滩。黄羊滩位于永宁县境内，东以包兰铁路为界，西依贺兰山、南至青铜峡市，总面积约 34 万亩。20 世纪五六十年代，此地干旱贫瘠、土壤层薄，风沙肆虐，当地人描述此地"沙丘连绵草稀疏，黄羊滩上一棵柳"。11 月，农建十三师成立时，自治区政府决定在此地组建农建十三师四团。1966 年 2 月，从新疆生产建设兵团、沈阳军区调入干部 20 名，并由南京军区调入 230 名复转军人，包括家属共 460 多人[①]。当年，拓荒者们仅有两台 54 型拖拉机，大部分劳力首先投入扬水站和变电所等基础设施建设中，并在地势较平坦、集中成片的荒地上开垦出 2500 亩播种糜、谷作物。由于当年雨水较多，年底每亩获得 12 公斤糜谷的收成，虽然收获很少，但这让人们看到了在黄羊滩上创建家园的希望，坚定了信心[②]。

黄羊滩农场地处贺兰山三关风口地带，又没有树，一刮起风来，天昏地暗，飞沙走石。南京军区复转军人张乔昌回忆道：

> 1966 年 4 月的一天下午，天灰蒙蒙的，我们一连奉命整修一级扬水站主干渠大渠堤。当时没有推土机械，我们就用大筐抬土、板车推土。下午 4 点左右，刮起了大风，风夹着沙石，打得人脸上生疼。天空先是被黄沙笼罩，给人昏暗、压抑的感觉，之后是一阵阵灰白色的风沙打得人无法睁眼。整个天空布满了扬起的沙尘，沙尘漫天飞舞，人的方向感完全失灵。我们连排干部 5 人，每人相距约 100 米，吹着哨子，意在把迷路的职工引回来。我们的哨音把大部分职工集中到了

---

① 黄羊滩农场志编纂办公室编《宁夏回族自治区国营黄羊滩农场场志（1965～1985）》（内部资料），1989，第 11 页。

② 黄羊滩农场志编纂办公室编《宁夏回族自治区国营黄羊滩农场场志（1965～1985）》（内部资料），1989，第 64 页。

一起，还有少数职工未听到哨音，随着大风走到了农场南面的铁路边，他们知道，如果翻越铁路可能就离家更远了，于是就用衣服把头一蒙，就地趴在铁路路基下，待大风刮过后才返回连队①。

由于风沙大，每年春季，农场渠道内刮进大量沙子，支干渠在迎风口的地段都被沙子填平了。农作物的叶片一次次被风沙打掉，或被沙子埋没。在此艰苦的环境中，黄羊滩干部职工认识到，团场要生存发展，就必须根治风沙。根治风沙，就必须大力植树造林，建造农田林网。团场由此做出了植树造林、建造农田林网的规划，要求全场不分男女老少，人人植树。在大大小小的农渠、道路、职工住宅、场部周围植树造林。学生每人每年要栽植15棵树，职工每人每年栽植50棵树，并保证成活率。在畜牧业生产上，建场时从连湖农场引进山羊276只，绵羊924只，从新疆引进细毛羊200只。

第六节　知识青年到农场

1955年9月，毛泽东在为《在一个乡里进行合作化规划的经验》一文写的按语中指出："一切可以到农村中去工作的这样的知识分子，应当高兴地到那里去。农村是一个广阔的天地，在那里是可以大有作为的。"② 毛泽东的指示在全国各地传达后，当年全国有十多个省市团委组织3.7万多人，以"志愿垦荒"的形式，开展青年垦荒。到1961年，中央做出减少城镇人口的决定后，明确"城市中一般不能升学或就业的青年，有条件的可以下乡或安置到农场去劳动"。对知识青年，认为

---

① 张乔昌：《从一棵柳到千万亩林》，载刘润琦、程广征主编《足迹（上）》，宁夏人民出版社，2010，第153～156页（张乔昌是南京部队支宁复员军人）。

② 中共中央文献研究室编《建国以来毛泽东文稿（第五册）》，中央文献出版社，1991，第527页。

"今后的出路还是逐步地有计划地动员他们上山下乡"。从 1962 年到 1966 年，全国共有 129 万知识青年上山下乡①。需要特别指出的是，这一时期的知青上山下乡，虽然国家有计划，但仍以自愿为主，少数出于生计困难或因家庭出身问题难以在城市继续升学就业，但总体上与"文化大革命"时期的"知识青年上山下乡运动"有所区别。

宁夏自成立自治区后，其银川平原地广人稀，荒地多，农业潜力大，是城市青年支边支农、上山下乡的主要目的地。1964 年 3 月，银川市有 45 名城市青年到郊区农村安家落户。11 月，21 名银川市初、高中毕业生，响应党的号召，到国营平吉堡农场二队落户，开启了农垦系统接收知青自愿下乡的先例。1965 年 4 月，银川市 112 名知青分别到国营连湖农场和前进农场集体插场，银川市人民委员会为他们举行了欢送大会。6 月 8 日，北京第一批知识青年 600 多人到宁夏，沿途受到石嘴山、贺兰、银川各族各界群众的热烈欢迎，自治区党委和人民委员会在银川市新城剧场召开欢迎大会，他们分别被分配到国营暖泉、平吉堡等农场参加生产劳动。之后，京津知识青年又分多批次到达宁夏。资料显示，1965 年 6 ~ 11 月，平吉堡、暖泉、前进、连湖等团场先后安置北京、天津、银川知识青年 7463 人②。

一 安置京、津知识青年的准备工作

为做好京津知青的安置工作，1965 年 3 月，自治区农垦局先后召开两次专题会议，一是紧急从陈家圈牧场、巴浪湖牧场和渠口堡农场抽

---

① 柳建辉：《也谈中国知青史的历史分期》，《中国青年研究》1996 年第 1 期。

② 据《宁夏回族自治区国营农场一九六五年工作总结》，1966 年 2 月 4 日，第 95 号全宗第 24 号卷，宁夏档案馆藏。关于 1965 年到农垦的知青总人数，《宁夏农垦志》记载，1965 年安置北京、天津、银川知识青年 4486 人。《银川知青移民与上山下乡》记载 1965 年军垦安置北京知青是 4500 余人。对比看，《宁夏农垦志》的统计有误，其数据反映的应只有北京知青。应以农垦局 1965 年原始档案为准。参见《宁夏农垦志（1950 ~ 1988）》，1995，第 16 页；《银川知青移民与上山下乡》，2013，第 18 页。

调 300 名工人，组建基建队，从 4 月起，建设宿舍、办公室、会议室、食堂、库房等基础设施近十万平方米①。二是按照自治区党委杨静仁书记关于军垦和安置京、津知识青年工作的指示，对知识青年的生产生活和管理方式做出安排。会议提出要加强知青管理，生活要搞好，文化娱乐、电影、剧团、看书、看报都要安排好。生产上要有人教，要加强政治思想工作，要有一定的学习时间，加强政治时事学习，领导一个月或两个月去作一次报告，军垦要成为一个大学校，不仅是增加劳力，更重要的是出人才、出干部。

会议指出，军垦农场实际上是个生产队、战斗队、工作队，是个红专大学校，失去这个原则，就没有办军垦的必要，但主要应贯彻"以生产为主"的原则，实行劳武结合。要求各农场在青年未到之前，抓紧时间，做好一切准备工作，做到事事有负责，项项有安排，并买一些书籍、报刊、娱乐品，没有电影机的要提前做预算②。

新组建的农建十三师高度重视来自北京、天津和银川的知识青年安置工作。师部领导认为，既然是军垦建制，知青来了首先要解决军装问题。当时国家没有调拨，要靠自己解决，可农建十三师刚刚成立，一点底子也没有，甚至连棉布票也没有。师部领导向新疆建设兵团求援，从新疆农八师调来了 450 捆黄布，并组织师机关家属成立缝纫组，又从银川跃进服装厂请来两位技艺精湛的老师傅日夜不停地赶制，终于保证了几千名知青来宁后都穿上了新军装。知青来到十三师后，为了在生产劳动之余丰富他们的业余生活，师部先后成立了农建十三师文艺宣传队、足球队、篮球队等③。值得一提的是，这支文艺宣传队自编自演了大量

---

① 《关于安置京、津知识青年会议纪要》1965 年 3 月 5 日，第 95 号全宗第 21 号卷，宁夏档案馆藏。

② 《关于研究军垦农场安置京、津知识青年的会议纪要》1965 年 3 月 24 日，第 95 号全宗第 21 号卷，宁夏档案馆藏。

③ 征程：《追忆刘奇功同志》，载刘润琦、程广征主编《足迹（上）》，宁夏人民出版社，2010，第 367～368 页。

有一定水平的文艺节目，经常接受地方政府、部队、企业的邀请，参加自治区的文艺演出，在宁夏小有名气。1970年秋进京汇报演出，当时国家农垦部也给予很高的评价。

按照规定，知识青年在国营农场可以领取月工资28元，并和在职人员一样享受公费医疗和探亲假。虽然标准较低，但相比插队落户到农村公社靠工分生活的知青，其生产生活条件要优越得多。

数千名知识青年到宁夏参加农垦建设，提升了农垦职工的整体素质，影响了当地人的习俗，加快了各团场的拓荒建设。在激情燃烧的岁月，春耕夏收，夏种秋收，挖沟除草的战役一个紧接着一个，他们艰苦奋斗，辛勤创业，战胜了一切疲劳和寒冷，战胜了身体和心理的极限，为宁夏农垦事业的发展贡献了宝贵的青春，同时也锻造了自身吃苦耐劳、不畏惧困难的坚毅品格。

二 酸甜苦辣的知青生活

1965年，北京知青刘淑英告别家人，来到农建十三师二团（暖泉农场），投入战天斗地、可歌可泣的军垦生活。据她回忆：

> 那时的二团环境条件十分艰苦。全团七个生产连队之间连道路都没有，都是沙滩。我清晰地记得，农场从南到北没有多少树木，几乎一片荒凉。住的是土坯房，睡的是土炕，点的是煤油灯。常常一觉醒来，黄沙已经把被子埋住了，人就像是从沙堆里爬出来的。端起一碗水来，浑黄浑黄的，能沉淀出半碗泥沙，吃的饭都很牙碜[1]。

1965年9月到宁夏西大滩参加劳动的天津知青陈志耕和冯云田，

---

[1] 刘淑英：《火热的军垦生活》，载刘润琦、程广征主编《足迹（上）》，宁夏人民出版社，2010，第64页。

对老军工教他们如何开荒除草记忆特别深刻：

> 到宁夏第一年，我们连队新组建，每天的工作就是挖沟修渠。每天八方土的任务，对于只有十六岁、刚刚走出校门的一群小年轻来说，真是不小的考验。挖土方之余，连里就组织大家拔芨芨草。别以为这项工作比挖土方轻松，没有巧劲，你会拔得满手是泡。一开始，我们一根一根地拔，就跟拔电线一样，拔得手指火辣辣地疼，没拔几根，手上就拔出一溜溜血泡。后来老排长来了，他一看就疾呼"使不得，使不得"。只见他拔出一绺芨芨草，把它缠在铁锹把上，用力一撬，一绺芨芨草就连根拔出来了。大家如获至宝，一齐效仿着干起来，功效一下就提高不少[①]。

虽然条件艰苦，但农垦战士们的劳动热情丝毫不受影响，无论是站在稻田冰冷刺骨的水里工作，还是挥动锹、镐破冻土、挖深沟、修水渠，干部、战士不畏艰难，战严寒，斗风沙，老军工们"一不怕苦，二不怕死"的精神深深地感染着广大知识青年。

1971 年 3 月，北京知青王林所在团场负责修建西干渠奋斗扬水站，参加工程建设的有 1000 多人，其中大部分是北京知青。王林深情回忆当时的劳动场景：

> 最紧张的是基础浇筑。这天，马连长进行了现场动员，号召共产党员、共青团员要抢最艰苦的活干，要做好连续作战的准备。然后，他一马当先，带领全连战士投入浇筑基础的战斗中。工地上，装灰浆、推灰浆的，砸石头、抱石头、抬石头的，你过来他过去，

---

① 耕田：《白僵地芨芨草》，载刘润琦、程广征主编《足迹（上）》，宁夏人民出版社，2010年 9 月，第 58 页。

人流如同赶潮的海水，一波下去，一波上来，一波接一波，一波赶一波。手被石头划破了，没有人吱声；肩被扁担压肿了，没有人叫苦，因为每个战士都被一个人感动了，这个人就是马文秀。他石头专拣大的抱，扁担专找重的担，遇到特大的石头，他又领着破石组用铁锤砸，当当的锤声，响彻了整个工地。就这样，经过三天三夜的连续苦战，武装连完成了扬水站机房泵站基础的浇筑工程①。

路金树是 1965 年天津市第一批到前进团场的知识青年，到连队几个月后，调入让人羡慕又艰苦的机耕队，成为一名拖拉机手。那时的东方红链式拖拉机一个机组六个人，分两个班昼夜不停地作业，为的是当年灌上冬水，来年春天好种庄稼。夏耕时坐拖拉机后面打犁是个苦差事，牵引车前面一走，后面便是暴土扬场，满身满脸的尘土。白天烈日炎炎，口渴得直冒烟；到晚上，陪伴着他的除了尘土，还有蚊虫和睡意。秋耕时夜里非常寒冷，如果赶上刮风，尽管紧裹棉衣，紧缩着脖子，但无情的风还是穿透衣服让人感到全身冰凉，尤其天将亮时，饿、困、冷一起袭来，令人难以忍受。由于他工作积极、踏实，多次受到上级表彰和嘉奖，并光荣地加入中国共产党，先后代表天津知青参加自治区知识青年积极分子代表大会和天津市第二届上山下乡知青代表会。1979 年，路金树在返回天津前，为顺利交班，他还当了一阵子农机教师，在培训班上，教老军工的子女们学会开拖拉机、收割机，使农场的农机队实现平稳过渡②。

知青的生活有苦也有乐，虽然生活艰苦，但他们天真烂漫，热血激情，劳动之余，他们读书、唱歌，积极参加文体活动。天津知青杜津生

---

① 王林：《战斗在扬水站的工地上》，载刘润琦、程广征主编《足迹（上）》，宁夏人民出版社，2010，第 183～184 页。
② 路金树：《我是快乐的农机手》，载刘润琦、程广征主编《足迹（上）》，宁夏人民出版社，2010，第 288～292 页。

是 1965 年到前进农场，他所在的连队是农建十三师三团三营十四连，这个连队基本上以天津青年为主。他在《难忘的歌声》一文中记述了他的如歌青春：

> 当时的环境相当恶劣，生活非常艰苦，可以讲我们是一无所有，每个人除了一床被褥和少得可怜的衣物之外，就是我们战天斗地的铁锹和镰刀了。但是我们唯一不缺的就是歌声，十几年来我们连会唱的歌曲估计有二百余首。当然我们连能有这样的成绩也得益于天津青年林芸芸，她曾经在天津音乐学院附小、附中学习，主修钢琴专业，乐理功底扎实。她让我们学会了不少歌曲，例如电影《地道战》中的插曲，纪录片《军垦战歌》中的《边疆处处赛江南》，还有许多歌颂毛主席、歌唱解放军的歌曲，数不胜数。那时无论是田间地头、挖沟工地，还是连队营房，只要是空闲的时间就会听到一些班、排战士的歌声。我们不会忘记唱着《麦浪滚滚闪金光》去麦收的情景，我们也不会忘记唱着《红梅赞》战斗在冰封严寒的挖沟现场，我们更不会忘记当夜晚来临时，歌声此起彼伏地在连队营房响起。歌声让我们忘记了疲劳，忘记了苦恼，那时无论是听的人，还是唱的人都很投入，都很动情。歌声好像是对疲劳和苦闷的一种宣泄，又好像是人们在静静地欣赏生活的瞬间美丽。那一刻，人们的心中是那么纯净，身心是那么轻松，歌声不仅给我们留下了一份情感，也留下了历史的印记，更编织了我们如歌的人生①。

三 知青与农场教育事业

20 世纪 50 年代末，随着农场职工的快速增加，各农场开始建立中

---

① 杜津生：《难忘的歌声》，载刘润琦、程广征主编《足迹（上）》，宁夏人民出版社，2010，第 72~73 页。

小学校和幼儿园。1965 年，大批京津青年到农场后，由于他们中大多数在城市接受了良好的教育，各场就陆续选派知识青年担任教师。

在平吉堡，大批北京知青到来后，团党委决定，发挥知识青年的长处，发展平吉堡的教育事业，做出"团部有中学、连队办小学、学前班、幼儿园"的决定，三连、十连、十二连、林业连、团机关等都办起了小学，并将之前的银华小学升格为小学带初中。到 1969 年，建成有初高中的全日制平吉堡中学，在校人数达到 2000 多人。囿于当时的政治形势，很多知青的家庭出身不好，这样的知青能否担任老师的问题引起了很多人的议论。但是团场负责教育的领导力排众议、顶住压力，选拔了一批优秀但"出身不好"的北京知青担任老师。当时，"出身不好"担任教师的北京知青占到教师总人数的 90% 以上。在广大知青教师的努力下，平吉堡农场中学进入"平吉堡教育事业最好时代"。全国恢复高考后，1978 年平吉堡中学有 4 人考入大学，4 人考入中专①。

在南梁，1962 年，该场建有两个小学教学点，四个教学班，有教师 5 人。1968 年、1972 年分别建成完全小学和完全中学。1968～1978年，场部从京津知识青年中选拔了一批教师，这批教师素质好，有真才实学，解决了教师数量不足的困难，成为教师中的一支骨干力量。1978年，该场中学考入大专 12 人、中专 13 人②。

在暖泉团场，"文化大革命"开始后，早期建校的教师先后被下放劳动，学校复课后，场部从复转军人和北京知青中挑选了一批教师，才保证了教学的正常开展。在其他农（团）场，均有浙江支宁青年，北京、天津和银川市知青担任学校代课教师的现象。知识青年为垦区教育事业的创立发展做出了重要贡献。虽然后来知青大批返城给

---

① 何君倬：《贺兰山下的文化拓荒牛》，载刘润琦、程广征主编《足迹（上）》，宁夏人民出版社，2010，第 329～330 页。
② 《南梁农场志》编纂委员会：《南梁农场志》（内部资料），1996，第 203 页。

部分农场的师资力量带来很大的压力，但这个历史责任并不能让知青教师们承担，反过来说，正是他们在垦区教育中的积极作用，才使得知青返城后，垦区的教育事业产生一段时间的不适应。

第七节　县市农场与机关企事业农场

宁夏解放后，一些县（市）在社会主义改造中，建立了小型农林示范繁殖场 20 余处。后经甘肃省委和银川市地委大力发展地方国营农场的方针指引下，1959 年发展到 39 个，1961 年增加到 76 个。经调整后，到 1965 年，各县农场数为 77 个，有职工 6000 余人，耕地 15.88 万亩。"文化大革命"开始后，一部分示范繁殖农场改为县机关农场，1967 年，大部分县农场和繁殖场被改为"五七"农场，1968 年部分改为"五七"干校。1976 年，各县将"五七"干校的农林牧场恢复原建制，将原示范繁殖农场改为良种繁殖农场。此类农场增加到 149 个，职工增加到 12327 人，耕地面积减少到 11.16 万亩。在管理上，县（市）国营农林牧渔场均有县（市）直接领导。生产财务和基建计划指标、大型农机具和国家统配物资的供应、干部调配等均有县（市）负责。在县（市）农场中，较有名气的是贺兰县的京星农场（现为京星农牧场）。1955 年，2000 多名北京移民被安置到贺兰县从事劳动生产，并创办了地方国营农场，经过几十年的改革发展，成为该县相当乡镇管理职能的机构。1980 年以前，县市农场实行高度集中统一的计划经济模式，对职工采用考勤或评工记分发放工资的管理制度。随着改革开放的深入，实行不同形式的经济责任制和承包制。

1960 年 5 月，西干渠建成通水后，自治区内各行政机关、大型企事业单位和部队陆续在容易灌水的小片荒地上创办小农场。一为解决系统内部的粮食蔬菜供应和家属就业，二为干部劳动锻炼和下放劳动的场所。到 1962 年，此类农场种植面积 12.1 万亩，当年生产粮食 397.4 万公斤。1963 年，自治区农垦局专门设立机关农场处，指导管理生产。随着国民经济的好转，机关农场规模逐渐缩减。1966 年，随着全国贯彻毛主席的"五七"指示，机关企事业农场又再度兴起。中国人民解放军总后勤部在贺兰山军马场、国务院直属机关在潮湖农场先后创办"五七"干部学校和"五七"农场。1972 年 7 月，宁夏农垦局下设"五七"农场处，负责全区机关企事业单位农场管理工作。到 1979 年年底，全区共有"五七"农场 426 个，播种面积 11.15 万亩。改革开放后，多数农场逐渐调整规模、转让和关闭。到 1988 年，全区机关企事业单位办全民所有制农场 228 个，有职工 4000 余人①。

以上两种性质的农场，因其过于分散，体制多变，与新时期农垦性质有较大差别，且在改革中绝大多数已不复存在。本书之后的内容均不涉及县（市）农场和机关企事业农场。

小　结

从新中国成立到 1965 年，是我国胜利完成社会主义三大改造，并艰辛探索社会主义建设道路的时期，国家顺利完成"一五"计划，在"二五"计划实施过程中开展了"反右"、"大跃进"、人民公社化、"反右倾"运动，国民经济出现困难，在随后中央的"八字方针"调整下，国民经济逐渐得到恢复和好转。1954 年 11 月，宁夏省合并于甘肃省，1958 年 10 月，成立宁夏回族自治区后，随着国家财政补助的大幅增加，以工业建设为主的各项事业快速发展。

在全国农垦事业的领导和指导方面，1956 年，国家成立农垦部后，各省地市都进一步建立健全了农垦管理机构，统筹农垦事业发

---

① 参见宁夏农业志编纂委员会编《宁夏农业志》，宁夏人民出版社，1999，第 321、323、329 页。

展，使"中国第一次出现了国家负担的农业生产体系"①。到 1957 年，全国建有国营农场 804 个，职工 44 万人，拥有耕地 1581 万亩，工农业总产值 6.7 亿元，生产粮食 14.5 亿斤②。1958 年，在中央"鼓足干劲、力争上游、多快好省地建设社会主义"总路线的指引下，全国农垦进入大规模发展时期，当年有 10 万解放军官兵复员转业投入生产建设。在全国"大跃进"的建设热情中，农垦战士们以十足的干劲，谱写了无数艰苦创业的壮丽诗篇。到 1962 年，全国农垦实现农作物播种面积 3780 万亩，建立国营农场 2123 个，分别是 1957 年的 2.39 倍和 2.6 倍③。实事求是地说，虽然受"高指标、瞎指挥、浮夸风"的影响，出现劳动生产率低下、经济效益普遍下滑等问题，但"大跃进"时期，包括后来几年对各垦区合理调整后的建设成果，基本上奠定了中国农垦的现有格局，为中国农垦的规模化发展储备了可靠的土地性资源。

宁夏农垦在管理体制上，1954 年之前，灵武农场由西北农林部、宁夏省建设厅管理，农建一师所属的前进农场由省政府直接领导。1954 年 7 月，宁夏省国营农场管理局成立。至 9 月，由于宁夏省建制撤销，成立甘肃省农场管理局，原宁夏省国营农场管理局的负责人按原职担任甘肃省农场管理局职务。11 月，改为甘肃省农林厅机械化农场管理局。1957 年 4 月，机械化农场管理局与省农林厅荒地勘测筹备处合并，成立甘肃省农林厅农垦局。宁夏回族自治区成立后不久，1958 年 11 月，成立宁夏回族自治区农林厅农垦局。"大跃进"后，农场规模迅速扩大，为加强管理，1960 年 2 月，自治区人民委员会批准成立宁夏回族自治区农垦局，并将民政厅管理的移民安置工作划归农垦局管理。1961

---

① 程德泉：《中国农垦：农业"国家队"》，《国家人文历史》2013 年 17 期。
② 郭书田：《农垦辉煌五十年》，《中国农垦经济》1999 年第 11 期。
③ 根据农垦统计资料计算。参见中华人民共和国农业部农垦局《中国农垦五十年》，农业出版社，2000，第 119、120 页。

年 3 月，在"八字方针"指引下，自治区人民委员会又撤销自治区农垦局，成立自治区农林厅农垦局。两年后，1963 年 2 月，又将农林厅农垦局改回自治区农垦局。从以上看，体制的多变，一方面是因宁夏行政区划设置而调整，一方面受国家经济建设方针影响。总的趋势是，管理体制随着国营农场数量及规模的扩大而不断加强。

1958~1962 年，自治区成立，各农场大规模扩张。1958 年，自治区新办了一批农场，但多数农场因水源得不到解决而停办。9 月，灵武农场响应大炼钢铁的号召，抽调大批干部和车辆到中卫和大武口两地炼钢铁，导致农场割倒的庄稼无力拉运，损失严重，且严重影响秋耕和冬灌①。前进农场 80% 的劳力和运输车辆投入大炼钢铁运动，在汝箕沟和大武口马莲滩架起土高炉 8 座，历时三个多月不从事农业生产②。与此同时，由于国家优先发展工业建设，压缩对国营农场的基本建设投资，由 1955 年的 313 万元、1956 年的 332 万元，降低到 1957 年的 149 万元、1958 年的 188 万元③，农场建设凸显艰难。尽管如此，在困难时期，各农场的开荒建设仍然突飞猛进。1960 年垦区新增耕地面积 18.25 万亩，其中新开荒 14.75 万亩，年末耕地面积 34.96 万亩，比上一年末耕地（17.59 万亩）扩大 1 倍④。此成就的取得，得益于包括 2 万余名浙江支宁人员在内的广大农垦建设者们，克服极度困难，激情参加社会主义建设而忘我的劳动。

在困难时期，粮食供应极为短缺，职工无力负荷工作，生产遇到极大挫折。同时，在粮食低标准和"双反"运动的双重困难与压力下，

---

① 灵武农场志办公室编《灵武农场志》（内部发行），1990，第 26 页。
② 《前进农场志》编纂委员会编《前进农场志（1952.8~1992.8）》，宁夏人民出版社，1992，第 9 页。
③ 《宁夏农垦志》编纂委员会编《宁夏农垦志（1950~1988）》，宁夏人民出版社，1995，第 93 页。
④ 《宁夏农垦志》编纂委员会编《宁夏农垦志（1950~1988）》，宁夏人民出版社，1995，第 147 页。

大批浙江支宁人员变卖衣被外流或返回原籍。

在建场方针上，1950年10月，灵武农场筹建时，西北军政委员会农林部指示以"培养干部、积累经验、多打粮食、示范农民"为建场方针。此后在50年代建立的农场，多遵循这条建场方针。各农场在建场过程中，坚持中央提出的"投资少、收效快、收益好"、"不与民争地"的方针，与周边农民发生土地争议时，多以划割农场土地给农民为终结。在建设方式上，农场实行"边开荒、边生产、边建设、边扩大、边积累"的方针，1958年2月在北京召开的全国国营农场社会主义建设积极分子会议上总结为"五边"方针。虽然"五边"方针加快了农场建设速度，但由于缺乏科学的勘测规划，基本建设标准低，其后不得不在规划设计和基本建设上调整或停办，造成人力物力上的浪费。

在经营管理上，1960年之前，各农场实行高度集中的行政指挥，经营由国家统一计划，职工实行工资制，工资按级别逐月发放。1961年，贯彻社会主义按劳分配原则，按照上级有关规定，农场对队实行包工、包产、包成本的"三包一奖"制，对工人实行评工记分，按工分发放工资。1967年后在极"左"思潮的影响下，批判了"三自一包"、"工分挂帅"，恢复了工资制。

在农业科技方面，依靠国家统一分配的各类大中专毕业生，先后建立了灵武农场科学实验组、气候站，前进农场试验区和气象站，银川糖厂甜菜试验站，暖泉农场滩羊选育组，各农场土壤肥料实验室等。基本上每个基层生产队都有1~2名专业技术人员。在1967年之前，基本形成了局—场—队三级农业技术推广体系。这一时期，由农场主持或参与的"种稻洗盐""黑猪育种""锈病防治""杂草防除"等科研项目均取得成绩并广泛推广。由于宁夏在国营农场建设方面起步早，效果好，从1954年起，陆续向陕、甘两省调出专业技术干部支援新场建设，向自治区、地、县科研教学部门输送大批技术人员，其多成为部门领导或技术骨干。

农垦的工商业在初创时期，主要围绕农场生产、基本建设和职工生活需要而兴办农机修理、建筑材料和粮油加工业。1951 年，灵武农场成立农机修理队，是宁夏农垦第一个工业企业，后发展为农机修造厂。各农场建场之初，均建有粮油加工厂，有的建有自产自销的酒、醋等农副加工点。到 1965 年年底，有渠口农场农机修造厂、前进农场大武口建材厂等工业企业 20 个，工业职工 1500 多人，占职工总数 8% 左右。受政策限制，1955 年后，各农场的商业活动均由地方国营商店和供销合作社统一经营，直到农建十三师成立后，学习新疆生产建设兵团经验，实行农工商一体化经营，垦区才逐渐发展起独立的商业机构。

农垦的教育事业多发展于 20 世纪 50 年代末。1958 年，灵武农场建起第一所职工子弟小学，有教师 1 人，学生 20 人，实行复试教学。1959 年，各农场也相继建立小学。大批浙江支宁人员到场后，学龄儿童激增，生产队也开始建立小学。1965 年，渠口农场、前进农场分别建立中学。1967 年之前，垦区有中小学校 43 所，在校学生 1.38 万人。此外，为培养农业技术人才，垦区自建立之初就尝试发展中等专业和职业教育。如西北农林部灵武机耕学校，宁夏农垦中等农业技术学校，巴浪湖农场、连湖农场创办的"农业大学"等，由于师资力量不足等影响，办学效果多不理想。

虽然农垦在初创时期的分配制度存在平均主义，但在那个年代，劳动光荣的理念深入人心，广大农工、军工、支宁人员及知识青年，发扬艰苦奋斗、勇于开拓的农垦精神，在"三块石头支一口锅，两捆麦草安一个窝"的简陋的生活条件下，披荆斩棘、战天斗地，建起了一个又一个社会主义新农场，不断探索国营农场生产的新方式和新模式，为保供给、做示范的农垦事业发展奠定了坚实基础。

表1　1955～1965年垦区总人口情况

单位：人

年份　单位	1955	1956	1957	1958	1959	1960	1961	1962	1963	1964	1965
灵武农场				2776	3440	4738	4396	4641	4295	4486	4764
连湖农场	223	582	803	910	1615	2546	1890	2134	2478	2714	2998
巴浪湖农场	441	472	513	895	1295	2134	3398	3550	2957	3004	3228
渠口农场						6256	5522	5350	5661	5852	5813
平吉堡农场						10220	4454	2447	2673	2904	6190
南梁农场								1431	1400	1190	1605
暖泉农场		268	605	519	996	3927	2139	1928	1956	2095	3990
前进农场	1790	1540	1708	1712	3400	8328	3743	3326	3506	3850	4685
大武口建材厂											625
合　计				6812	10746	38149	25542	24807	24926	26095	33898

说明：从1958年起，各国营农场人口有了较完整的年度统计，1958年、1959年"大跃进"和浙江支宁人员到来而大幅增加，在三年困难时期人口又大量流失，1965年成立农建十三师及大批北京和天津知识青年上山下乡，使垦区人口快速上升。原统计资料将简泉农场也纳入垦区，因该农场实际上1970年才进入农垦序列，所以整理数据时将其暂时略去。宁夏回族自治区农垦局计财处编《宁夏农垦统计资料汇编（1952～1980）》（内部资料），1982，第2～8页。

表2 1965年农作物播种面积与产量

单位	农作物总播种面积（亩）	粮食作物			小麦亩产（斤）	水稻亩产（斤）	经济作物播种面积（亩）	其中:油料亩产（亩）	其他作物面积（蔬菜、青饲、绿肥等）（亩）
		面积（亩）	亩产（斤）	总产（万斤）					
灵武场	56628	36748	365	1340.50	298	537	151	78	19729
连湖农场	16980	11998	341	409.00	303	375	406	141	4576
巴浪湖农场	22459	17444	224	389.99	247	282	98	76	4917
渠口农场	33083	28378	188	533.76	270	284	766	88	3939
平吉堡农场	14888	14716	106	156.22	159		172		
南梁农场	12318	7315	164	119.92	268	188	5	80	4998
暖泉农场	26863	17944	170	304.83	297	215	686	128	8233
前进农场	38428	29209	219	638.82	287	265	1246	101	7973

说明：1965年垦区生产秩序总体良好，无重大自然灾害。前进农场当年解决了排水问题，并受此影响增加了产量。平吉堡农场由于刚建场，属于试生产；其他农场无重大技术调整。所以1965年的播种情况大致可以反映当时国营农场农业生产力和土地自然禀赋情况。从数据中看，各农场土地历然处于改造期，粮食亩产普遍不高，受土地改造程度不同和自然条件的影响，农场土地收益差距较大，灵武农场和连湖农场明显优于其他农场。宁夏回族自治区农垦局计财处编《宁夏农垦统计资料汇编（1952～1980）》，1982，第98～101页。

第三章 "文化大革命"时期的宁夏农垦

1966～1976年，农垦部被迫停止工作，干部下放劳动，生产经营受到较大影响，但也取得了一定的成绩。

第一节 农五师的成立与撤销

为维护工农业生产和社会秩序的稳定，"抓革命、促生产"，按照中央的有关决定，1967年3月起，宁夏军区、兰州军区所属部队陆续进驻农建十三师和其他农场，执行支工、支农、支左、军管、军训的"三支两军"任务，生产生活秩序都有了转机。

1968年10月30日，农建十三师革命委员会成立，师、团、营、连各级革委会相继成立，主要负责人基本是现役军人，结合了部分原来的各级干部，外出串连人员基本返回工作岗位。大部分农垦职工自觉坚持生产，大搞以"五改"①为中心的农田基本建设，推广化学除草技术，努力提高耕作栽培技术。垦区除1966、1968、1970年②粮食产量较上一

---

① "文化大革命"期间，针对农田规划存在的弊端，各团场大幅度增加人力、机具和资金投入，开展农田改造工程。完成地条由长改短、由宽改窄，农沟由稀改密、由浅改深，灌面由大改小，即农田"五改"工程。

② 1970年较为特殊，当年8月，贺兰山东麓暴雨成灾，西干渠决口17处，冲毁建筑物68座，房屋倒塌1326间，沿线农场农作物受害严重。

年度有所下降外，其余年份均有小幅增产。受"抓革命保险、抓生产危险"等论调的影响，企业的整体生产经营水平低下，垦区在"文化大革命"时期出现大额亏损。

1968年7月3日，周恩来总理在听取兰州军区张达志司令员、冼恒汉政委等领导汇报时，曾指示兰州军区要成立生产建设兵团，统管陕、甘、宁、青4个省区的农建师。根据周总理的指示，兰州军区随即抽调原二十一军副军长彭思忠，青海省军区副政委林山和陕西省军区副政委吕明诰等人成立兰州军区生产建设兵团筹备领导小组。彭思忠同志任组长，林山、吕明诰同志任副组长。由军区司、政、后机关抽调13名同志组成办公室。1968年8月26日，组织工作组分赴农建十一、十三师调查了解情况。12月24日，向兰州军区党委做了汇报。根据军区党委研究，正式报告中共中央、中央文革、国务院和中央军委。1969年1月21日，中共中央、中央文革、国务院和中央军委正式批准成立中国人民解放军兰州军区生产建设兵团。兰州军区2月25日至3月2日在兰州召开兰州军区生产建设兵团成立大会，部署兵团成立的有关事宜。

根据中央指示精神，兰州军区生产建设兵团是一支不脱产的人民武装部队，既是生产队，又是战斗队、工作队。其主要任务是屯垦生产，以农为主，巩固和发展社会主义全民所有制经济，加强战备，配合部队、民兵和广大革命群众，保卫祖国的战略后方和边防安全，培养一支忠于党、忠于毛泽东思想，能文能武，亦兵亦农的革命化、战斗化的坚强部队。在生产建设中，贯彻毛泽东"以农业为基础，以工业为主导"的发展国民经济的总方针，以农为主，优先发展粮食，多种经营，农、林、牧、副、渔全面发展，兼办一些中小型工厂（矿），大力发展社会主义全民所有制经济①。

---

① 甘肃省地方史志编纂委员会编纂《甘肃省志（第十九卷）·农垦志》，甘肃人民出版社，1993，第90~91页。

1969 年 3 月，中苏边境珍宝岛战斗发生后，中苏关系紧张恶化。为分散隐蔽，8 月，兵团机关由兰州迁至武威黄羊镇。据李玉堂回忆，1969 年 10 月中旬，他从宁夏回族自治区革命委员会政治部支左回到 62 师后勤部。时任 21 军 62 师政委施夫俊同志找他谈话，传达兰州军区命令，任命他为兰州军区生产建设兵团第五师副政治委员。10 月底，李玉堂去黄羊镇兵团部报到[①]。

1969 年 11 月 7 日，经兰州军区生产建设兵团党委批准，第五师党委会由 18 人组成，以军队现役干部为主，包括 5 名原农建十三师干部。经过一段时间的筹备工作，1970 年 3 月 10 日，经中共中央、国务院批准，农建十三师改为中国人民解放军兰州军区生产建设兵团第五师（以下简称农五师），中央军委任命王仲仁为师长，李玉堂为政委[②]。

全师成立时有土地面积 47.55 万亩，总人口约 3 万人，职工人数 1.47 万人，固定资产原值 1660.23 万元，有大中型拖拉机 121 台，机引农具 376 台（件），联合收割机 16 台，载重汽车 34 辆。

1970 年，自治区将宁夏独立师看押犯人的任务移交给了农建部队。农五师奉命排出了 6 个执勤连队 670 人，分别到 5 个劳改单位看押劳改犯人，直至 1972 年年底撤回。全师还编有 14 个武装执勤连队，1482 名干部战士分布在各团，以应急战备任务。

在"文化大革命"中，原十三师一大批各级干部和农业技术人员、知识分子受到不公正待遇。师党委从落实政策入手，一边稳定形势，一边安排生产。在分工上，师长、副师长抓生产、抓战备，政委、副政委抓落实干部政策和连队党支部建设，政治部主任、副主任负责以组织科为主，抽调人员内查外调，办学习班。1970 年年底统计，全师落实政策对象 119 名，至 1972 年年底落实政策 88 人，安排使用 96 人。

---

① 刘润琦、程广征主编《足迹（上）》，宁夏人民出版社，2010，第 369 ~ 370 页。
② 刘润琦、程广征主编《足迹（上）》，宁夏人民出版社，2010，第 370 页。

农五师从 1970 年 3 月建立至 1974 年 6 月终止的 4 个生产年度中，军垦农场的混乱局面逐步得到改变，初步落实了党的干部政策，重新起用知识分子，大搞农田基本建设，提高耕作栽培技术水平，生产得到一定的发展。粮食亩产由 1970 年的 51 公斤提高到 1973 年的 103.50 公斤，粮食总产由 1969 年的 573.3 万公斤增至 1973 年的 1159 万公斤，粮油自给有余，开始向国家贡献粮食。工农业总产值由 641.7 万元增至 1390.4 万元。

在工业生产方面，1958 年兴建的银川糖厂在困难时期"下马"，1967 年在农建十三师的努力下，批准续建，1970 年农五师接收后，加快进度，当年建成试产。日处理甜菜 750 吨，生产"六盘山"牌白砂糖，成为宁夏的"第一袋糖"，结束了宁夏不产糖的历史。1971～1974 年，糖厂每年处理甜菜 2 万～5 万吨，年产糖 3000～6000 吨。在经营成效上，由于各级领导都是现役军人，当时又处在紧张的战备之中，以军事手段管理企业，忽视成本核算，4 年共计亏损达 2982.9 万元。

1973 年 10 月 18 日，兰州军区生产建设兵团在 4 年来的工作基本情况汇报稿中写道：

> 通过几年来的实践，我们深深体会到有这样几点不利于农建部队的建设：一是兵团横跨陕、甘、宁、青四省（区），点多面大，战线太长，鞭长莫及，管不好，也管不了。二是军区和省（区）对兵团实行双重领导，不利于党的一元化领导，许多问题互相依赖，解决不了；需要决定执行的问题，互相矛盾，难以实行。而且会议太多，应付不了，对农垦建设十分不利。三是军政、军民纠纷不好解决。地方群众争水、争地、争草原的问题，屡有发生，解决不了，既影响了关系，也妨碍了生产。四是政治经济脱节，不利于生产建设。兵团只抓政治，不管经济，只务虚不务实，因而在生产、生活上的许多实际问题解决不了，诸如经济政策问题、物资供

应问题、生产规划问题、经费投资问题、工资待遇问题、职工子女升学就业问题、非现役干部的进出安排问题以及粮户关系、战士婚姻、医疗卫生、住房、吃水等问题，长期得不到解决，挫伤了职工群众的积极性，影响了生产建设。五是上层建筑不适应经济基础的发展，按照军队司、政、后的编制管生产，脱产人员多，开支大；又不对口，不利于对生产的领导。根据上述存在问题和形势发展的需要，必须改变兵团、地方双重领导体制，加强党的一元化领导，撤销兵团机关，将兵团所属各师交由所在省（区）党委统一领导[①]。

1973年10月21日，兰州军区遵照5月中央工作会议关于生产建设兵团移交地方领导的指示精神，中共兰州军区委员会批转了《军区生产建设兵团移交工作会议纪要》，决定撤销兰州军区生产建设兵团。兵团机关撤销后，所属各农、林建师分别交由各省（区）党委领导，其中，农五师由宁夏回族自治区党委领导。

1974年6月24日，自治区党委决定撤销农五师建制，其所属单位全部移交自治区农垦局管理。移交后的名称为：原农五师三十二团改为宁夏回族自治区平吉堡奶牛场；三十三团改为宁夏回族自治区国营暖泉农场；三十四团改为宁夏回族自治区国营前进农场；三十五团恢复为宁夏回族自治区国营黄羊滩农场；三十六团改为宁夏回族自治区国营南梁农场。大武口建材场、银川糖厂、银川灰砂砖厂、西干渠管理处、职工医院、工程处和勘测队、物资转运站、宣传队、商店等也归农垦局管理。

农五师是在特殊历史时期实行特殊体制的党、政、军、企合一的队

---

① 甘肃省地方史志编纂委员会编纂《甘肃省志（第十九卷）·农垦志》，甘肃人民出版社，1993，第102~103页。

伍，肩负党中央、国务院赋予的屯垦戍边的使命，广大军垦战士，一手拿枪，一手拿镐，坚持劳武结合，寓兵于民，开荒建场，艰苦创业，经历艰难坎坷，克服重重困难，在宁夏农垦史上写下难忘的一页。

第二节　简泉农场和西湖农场纳入农垦序列

一　简泉农场的新生

简泉农场是宁夏农垦最北部的一个国营农场，位于石嘴山市惠农区。该场原为甘肃省公安厅劳改局所属潮湖农场简泉分场。1955 年 3 月，改建为独立的"简泉农场"，1956 年 8 月，甘肃省公安厅将农场企业名称定为"甘肃省地方国营简泉农场"，行政名为"甘肃省第五劳动改造管教队"。1958 年宁夏回族自治区成立后，划归自治区公安厅劳改局领导。

从 1959 年起，自治区公安厅陆续将重刑犯人调往潮湖农场，使简泉农场逐步成为刑满就业农场。为使就业人员安心农场工作，陆续从湖南等 15 个省市接收就业人员家属 332 户、886 人来场落户。1962 年，简泉农场行政名称改为"宁夏回族自治区公安厅刑满释放留场安置就业简泉农场"。

1970 年 3 月，上级决定，将本场 1500 多名就业人员及其家属 300 余人安置到其他劳改农场或遣返回乡。从国营渠口农场调进职工 1000 余人，改为区属国营农场，由自治区农林局领导。至 8 月，自治区革委会决定，简泉农场划归农垦处领导。年末职工人数 1931 人。

纳入农垦序列后，农场改建了三个机耕队，成立加工厂、修造厂、蔬菜队、基建营、职工医院，场部增设了工副业室。简泉农场原是以改造犯人为主，不注重农田基本建设，多数土地不平整、沟渠不配套、排水不畅通、土壤含碱重，单产和总产都很低。农场党委经过近 3 年的调查摸底和种植实践，认为要使简泉农场的土地稳产、高产，首先要解决排水问题，决定挖一条横贯全场的大排水沟。那个时期还没有挖沟机械，简泉农场劳动力不足，经自治区人民政府批准，1974 年从全国各地招来了 1000 多名民工，组建了基建营，集中力量挖排水沟。全年搞了两次会战，共改条田、平田 3800 多亩，开荒 1200 多亩，挖沟渠 54 条，长 4.29 千米，动土 50 多万立方米。1975 年，全场农田大会战搞了三次，开荒 1300 亩，挖沟渠 24 条，动土 70.5 万立方米。1976 年，开荒 1080 亩，动土 60 万立方米，建水利建筑 70 座，建房 196 间①。时任农场政治处主任张世鉴回忆大会战时的场景：

> 到冬天农闲时，全场总动员，所有职工都到排水沟工地搞会战。简泉农场在石嘴山市地区，冬天气温一般都在零下 27℃ 左右，滴水成冰，冻土层 1 米多厚，只有靠爆破松土。早上出工前各单位先在冻土层上打眼放炮，职工到工地后就用手抱、肩扛、背篓背土块，出了软土后就用锹挖往上甩，沟底的泥土甩不到地面上，只能再用背篓背。尽管天气很冷，但大家都汗流浃背。为了节省时间，大家中午都不回家，啃点自带的干饼子，喝的是保温桶里的凉开水。那时，磨破手，碰伤腿，累倒在沟里是经常发生的事②。

连续三年的农田基本建设大会战，使农场面貌发生巨大的变化，为以后粮食稳产、高产打下了坚实的基础。1977 年，农场对全场各核算单位实行盈亏包干后，当年农业亏损下降，工副业单位全部盈利，全场财务实现收支平衡。

---

① 综合参见国营简泉农场场志编写领导小组编《国营简泉农场志》（内部资料），1988，第 7~27 页。
② 张世鉴：《农垦创建中几件往事的回顾》，载刘润琦、程广征主编《足迹（上）》，宁夏人民出版社，2010，第 555 页。

1977 年 12 月，简泉农场七、八、九队划归宁夏军区后勤部农场。2001 年 7 月，移交农垦事业管理局更名为简泉园林场，2006 年 9 月，与简泉农场合并。

二 得而复失的西湖农场

西湖农场因场内的大西湖得名。前身为 1956 年甘肃省公安厅建立的劳教农场，1968 年改为"五七"农场，1970 年 12 月移交农林局农垦处管理。该场地处银川市中北部，土地面积 3.02 万亩，其中水域面积6000 余亩，是宁夏平原一块不可多得的集沼泽、苇湖、草甸为一体的湿地资源。每年有数十万只鸟儿在这里栖息。

到 20 世纪 90 年代中期，有职工 1000 余人、耕地 1 万余亩。设有农业队和园林队 8 个、汽车队、枸杞队、建筑公司、农机修造厂、粮油加工厂、塑料编制厂、饲料加工厂、商店、中学、小学、职工医院等单位。由于地势低洼、排水不利、农业生产条件差，农场以渔业生产为主，建有年产 1 亿尾的鱼苗孵化楼 1 座。2002 年，在自治区的支持下，农垦在西湖农场开工建设阅海公园，扩整湖面、挖航道，进行生态绿化及旅游开发，2004 年 6 月开始接待游客。2008 年 5 月，经自治区党委决定，西湖农场及阅海公园的资产、人员、社会事务等全部移交银川市。

第三节 从贺兰山军马场到农牧场

国营贺兰山农牧场是一个最不缺历史故事的农场。其场址所在地，最早在民国 28 年（1939 年），即建有"宁夏省贺兰山畜牧总场"，后改为"十一军军马场"。起初范围大致为东至新开渠，西至贺兰山与阿拉善左旗交界处，北至镇塑堡，南至平吉堡、黄羊滩。场部设在镇北堡，下属马、牛、羊三个养殖基地。宁夏解放后，军马场由中国人民解放军骑兵第六师接管。1950年，西北军区农牧部将其改建为"贺兰山军牧场"。1953年，升格为团级建制，至1956年年底，随着部队改编，场名先后改为"贺兰山军马场"、"西北军区司令部第五军马场"、"西北军区后勤部第四军马场"和"中国人民解放军总后方勤务部贺兰山军马场"。场部位于沙城子①。1957年，部队精简编制，将军马场交给国家农垦部直属领导，场名更改为"国营贺兰山农牧场"。

宁夏回族自治区成立后，为支援宁夏建设，农垦部将该场下放给自治区，归属宁夏农业厅领导，改建为"宁夏回族自治区贺兰山畜牧试验场"。1959年起，该场先后接收三批浙江支宁人员3600余人。1960年，该场大量招收临时工，最高时人数达到8900余人。4月，自治区政府将镇北堡地区划给宁夏农垦局筹建镇北堡农场，一年后，由于经济困难，规划设计、基本建设等跟不上，镇北堡农场被撤销。1961年8月，在南梁农场所在地，建立贺兰山畜牧试验场南梁分场。

1961年10月，根据中央军委、国务院的通知，贺兰山畜牧试验场由军队收回，改名为"中国人民解放军贺兰山军马场"，以养军马为主，同时收回1958年移交给地方的原贺兰山军马场香山分场（1964年交还中卫）。南梁分场和宁夏农科所畜牧系交给南梁农场。1966年1月，该场归属刚成立的"总后西安办理处军马局"领导。当年，在农建十三师的协助下，完成建场总体规划。"文化大革命"初期，军马场职工卷入各种群众组织，并推选工人成立"文革"领导小组，不久后，根据"部队团以下单位不开展文化大革命"的指示，取消了"文革"领导小组和群众"战斗"组织。同时，面对社会上的混乱局面，军马场采取多种措施，避免了枪支流失，受到上级机关表扬②。

① 沙城子，又名北沙城，得名于明代所设的烽墩北沙城墩。墩南原有北沙城城堡，相传为西夏兴庆府外围军事要地，元昊驸马居此。宁夏百科全书编纂委员会编《宁夏百科全书》，宁夏人民出版社，1998，第109页。
② 有关贺兰山农牧场沿革史，根据贺兰山农牧场提供的内部材料整理。

在军牧时期，放牧军马对牧工来说，既光荣，又十分艰苦。贺兰山海拔高，路途艰险，且干燥少雨，天气多变。时任军马场兽医技术员王银生回忆牧工"下滩"时的艰苦生活：

> 下滩，是牧工的必备课。所谓下滩，就是夜里到草滩上睡觉，为的是第二天找马方便。下滩有技巧，冬天麻烦，夏天好办。麻烦，说的是冬天下滩时要在准备下榻的地方就地砍取一些老鸦柴，点火后烧一会儿，将余灰踩灭，就势铺上鞍具中的毡屉，将马鞍当枕头，盖上特制的甩地光板老羊皮大衣就可入睡，那可真是睡热炕①。

1969 年，在中国人民解放军总后勤部所属部队的支援下，4～9 月，军马场先后完成一号扬水站一级站、二级站和二号扬水站的建设，与西干渠农田水利工程配套衔接，为总后勤创办"五七"劳动学校打下基础。当年 10 月，根据总后勤部的命令，军马场划归总后"五七"干校领导，对外保留贺兰山军马场名称。在总后"五七"干校，学员除总后机关少数人员外，还有 301 医院，一、二、三、四军医大学，沈阳技校，山西大同技校等单位，干校学员最多时达到 2000 多人。学员的主要任务为学习和劳动改造②。大批来自北京、天津、上海、西安等地现役军官及其家属的到来，在特殊年代，为贺兰山农牧场的发展带来一个兴盛期。曾在军马场工作过的作家葛林，在《沙城故事多》一文中从几个侧面回顾农牧场的变化：

> 这些经历丰富、学识渊博的军人们给沙城（农牧场十队）所

---

① 王银生：《吃苦是乐》，载刘润琦、程广征主编《足迹（上）》，宁夏人民出版社，2010 年 9 月，第 161 页。

② 宁夏军事志编纂委员会编《宁夏军事志（下）》，宁夏人民出版社，2001，第 1019 页。

带来的变化是巨大的。首先当然是文化的传播，他们在沙城创办了一所"五七"中学，后来更名为银川八中。八中初创之时，从领导班子的组建到一般教员的配备，一色的现役军官，他们分别来自总后的几所军事院校。有这样强大的教师队伍，其教学的质量在全国也堪称是一流的，后来从这所学校走出去的学生，有不少人成为各方面的精英人才……这些军人还利用他们的技术优势，在沙城创办了一个集机械修理和弹簧钢板生产于一体的工厂。这所工厂生产的"贺兰山"牌汽车钢板在以后的十多年里，为沙城的发展创造了不菲的经济效益①。

1971 年，军队开始系统整顿，干校学员陆续返回原单位，至 1974 年年底基本撤完。1972 年时，干校已无暇管理军马场的工作，重新建立了军马场领导小组，当年 11 月，将贺兰山军马场归还原建制，由总后西北办理处军马局领导。

1975 年，军队开始由骡马化向摩托化和机械化转换。当年 10 月，兰州军区军马工作会议传达中央军委撤销部分军马场的决定，将贺兰山军马场移交给自治区政府。1976 年 1 月，该场划归自治区农垦局领导，正式纳入农垦序列，更改场名为"宁夏回族自治区国营贺兰山农牧场"，并将 36 万亩山林地移交自治区农林厅贺兰山林管所。

第四节 "评工记分"在垦区的推行

按照周恩来总理关于改革生产建设兵团和国营农场工资制度的指示精神，农林部于 1972 年安排江苏、黑龙江、宁夏等省区国营农场，进

---

① 葛林：《沙城故事多》，载刘润琦、程广征主编《足迹（上）》，宁夏人民出版社，2010，第 44～45 页。

行由工资制改行工分制的试点。当年年初，宁夏农林厅农垦处和有关部门在连湖农场试行了"评工记分"的工资分配办法，取得良好的成效。1973 年，自治区农垦局①恢复成立后，在连湖试点的基础上，总结出"控制工资总额，评工记分，年终超产奖励"的分配办法，于 1974 年 2 月制定《关于国营农场实行评工记分试行草案》，在各农场推行。"评工计分"的内容主要有以下方面。

工人上班按每天工作时间长短和工作量大小评工记分。每月农场按照生产队（单位）在职在岗工人人数和档案中的工资标准，核定单位工资总额。单位先从工资总额中为级别高②（五级及以上）的老军工预留其工资一定比例的"保留工资"，其余工资总额除以工分总额，得出分值，再分别乘以每个工人所得工分，即为该工人月工资。

年终超额完成生产任务，给予单位一定奖励，单位原则上按职工工分多少分配。

"评工记分"起源于 1967 年的"大寨"计分法，其核心管理思想是"突出政治，为公劳动，各尽所能，按劳取酬"③。"农业学大寨"的分配办法，虽然存在历史性诸多弊端，但是在当时全国批判"工分挂帅""物质刺激""各尽所能，按劳分配"的背景下，有着一定的进步性。"评工记分"在垦区的推行，在当时情况下较好地解决了按劳分配、多劳多得与"不能突破工资总额"的政策矛盾，改变了"家属闲着，地里荒着，干部急着"的现象，一定程度上有效调动了职工的生产积极性。工分制使生产与分配紧密结合，生活队既管生产，又管分

---

① 1970 年农五师成立后，鉴于部分团场归属兰州军区管辖，自治区革委会一度决定撤销自治区农垦局，在自治区农林厅下设农场处，管理灵武、连湖、渠口、巴浪湖等农场。1973 年 7 月，自治区党委恢复建立自治区农垦局。一年后，农五师撤销，所属团场及企事业单位移交农垦局管理。

② 1963 年，根据农业部、劳动部和自治区有关部门的规定，农机工人实行八级工资制，农牧工和工副业工人分为七级工资制。如，农机工人每月，一级 33 元，八级 99 元。

③ 当代中国农业合作化编辑室编《建国以来农业合作化史料汇编》，中共党史出版社，1992，第 826 页。

配,改变了"花钱大手大脚"的现象,促进了生产节约。1974年,垦区工农业总产值达到3870万元,比上年度3015万元增加了28.4%。粮食总产量达到5150万公斤,比1973年增长了32%。为国家提供商品粮2000万公斤,比1973年增长了62%。全系统平衡后,净亏损568万元,比1973年的995万元下降了42.9%[①]。

1975年,《红旗》杂志第4期,发表了农林部农垦局调查组撰写的《宁夏六个国营农场的变化说明了什么》。虽然文中有些经验总结得并不到位,但从一定角度反映了宁夏农垦在扭亏增盈上所取得的成绩是显著的。

当然,"评工计分",分配有差别,但不悬殊,对于种类相近的农活适用,对种类相殊的农活则难以适用。另外,上工不出力,劳动好坏不分,白天磨洋工,晚上争工分,尤其在后期,其弊端日渐突出,需要进一步改革。

小 结

农建十三师成立不久,各团场及国营农场因"文化大革命"运动一度陷入混乱。兰州军区、宁夏军区陆续对垦区执行"三支两军"后,秩序有所恢复,但由于各项制度被打破,企业经营停滞不前。

农建十三师的成立,是在新疆建设兵团的大力帮助下成立的。借鉴新疆兵团农工商一体化经营,以及企业办社会的思路和经验,为团场培养了干部和专业人才,垦区的教育、卫生、文化等事业有了较大发展,虽然水平低,但大大提升了垦区的生产生活条件。其后成立的农五师也基本延续了这一经营管理模式。由于宁夏并非边疆一线,军垦的形式实质上无边可戍,各级机关以现役军人为主,脱产干部和非生产人员多,

---

① 《关于印发〈一九七四年工作总结和一九七五年工作安排意见〉的通知》,1975年2月15日,第95号全宗第47号卷,宁夏档案馆藏。

不重视经营成效，再加上在计划经济条件下，多头管理难以与地方统一物资供应，社会事业自办自理，负担日趋加重。

为此，解放军总参谋部和农林部对生产建设兵团领导管理体制问题进行了联合调查研究，根据中央、国务院、中央军委的有关会议和文件精神，全国于 1972 年起，陆续撤销建设兵团建制，成立各省、自治区、直辖市农垦局。1973 年，自治区农垦局成立后，在生产经营上以"农业学大寨"为抓手，要求不断提高劳动生产率，大力压缩非生产人员，推行"评工记分"的分配方式，一段时期调动了垦区的生产积极性。

虽然农垦事业在"文化大革命"中受到破坏，但由于农垦系统广大干部、工人和知识青年的艰苦努力和对各种倒行逆施做法的抵制，在这一时期，诸多领域仍然取得了发展。

例如，"文化大革命"初期发展起来的工程队，不仅承担师机关和团场的基本建设，先后承建了农垦磷肥厂、农垦职工医院、职工住房等工程，还为后来扩建成建设公司积累了经验，培养了一批管理干部、技术业务骨干和技术工人。

垦区的工商业在军垦时期有较大的突破。农建十三师成立后，学习新疆兵团的经验和做法，创办了独立核算的场级工业企业、商业批发部和物资供应站。先后接管银川灰砂砖厂、银川糖厂，改建大武口建材厂，新建连湖农场亚麻厂、暖泉农场石灰厂、平吉堡农场铸钢厂、贺兰山军马场农机修造厂、农垦磷肥厂、轮胎翻修厂等。据统计，到 1975 年，垦区有轻工企业 47 个，重工企业 31 个，有职工 5600 余人，占职工总数 16.7%。

这些在"文化大革命"时期建立起来的企业，有不少在当时甚至改革开放后一段时期内都保持着良好的经济效益。如 1966 年，农建十三师接管宁夏建材研究所银川灰砂砖厂后，在西夏区炼油厂附近新建了厂区，利用当时那里遍布的沙丘，生产灰砂砖，不仅为垦区大面积基本建设提供了建筑材料，而且把周边大面积的沙丘消耗掉变为可用之地，实现了经济效益和环境治理双丰收①。又如银川糖厂，在改革开放后，一度为农垦经济做出了巨大贡献。军垦时期，突破了农场不得自行发展商业的规定，为后来农垦商业发展奠定了基础。

在实行军垦之前，各农场虽然建立有简陋的医疗室，但缺医少药，工作条件差，技术水平低。农建十三师和农五师的先后建立，使垦区的医疗卫生事业快速发展。各农场均先后建立了职工医院，工商企业有卫生所。其中，师部医院后改为农垦职工医院，改革开放后，成为自治区第四人民医院的前身。医务人员从1965年的118人，增加到1969年的236人，1979年，达到786人。职工均实行公费医疗制度，医疗费用实报实销。在"文化大革命"时期，垦区响应号召，开展"赤脚医生"活动，各生产队都选派有一定文化知识的职工经过短期培训，成为基层卫生员，为基层卫生防疫、常见病的防治做出了积极贡献。

在科技方面，虽然一度受到干扰和破坏，但垦区的农田"五改"工程，建立了有效的排灌系统，为改土培肥创造了良好的前提条件。1973年灵武农场建立农垦"五七大学"，并和农五师共同召开大型技术会议，1975年年底成立农垦试验站，从机构、技术人员、组织动员等方面开展科学攻关。这一时期，研究、推广了小麦套种栽培技术，扩大油用向日葵种植面积，育成宁农黑猪，完成滩羊本品选育质量的提高等课题。刘寅夏同志创造的"少耕开沟种植法"，在垦区推广取得成效，其经验在1981年11月29日《人民日报》上报道后，得到国家领导人的肯定性批示②。

军垦撤销后，新成立的自治区农垦管理局，在当时的政治气候环境条件下，以非常的胆识，在政策落实、多种经营、科学技术和经营管理等多方面开展调整和改进，为垦区改革开放后的发展创造了有利条件。

---

① 征程：《追忆刘奇功同志》，载刘润琦、程广征主编《足迹（上）》，宁夏人民出版社，2010，第367～368页。

② 商恺：《拨云雾见青天——报道新生事物一例》，《新闻研究资料》1982年第6期。

表1　1965~1976年部分年份垦区工业企业单位数与主要产品产量

年份	工业企业个数	主要产品产量									
		原煤（吨）	拖拉机（台）	汽车大修（辆）	机砖（万块）	石灰（吨）	糖（吨）	食用植物油（吨）	白酒（吨）	亚麻（吨）	磷肥（吨）
1965	21	3616	62	2	810.5	851	3	69.2	12.2		
1966	22	895	85	12	1251.6	509		49.3	22.5		
1967	22	585	103	15	1011	740		75.0	44.1	101	
1968	23	920	66	17	839.1	535		62.6	56.1	63.7	
1970	27	864	58	4	2057	1552	320	65.2	55.7	181.1	
1972	33	13060	115	13	2343.2	1445	1203	101.1	201.3	177.5	
1974	36	20000	204	52	3526	3788	1446.3	113.4	361.2	208	
1975	43	73000	172	51	3981	15615	2978.5	133.8	418.4	250.3	
1976	45	38400	118	11	4074.5	10215	2198.1	150	343.1	164.2	2139

说明：1965~1967年有10个农场级统计单位。在"文化大革命"时期，除简泉农场煤矿因劳改政策调整导致产量大幅下降外，垦区工业企业个数和主要产品产量均有稳步增加，1968年增加黄羊滩农场，1969年增加银川灰砂砖厂，1970年增加银川糖厂，1976年增加贺兰山农牧场和农垦磷肥厂。工业总产值占工农业总产值的比重从1965年的25.7%上升到1976年的43.4%。宁夏农垦志编纂委员会编《宁夏农垦志》，宁夏回族自治区农垦局计财处编《宁夏农垦统计资料汇编（1952~1980）》（内部资料），1982，第323~333页；宁夏农垦志编纂委员会编《宁夏农垦志》，宁夏人民出版社，1995年，第316~316页。

第四章　垦区各项事业的改革探索

　　粉碎"四人帮"后，党和国家采取了稳定局势的一系列措施，开展了对"四人帮"揭批、清查运动和清理冤假错案工作。真理标准问题的大讨论，极大地促进了人们的思想解放。1978 年中共十一届三中全会的召开，实现了政治路线上最根本的拨乱反正，将全党的工作重点转移到社会主义经济建设上来，并提出了改革开放的伟大决策，启动了农村改革的新进程。在改革的春风吹拂下，农垦的各项事业涌现出欣欣向荣的景象。

　　各农场根据中央有关政策精神，先后为"地富反坏右"人员、"双反运动"受害者落实了政策，平反了多年的冤假错案。加强党的领导，围绕党的"一个中心，两个基本点"基本路线，按照中央关于农工商综合经营的要求、自治区若干农村政策问题的规定和农垦部关于改革国营农场经济管理体制的有关精神，逐步探索各项改革措施，推行多种形式的生产经济责任制，发展横向联合，调整产业结构，大力提拔科技人员担任领导职务，在国家生产力整体获得极大解放的大环境下，垦区生产也出现大幅度增长。

　　改革开放初期，在没有多少经验可循的情况下，"摸着石头过河"是探索改革的一个重要工作方法。邓小平同志说："我们现在所干的事业是一项新事业，马克思没有讲过，我们的前人没有做过，其他社会主义国家也没有干过,所以,没有现成的经验可学。我们只能在干中学,在实践中摸索。"既然是试验,是新事物,"难免要犯错误。我们的办法是不断总结经验,有错误就赶快改,小错误不要变成大错误"①。

所以,改革开放时期的农垦史,重在"问题—改革—新的问题—新的改革"这个总的改革历史逻辑的叙述。只有把问题说清楚,才能充分理解改革,也只有回答好阶段性的问题,才能进一步增强农垦改革发展的自信与激情。

第一节　经营管理体制机制的初步改革

1977 年年底到 1978 年年初,国务院召开全国国营农场工作会议。会议重申"国营农场是社会主义全民所有制的农业。办好国营农场,对实现我国社会主义农业的现代化,具有重大的战略意义"。会议提出,国营农场要实行"一业为主,多种经营,积极发展场办工业"的发展方针。会议就加强党对国营农场的领导,改善管理体制,提出具体要求,从而拉开农垦改革的序幕。根据这次会议的建议,当年成立国家农垦总局(1979 年改为农垦部),加强了对各省市区农垦事业的领导。

在领导体制上,1981 年 7 月,自治区党委批准成立中共宁夏农垦局委员会,将 1976 年按照行政区划移交给各市、县管理的农垦系统各单位的党组织,收归农垦局党委领导。1983 年 8 月,中共宁夏农垦局第一次代表大会召开,下属 21 个基层党委、11 个党总支、423 个党支部,有党员人数 5726 人(1982 年年底)。会议选举成立了中共宁夏农垦局第一届委员会和中共宁夏农垦局纪律检查委员会。农垦国营农场的管理机构一般都设场、作业站、生产队三级管理或场、队两级管理,各级管理机构按编制确定党政领导职数,由各级组织部门考察选拔任命

---

① 《邓小平文选》(第 3 卷),人民出版社,1993,第 258～259、174 页。

（聘用）党政领导干部、技术管理干部和一般管理干部。实行党委领导下的场长负责制。

为加强企业管理，1978 年 4 月，农垦按照中央领导"农场潜力很大，一定要把国营农场办好"的指示，制定加强企业管理的"十要十不准"，实行科学种田、科学养猪、农机管理、挖掘生产潜力、"一业为主、多种经营"、勤俭节约、成本管理。不准计划外开支、扩大补助范围、不准私设小金库、规范砍伐林木等财经和生产纪律①。

为放宽农场经济政策、解放生产力，1983 年 6 月，农垦出台《关于当前国营农场经济政策若干问题的暂行规定》，允许承包人员购买小型运输、加工设备，从事生产和运输；农场职工可在划给的自用地上种蔬菜、粮食、饲料作物、果树及造林。允许农场非饲养人员自己饲养家畜、家禽。农场职工可留职停薪，开荒种地、养殖，或自谋职业。允许职工离职，办理退场和转移户粮关系手续。允许职工在农场指定的地方自筹资金建房，也可自建公助，或者由农场把现有住房折价卖给职工。国营农场职工的待业子女，可开办自负盈亏的集体所有制或个体所有制的服务业、零售商店以及农副产品加工企业等，可计算工龄②。经济政策的持续放宽，解放了人们的思想，激发了职工群众干事创业的激情，经济效益的提升使人们更加自觉地积极拥护改革。

一　"农工商联合企业"发展方向的确立

1978 年 8 月，中共中央主席、国务院总理华国锋一行在南斯拉夫进行国事访问期间，参观贝尔格莱德的农工联合企业，随后他指示有关部门对贝尔格莱德的农工联合企业作专门考察。同年 9 月，国务院召开座谈会，

---

① 《关于加强企业管理的"十要十不准"的规定》1978 年 4 月 6 日，第 95 号全宗第 107 号卷，宁夏档案馆藏。
② 《关于当前国营农场经济政策若干问题的暂行规定》1983 年 6 月 14 日，第 95 号全宗第 92 号卷，宁夏档案馆藏。

讨论在人民公社和国营农场试办农工商联合企业的问题。根据考察情况，结合自身实际，会议决定选取部分人民公社和国营农场先行试点。必须要说明的是，农工商联合企业试点在人民公社后虽然受到了一定的限制，但是由于国营农场自创业之初就有自办工业、商业的基础和经验，农工商综合经营的改革在国营农场如鱼得水，不仅突破了长期单一经营的格局，还体现了多种优越性。首先，农工商综合经营的方针改变了农场只生产原料的状况，既生产原料，又自行加工，自销产品；其次，使农场多余劳动力有了出路；三是联合企业可以直接销售自己的产品，减少中间环节。而且联合企业与周围社队进行经济联合，密切了场社关系①。

当年11月，按照中央有关精神和自治区党委主要领导关于把农垦局办成农工商联合企业，尽快提高劳动生产率的指示，农垦局党组召开全区农垦工作会议。会议认为，把国营农场办成农工商联合企业，实行生产、加工、销售一条龙，是加速农业现代化的重大措施，势在必行，坚决办好。农垦局成立工商处，下设四个公司：商业服务公司、农垦牛奶公司、农垦建筑工程公司、农垦物资供销公司。

在农场的发展上，会议要求逐步实行生产专业化。按照"以粮为纲、全面发展、因地制宜、适当集中"的方针，根据各场的土壤、自然条件和生产特点的实际情况，逐步实行生产专业化和区域化。

会议确定：黄羊滩、玉泉营、平吉堡农场②以生产甜菜为主。贺兰山农牧场，以肉牛为主，发展养鸡、养羊。平吉堡奶牛场以饲养奶牛为主。长山头农场以油料作物为主。灵武农场，以养猪为主。连湖、渠口、巴浪湖、前进、暖泉、简泉、西湖、南梁农场以粮为主。各场均要发展多种经营③。

1980年5月，经自治区人民政府批准成立宁夏农垦农工商联合企

①　廖周：《我国农垦改革历程及经验》，《农业部管理干部学院学报》2016年第3期。
②　此时平吉堡农场尚未与平吉堡奶牛场合并，1979年12月，两场合二为一。
③　《全区农垦工作会议纪要》1978年11月27日，第95号全宗第61号卷，宁夏档案馆藏。

业总公司。之后，在银川市建立肉铺、杂品门市部、饭馆等商业网点19个[1]。当年9月6日，农垦部党组成员刘英勇在宁夏农垦检查工作时指出，"办农工商联合企业是国务院的决定，各省都在试办，你们也在试办，现在有些场在银川开个小摊摊，自己的农副产品开始进入市场，但还是小打小闹。我们搞联合企业，用我们自己的原料，产、供、销一条龙，自产自销。力量还不足，可以内部搞联合。有的可以采取专业公司的形式，有的可以联营，联合起来，发挥我们的优势"[2]。1981年3月，宁夏农垦农工商联合企业总公司设立供销经理部，主要经营农垦系统的各类产品，1985年改为宁夏农垦商业公司。

到1981年年底，垦区的商业网点发展到33处，销售额近400万元，纯盈利9万元。各场建筑业施工队伍发展到10个，承包建筑面积44.6万平方米，盈利47.8万元[3]。1983年后，各农场陆续建立商业服务公司，垦区商业网点也不断增加，1987年最多时有118个。

在20世纪80年代，由于农垦的底子薄，历史包袱逐渐显现，且全社会专业型的消费市场也尚未形成，所以这一时期，垦区农工商综合经营的范围和规模都比较小，难以组建大规模的产业型公司。农工商综合经营方针，强化了农垦在农工一体化发展方面的传统优势，突破了以往农垦在商业发展方面的政策限制和障碍，使农垦在改革中，探索产业"一条龙"发展成为可能。

二　实行财务包干制度

宁夏农垦在财务管理上，一直实行的是"盈利上缴、亏损上报"

① 《一九八〇年工作简结》1981年1月17日，第95号全宗第71号卷，宁夏档案馆藏。
② 《农垦部党组成员刘英勇同志在宁夏农垦局机关干部会议上的讲话》1980年9月6日，第95号全宗第71号卷，宁夏档案馆藏。
③ 《报送一九八一年工作总结和八二年工作要点》1982年2月6日，第95号全宗第78号卷，宁夏档案馆藏。

的统收统支"两条线办法"。为解决农垦企业长期吃国家"大锅饭"的弊端，1977年，宁夏财政厅对农垦企业试行盈亏包干办法。此办法经过两年试行后，从1980年开始正式实行财务包干制度。

此办法包括两个层次的内容。一是自治区财政对农垦主管部门实行"亏损包干，减亏留用，超亏不补，一定几年"，或"一年一定"的办法。其中1980~1982年为一定三年，每年定额补亏600万元；1983~1984年为一年一定，在600万元的基础上，逐年递减补亏定额100万元；1985~1990年为每年定额补亏300万元。在"八五计划"和"九五计划"期间，财政对农垦的"定额补亏"和"扭亏增盈措施费"实有增加，2001年后，随着税收制度的改革，国家主要采取通过税收支持的方式扶持，农垦的财务包干制正式结束。

二是农垦主管部门对下属企业的财务包干。按照不同的企业类型，区别对待：对生产条件好、盈利水平比较稳定的企业，实行利润包干上交，一定几年或一年一定，结余留用，短收不补；对生产条件一般、盈利水平不太稳定的微利企业，实行独立核算，自负盈亏，盈利留用，亏损不补；对生产条件差、处于亏损的企业，实行定额补贴，结余留用，超亏不补①。

实行这两个层面的财务包干制后，特别是在自治区财政的大力扶持下，从1983年起，亏损补贴的单位逐年减少，包干利润上交的单位和资金数量逐年增多，补贴资金用于农垦的周转资金和农垦事业费，增强了农垦的资金活力。

三 农业生产责任制的实行

1978年的全区农垦工作会议后，垦区出台了对农场实行"三定一

---

① 参见《宁夏农垦志》编纂委员会编《宁夏农垦志（1950~1988）》，宁夏人民出版社，1995，第403页。《宁夏农垦志》编纂委员会编《宁夏农垦志（1989~2004）》，宁夏人民出版社，2006，第375~377页。

奖"的生产责任制管理办法，即定产量、定成本、定利润和超计划奖励。凡是全面完成"三定"任务的，按本单位工资总额提出 10% 作为奖励，超额完成任务者，超额部分中的 20% 交农垦局，80% 留本单位作为扩大再生产和职工福利使用。

农场对职工实行定额管理。凡完成定额任务的，按本人基本工资计发；凡超额完成定额任务的，超额部分按工人平均工资计发，其中 40% 归单位，60% 归本人，但最高不超过本人月工资的 50%，当月兑现；对完不成定额任务的按工人平均工资扣除。对工厂，按照国务院批转财政部《关于国营企业试行企业基金的规定》执行。

财务包干的实行和企业自主权的扩大，增强了企业和职工的积极性，经济效益明显提高。1980 年，农垦企业扭亏为盈，从 1979 年亏损 742.76 万元，变为盈利 202.98 万元。此后除 1981 年亏损 67 万元外①，从 1982 年起每年都盈利，盈利水平逐年提高。②

为完善财务包干和定包奖及其他形式的生产责任制，1981 年，各农场对生产队和工副业单位在继续实行"三包一奖"的基础上，又对作业组和个人分别实行了各种具体的责任制。主要有以下几种形式。

第一种是责任到人，联产奖赔。如连湖、南梁、简泉、平吉堡等场的水稻田间管理实行由队统一播种、追肥、除草、收获，其他田间管理任务承包给专人，收获时分地条和面积脱粒过秤，年终按计划产量计算，超产 50 公斤奖五角，减产 50 公斤赔一角。连湖农场各队的甜菜面积按全部劳力平均，承包给包括队干部在内的每户职工，除播种、施肥、灌水由队统一作业外，定苗、移栽、锄草、收获，直至装车交售等

---

① 1979 年，根据自治区畜禽办公室意见，农垦在连湖、渠口等 9 个农场建立机械化万头养猪场，计划投资 1000 万元，到 1981 年，已完成投资 200 多元。因饲料无法解决等原因，决定停建，造成损失。

② 《宁夏农垦志》编纂委员会编《宁夏农垦志（1950～1988）》，宁夏人民出版社，1995，第 404 页。

项作业，均由职工个人负责，每亩付给个人作业管理费15元，定产2000公斤，超产部分80%计价奖励个人，欠产部分扣赔30%。

第二种是专企承包，超奖减赔。多数农场的养羊、养猪及其他养殖业实行了这种办法，即：按照饲养管理的各项要求，将产量和盈亏指标承包给专业组或专业户，超额完成计划按比例奖励，减产、减盈或增亏，也按比例扣赔。暖泉、连湖、灵武部分生产队的瓜菜也实行了这种责任制。

第三种是小段包工，以工计资。绝大多数农场对难以准确制订定额的作业项目，如平田和水稻、油料、双杂的定苗、除草等作业项目，实行小段包工。实行以工计资责任制，落实专人，固定地块，承包工时和农时，经验收质量合格后发给工资。

第四种是定额作业，超额计奖。其范围主要是季节性较强的农活，如修渠、挖沟、筑埂、收获等，办法是按作业定额计算奖赔，超定额者，除发工资外，超额部分按比例计奖，完不成的也按比例扣罚。

少数农场对个别有专长的职工实行了"承包利润，个体经营"的责任制。比如巴浪湖农场种子队有一名职工掌握摄影技术，队上便与其夫妇签订合同，允许他们外出照相，除工资、福利和摄影所需要的一切费用自理外，夫妇二人每月交队利润22元。又如灵武农场四队，与有油漆专长的2名职工签订合同，允许其外出搞油漆，也是一切费用自付，每人每月交队利润25元[1]。这种管理，现在看来似乎很不合理，但在当时，"割资本主义的尾巴"的论调尚未完全停息，允许这种方式的个体经营存在，具有积极的历史意义。

各农场实行多种形式的责任制后，经营成果和个人利益联系得更紧密，进一步调动了职工的积极性，如连湖农场1981年头4个月与上年

---

[1] 《宁夏农垦局所属农场巩固和完善各种生产责任制的情况》，《国营农场经济研究资料》（内部资料）1981年第16期。

同期相比，农业减亏 4.6 万元，畜牧业由亏损 2 万元变为盈利 5000 元，工副业增盈 3.7 万元[①]。

这些形式的责任制在执行过程中，也存在一些问题。比如有的农场只满足于把生产任务下达到生产队，对于责任如何细化到班组和个人思考不够；有的计划任务定得不精确，指标不科学；有的发放奖金搞平均主义，互相照顾，奖罚不严明。

四 工业生产责任制的形式和成效

农垦部工业局在 1981 年对连湖、暖泉、前进农场和银川糖厂、灰砂砖厂等场办工业和独立核算工业企业推行经济责任制的调查报告，归纳了宁夏农垦工业经济责任制为"两个方面、十种形式"。

第一是在解决企业和国家或场办工厂与农场的经济关系方面，主要采取了五种形式。

（1）"利润包干，超收分成，减收扣罚"。国营农场对场办工厂实行年终超利润分成的比例一般是"622"，即超计划或包干利润部分，60％上交农场，20％留工厂用于扩大再生产和职工福利事业，20％奖励职工。在实行超计划利润留成的同时，规定完不成包干利润计划时受罚，罚款的比例根据历年的经营盈亏情况而定。

（2）"全额利润，比例分成"。对生产任务严重不足、生产不够正常、利润没有保证的企业采取这种办法。农场对这类工厂只下达生产计划，不下达包干利润指标。工厂只要有利润，就按一定比例提取奖金，一般的比例是"721"，即实现利润的 70％上交农场，20％留厂，10％用于职工奖励。

（3）"亏损包干，减亏留用，超亏不补"。对长期亏损的灰砂砖厂

---

① 《宁夏农垦局所属农场巩固和完善各种生产责任制的情况》，《国营农场经济研究资料》（内部资料）1981 年第 16 期。

采取这种办法。亏损包干指标 30 万元，一定三年，超亏不补、减亏留用。对留用部分规定，减少亏损时，提取减亏部分的 20% 作为奖金，20% 用于集体福利事业，60% 用于扩大再生产。超亏时，扣罚每人年标准工资的 5%。

（4）"定额上交，盈亏包干"。是对小型的、分散经营的小作坊加工采用的一种办法。如：豆腐、粉条、酱油、醋加工等基本采用这种办法。规定每月定额上交多少利润，其余全部由自己包下来，多盈多得，少盈少得，亏损自负。

（5）"倒挂工资"，也有叫"责任工资""预扣工资"。如连湖农场场办工业企业规定，除了医务人员、教职员工、长期病休人员外，一律按本人每月应得标准工资的 5% 预扣，年终结算。如果年终完成了利润包干计划，将预扣工资全部返还；超计划利润时，按利润留成办法办理；完不成计划包干利润时，将"倒挂工资"全部留下作为罚款，另外还要加扣班长、组长、车间主任和厂领导干部十二月份工资的 10%。以上这五种形式，都在年终时按经营成果兑现。

第二是在解决企业内部分配关系方面，也采取了五种形式。

（1）计件工资。按完成合格产品的数量支付工资。这种形式适用于生产任务比较饱满或产量能够单独核算的工种。如前进农场修造厂有一台从国外进口的挖沟机，作业时采取计件的办法，效果很好。此外，砖厂、煤矿、装卸工等也采用了类似的做法。

（2）超定额计件工资。完成定额发基本工资，超过定额部分按计件单价发超额工资，完不成定额适当扣罚。由于原料、工艺设备、技术水平不同，即使是同一行业，不同工厂超定额工资标准也不一样。超定额计件是一种工资制度，不是一种奖金形式。

（3）计分算奖。银川糖厂采用这种形式。具体做法是：以车间为单位，将产量、质量、品种、消耗、劳动生产率、成本、利润、资金等经济技术指标层层分解分管，从车间到班组，从班组到个人，都有明确的责任，对每个指标规定了基础分，按小指标完成情况计分算奖。多劳多得，少劳少得，完不成考核指标的扣分罚款。

（4）节约奖。这是一种考核企业消耗指标的责任制形式。

（5）联产计酬。这是在工厂的农副业队中实行的一种责任制形式，与农业生产队的办法大同小异。

工业生产责任制的推行，提高了产品质量，促进了企业增产和职工增收。据农垦部工业局的统计，1981年上半年，垦区14个粮油加工厂完成总产值617.3万元，比上年同期增长68%，多盈利51.2万元，比上年同期增长17%。暖泉农场加工厂，在没有实行经济责任制之前，生产无定额，质量无要求，成本无考核，加工的面粉出面率低，又黑又牙碜。实行经济责任制以后，加强了质量管理，改进了加工工艺，出面率由76%提高到83%，且面粉质量明显提高。这个加工厂的酿酒车间，每百斤高粱原料出61°白酒率从40斤提高到45斤，最高达47斤。在提高职工收入方面，连湖农场加工厂的白酒车间，1980年该车间实行小集体超定额计件工资制后，全年平均每人得超定额计件工资60多元。

各场办工业的生产责任制在推行过程中，也存在一些问题。比如工厂提留太少，上交农场60%～70%的利润，不利于企业扩大再生产。有些定额还缺乏科学性和准确性。比如油与酒的定额超定额计件工资的标准，厂与厂之间相差太大。面粉加工也是如此，有的加工厂只考核一个班次出多少面粉，不考核出面率。还有的工厂、车间缺乏必要的测试手段，检验质量或制定定额，凭直观、感觉或没有科学数据的所谓"经验"，定额缺乏准确性。有的工厂定额只有数量要求，没有质量要求。在年终奖评定方面程度不同地存在平均主义①。

---

① 农垦部工业局赴宁夏调查组：《宁夏农垦工业是怎样推行经济责任制的》，《中国农垦》1981年第11期。

五 工业财务包干制及生产责任制的成效

对农垦企业实行财务包干办法，加强经济核算，使企业和职工的物质利益建立在企业经营成果的基础上，从而调动企业发展生产、挖掘潜力、提高经济效益的积极性和主动性。垦区在实行财务包干的同时，企业相应建立了多种形式的联产承包经济责任制，打破了企业吃国家的"大锅饭"，调动了企业、职工搞好生产经营的积极性，促进了扭亏增盈。1980～1985年6年累计盈利2800万元。1979年有13个企业亏损，占企业总数的68%，亏损额917万元。1985年亏损单位减少到3个，年亏损额降到38万元。由于实行了财务包干，企业从增盈减亏中，获得了包干结余资金，用于补充农垦事业建设资金的不足，1980～1985年用于发展生产、调整产业结构、改变生产条件的包干结余资金1900万元，翻建职工住房10万平方米，近1000万元，中小学建设250万元，处理财务遗留问题278万元，为今后生产能力的进一步提高打下了基础，缓解了职工住房长期紧张的老大难问题，改善了企业办学条件。随着产品销售收入的增加，农垦企业交纳国家的税金逐年增加，1985年为413万元，比1979年增加2.6倍。1980～1985年共交纳税金1941万元，能源交通建设基金511万元，同期职工从包干结余资金中分配奖金596万元。1985年职工年平均工资（含奖金）812.5元，比1979年的573.8元，提高了41.6%。

财务包干制及生产责任制也存在一些问题。比如在包干补贴指标的分配上，企业之间差别较大，少数企业形成超亏挂账。包干补贴指标的分配过于固定，没有留余地，农业企业如遭遇灾害，家底薄的企业就很难承担。财务包干，基本解决了企业吃国家大锅饭的弊端，但企业内部吃大锅饭的问题，还没有真正解决。企业逐级承包，承包单位的超包干结余，有的全部用作职工当年分配，不留储备基金，这样形成超盈减亏个人拿走，超亏减盈企业挂账，实质是包盈不包亏。包干结余资金的管理、使用控制不严。有的企业只考虑需要，不考虑资金来源，不是先提后用，而是寅吃卯粮，包干结余资金花过了头。有的片面强调财务自主权，放松管理和监督。1985 年上半年一度出现争上项目办工业和商业热，贷款失控。1985 年贷款余额高达 2900 多万元，超过企业的承受能力。有的企业不按建设程序办事，盲目上项目，决策失误造成损失，有的违法经商，上当受骗，商品积压损失严重；有的违反财经纪律，任意扩大开支范围和标准等①。

除此之外，白光认为：导致这一时期场办工业效益难以提高的原因，还有经营者素质不高、党政关系不顺、工业原材料大幅上涨等因素。他指出，由于一些国营农场主管部门对承包人缺乏严格考核，或者没有引入竞争机制，依然是"伯乐点马"的老一套做法，因此，选才不准，用人不当。国营灵武农场，9 个场办工业企业，4 个亏损，1987年亏损额达 13.7 万元。亏损的原因是多方面的，但承包经营者缺乏生产指挥能力和经营能力，不能不是一个重要原因。如逾期履约，用户终止了合同；决策无力，使工厂坐失盈利良机；以次充好，损害了企业的信誉等。在农场党政关系上，据 1988 年对 15 户场办工业企业的摸底，党、政关系（包括农场和下属工厂两级）处理较好的企业，约占 61%；党政关系尚未理顺、工作不配合、彼此掣肘、内耗较大的企业占 22%左右。部分农场党委书记及场办工业企业党支部书记，要么包办干预，要么甩手不管；还有一些场办工业企业厂长认为，企业承包后，就是厂长一个人说了算，因此，独断专行，不能主动争取党组织对自身工作的支持。在原材料价格方面。据 1988 年对 6 家场办修造厂调查，仅原材料涨价一项，1987 年内就使企业减利 40 多万元，是这几家企业全年目标基数利润的 1.5 倍②。

---

① 于长川：《总结经验完善财务包干制》，《宁夏农垦经济研究》1986 年第 2 期。
② 白光：《对场办工业企业完善承包经营的几点思考》，《宁夏农垦经济研究》1988 年第 3期。

1988 年，农垦局根据自治区政府关于自治区工业企业实行承包经营责任制的决定，对垦区各工业企业实行"包死基数、确保上交（对盈利企业）、超收多留、歉收自补"的承包责任制，后来又实行了扩大企业自主权等，调动了工业企业职工的积极性，但旧的经济体制仍影响着农垦工业的发展，成效不明显。

财务包干制和生产责任制，虽然一定程度上调整了生产关系，但在计划经济体制下，企业的市场主体并不明确，物资供应和人力资源也没有市场化，考核的重心又在基层，在"熟人社会"的影响下，不可能避免分配上的"小集体"平均主义。而且，看似设计缜密的责任制，其考核耗费人力物力，设计漏洞对生产力的束缚越来越大，随着国家有计划的商品经济向市场经济发展，这两项制度逐渐在现代企业制度框架内完善或被替代。

六　家庭农场承包责任制的实行

随着农村家庭联产承包责任制的发展，农垦系统也着手研究如何打破传统办场模式，推行多种形式的生产责任制问题。

为了推动家庭农场的发展，1983 年 11 月农牧渔业部批发《关于在国营农场兴办职工家庭农场的意见》。提出了办好职工家庭农场的 10 条具体意见和应采取的步骤和方法。12 月，自治区农垦局出台《关于进一步完善农垦企业联产承包经济责任制的意见》，决定从 1984 年起，全面推行各种形式的家庭联产承包责任制，彻底摆脱旧的办场模式。要求种植业一律承包到户，林业承包到户或到个人，果树承包到户或班组，畜牧业到户、到个人，工业承包到车间或班组工段。《意见》指出，搞承包到户，不是要改变全民所有制性质和国家职工的身份；要坚持统一生产财务计划，统一劳动管理制度，统一安排和使用大中型农机具和农田水利设施，统一制定责任制办法，统一处理承包计划内的产品（瓜、菜除外）。

在承包方式上，农垦局规定，由于垦区国营农场耕地少、农业劳动力多、每个农业劳动力占有耕地面积少的特点，目前在种植业上，尚不宜实行专业化承包，而是各种作物（粮食、经济作物和其他作物）综合承包的办法，以丰补歉，降低风险，保障收益。

在制定承包指标上，按产业不同分类处理。农垦局规定：种植业，应根据土地条件，分类划等，参照历史产量水平，制定不同的单产指标，按标准核定成本和利润；工副业按产值定利润；商业按进销差价定利润；等等。由于当时国家实行的是公有制基础上的有计划的商品经济，所以，农垦局同时规定，承包者在完成承包任务后，超产的主要农业产品，由企业（农场）加价收购，不得擅自处理①。

简泉农场是推动职工家庭承包最早的单位。1984 年 2 月，该场制定了《国营简泉农场 1984 年"双包"经济责任制试行办法》，推行包产量、包盈亏的"双包"生产责任制，土地固定到职工，一定三年不变②。虽然这份文件没有直接提出"家庭农场"，但其内容在实质上和家庭农场并无二意。3 月，自治区农垦局下发《关于贯彻执行中共中央一九八四年一号文件的若干政策规定》，要求"在稳定和完善生产责任制的基础上，积极试办家庭职工农场"。4 月，平吉堡奶牛场职工子女要求就业的人数愈来愈多，而农场又无财力大面积开发荒地，农场党委在总结生产责任制经验的基础上，结合当时中央鼓励农民开发荒地的政策，决定创办开发性家庭农场③，当年全场有 51 名职工、28 户创办家庭农场，开荒 5226 亩。

---

① 《关于进一步完善农垦企业联产承包经济责任制的意见》1983 年 12 月 15 日，第 95 号全宗第 216 号卷，宁夏档案馆藏。

② 国营简泉农场场志编写领导小组编《国营简泉农场志》（内部资料），1988，第 33 页。

③ 开发性家庭农场，指的是国营农场职工家庭或农村农户承包国家和集体的成片荒山、荒地、荒滩和水面资源，在国营农场和集体统一规划下，以部分或全部自筹资金、劳力和技术，进行开发经营，使之生产出具有使用价值和价值的商品性产品的家庭农场。余荣光：《家庭农场场长手册》，甘肃科学技术出版社，1989，第 32~33 页。

1985 年，在全国农垦工作会议精神的推动下，宁夏农垦至年底共兴办 6220 个家庭农场，参加职工 2.92 万人，占农业职工总数的 66.25%。承包耕地 4.26 万亩，占耕地总面积的 74.82%[①]。家庭农场既发挥了大农场的机械化优势和较为完善的服务功能，又调动了职工及家庭各方面的积极性，还有效解决了"大锅饭"问题。

农垦的家庭农场承包责任制改革引起各方的关注。1985 年 11 ~ 12 月，自治区抽样调查队对简泉、连湖、渠口三个国营农场的家庭农场情况进行了重点调查，对其他农场的家庭农场作一般性统计调查。调查显示，职工家庭农场的组织经营形式，主要有三种类型，一是独户形式，二是联户形式，三是以大组承包的组织形式。如：灵武农场和暖泉、前进农场的一部分。从经营规模看，全农垦系统 5761 个[②]家庭农场，经营耕地在 20 亩以下的 1146 个，占 19.9%；20 ~ 50 亩的 3540 个，占 61.4%；50 ~ 100 亩的 819 个，占 14.2%；100 ~ 500 亩的 220 个，占 3.8%；500 亩以上的 36 个，占 0.6%。平均每个家庭农场经营 55 亩，每个劳动力承包 18.68 亩。由此可见，宁夏农垦系统家庭农场经营在 20 ~ 50 亩居多，规模偏小。

据简泉、连湖、渠口三个农场职工家庭农场的调查：简泉农场 1984 年粮食总产为 278.2 万公斤，创该场历史最高水平。80% 的职工承包农田盈利，人均纯收入 424.96 元。连湖农场大部分实行大组承包，少数实行家庭承包，同样也促进了生产的稳定发展。渠口农场 1985 年全部实行家庭农场经营，在全区粮食普遍受灾减产的情况下，粮食仍然增产，总产达 532 万公斤，比 1984 年增长 6.7%。据对 682 个种植业家庭农场的调查，职工平均收入由 1984 年的 640 元上升到 1985 年的 850 元，增长 32.81%。

[①] 《宁夏农垦志》编纂委员会编《宁夏农垦志（1950 ~ 1988）》，宁夏人民出版社，1995，第 406 页。

[②] 自治区调查队的数据与农垦志记载不一致。

这份调查报告同时对家庭农场的盈亏进行了调查，并指出一般情况下，懂生产经营者盈，不懂者亏。如前进农场王学义家庭农场，该同志原为生产队长，全家五口人，两个劳动力，1985年承包51亩耕地，种小麦19亩，玉米9亩，葵花16亩，甜菜3亩，西瓜4亩。全年粮食生产任务为1.05万公斤，油料任务1162公斤，实际生产粮食1.06万公斤，油料1813公斤，分别完成承包任务的100.66%和156%，除完成上缴利润和各项生产费用368元外，农业纯收入3100元，加养殖业等纯收入4300元，家庭人均收入860元，比承包前的1984年增收一倍。像这样的家庭农场，在前进农场和其他农场还有不少[①]。

而亏损的家庭农场，主要原因是农场为家庭农场服务的组织体系尚未建立，国营农场对家庭农场计划指标和产前、产中、产后的服务工作跟不上，主要是该"统"的没有"统"起来，影响了大农场优越性的发挥；职工采取插花种植的方式，规模过小，土地分得过于零散，不利灌溉管理和机械作业，没有发挥规模效益；合同不够完善，承包指标有的偏高，也有的偏低，国家、集体、个人三者利益没有很好地结合起来。加上改革初期，职工积累少，无能力自负盈亏。

1986年，中央指示"凡是同农场签订了承包经营合同，实行定额上缴、自负盈亏的职工，不再按工资等级支付报酬，不再发奖金"[②]。当年，各农场对单户和联户家庭农场进行普遍调整和合并，除了少数农场继续办家庭农场外，其余主要实行以班组为单位，承包到班组、责任到个人的经济责任制形式。种植业家庭农场中，独户经营的职工人数由1985年的8542人减为1986年的3503人。经过1987年的调整，完善各

[①] 靳文瑞：《对我区国营农场兴办职工家庭农场情况的调查》，《宁夏农垦经济研究》1986年第1期。

[②] 《中共中央、国务院批转农牧渔业部〈关于农垦经济体制改革问题的报告〉的通知》（中发〔1986〕8号），国家体改委办公厅：《十一届三中全会以来经济体制改革重要文件汇编（上）》，改革出版社，1990，第184页。

项规章制度，独户家庭农场的职工人数逐年有所回升。为完善家庭农场的经营管理，农垦局向各场推广巴浪湖农场1985年提出的"五统一"①制度。南梁农场制定了各行各业比较完善的承包责任制规程，农垦局印发《国营南梁农场规章制度汇编》手册推广到各单位。在大农场与以班组为主的承包关系中，农业生产队或场属工厂是重要的生产经营组织，它既是承包者，又是班组承包的发包者，还是各班组承包者的代表，有一定的经营权利。

关于家庭承包和班组承包的效益问题，1987年的调查显示，家庭承包型中，既有南梁农场，亩均利润33.57元，也有简泉、玉泉营农场，亩均利润分别为 - 0.13元、 - 0.98元；在班组承包型中，既有连湖农场，亩均利润48.87元，也有长山头农场，亩均利润 - 6.55元。对此，明舟认为，种植业耕地经营规模，既不是越大越好，也不是越小越好，而是由各农场土地资源、劳力素质、经营管理水平等各种具体条件所决定②。

家庭农场从根本上改变了国营农场高度集中、统一经营的僵化模式，较好地克服了职工吃企业"大锅饭"的弊端，调动了广大职工自主经营的积极性，促进了产业结构的调整，加快了商品生产的发展，推动了管理机构由行政指挥型向经营服务型转变。但实行这种经营方式，也存在诸多问题。一是职工家庭农场在1993年之前，生产费用和生活费用由企业垫付，部分家庭农场收入不上交，盈利是自己的，亏损是企业的；二是部分农场只讲小，不讲大，只讲分，不讲统，大农场套不住小农场；三是好地有人包，差地无人管，土地越种越少；四是在承包地搞掠夺式经营，种地不养地，不挖沟、不平地、不积肥，怕花钱、不投

---

① 统一种植计划、统一主要机械作业、统一主要技术措施、统一计划财务管理、统一主要产品管理。

② 明舟：《关于宁夏农垦种植业规模经营问题的探讨》，《宁夏农垦经济研究》1988年第4期。

资；五是农业技术改造的速度显著放慢，机械耕作比重下降，农机利用率降低，化肥代替了有机肥，职工改土肥田措施积极性不高；六是有的农场产前、产后服务工作跟不上，虽然成立了公司，但有名无实。有的领导撒手不管，认为合同一订，万事大吉。有些机械化程度较高，条田较整齐的农场，家庭农场规模过小，不能充分发挥机械化的优势，影响轮作倒茬等有效农业措施的实施。[①]

第二节　妥善解决知青遗留问题

农垦系统对知识青年上山下乡工作是高度重视的，特别是毛泽东主席给李庆霖的复信和中央〔1973〕20号、30号文件传达贯彻后，各级党委（支部）按照毛泽东主席关于知识青年上山下乡的指示，做了大量工作。在组织领导方面，各场（厂）的政治部门均配有知青专干抓这项工作。截至1975年年底，全系统有北京、天津、银川等地的下乡青年4800余人。其中有190余人入党，1100余人入团，50余人被选进生产队以上的各级领导班子。

1976年1月，自治区农垦局组织上山下乡知识青年慰问团对局属各场、厂、院、处、校的上山下乡青年进行了检查慰问。在检查中，发现各农场在知青工作方面还存在一些问题。如提供的学习材料少，学习时间没保证。有的把知识青年单纯看成劳动力，不组织他们学习。有的青年反映：我们一天就是吃饭、干活、睡觉三件事。对青年积极培养、大胆使用不够。虽然有的青年当了干部，但多数是业务干部或副职，提报到科室（分场）以上领导岗位的更少。有的单位对发展知识青年入党入团重视不够，几年来没有发展一名知识青年党员。有的干部对青年

---

① 张世鉴：《关于进一步完善职工家庭农场的几点意见》，《宁夏农垦经济研究》1986年第1期。付文奇：《实行共同投入法是解决国营农场农业后劲不足的必要措施》，《宁夏农垦经济研究》1987年第4期。

缺乏耐心细致的思想政治工作，方法简单粗暴，动辄点名批斗。渠口、灵武农场个别队发生打骂、体罚知青的现象。平吉堡农场个别队擅自规定知青旷一天工扣两天工资；有的因病请假也按旷工处理；有的用队上的小胶车送知青到医院看病，一天要收二元五角钱的用车费。有些单位食堂办得不好，白水煮菜，吃不上油，卫生条件差；有些给知青的取暖煤拉得不及时，数量也不够；有的对知青结婚住房解决不及时，还有的对知青的文体活动、生活困难和医疗很不关心①。

对存在问题的单位，农垦局要求立即整改，并要求垦区各单位，对知识青年的缺点错误，要坚持说服教育，不准用诸如克扣口粮、工资等"土政策"进行管、卡、压，严禁体罚、打骂。对过去遗留的涉及政策性的问题，进行清查和处理，确实搞错了的，要纠正过来，不要再拖延。要办好食堂，搞好伙食，尤其是冬季一定要保证知识青年吃上热饭热菜，喝上开水；下乡知青的冬季用煤要按标准及时供应。对知青的住房问题，要采取有效措施，积极解决。对年龄较大的未婚知青，要帮助他们解决婚姻问题；对孩子较多、生活确有困难的知青，要和老职工一样对待，从福利费中给予适当补助。对有病知青要积极给予照顾和治疗，对长期患慢性病，不宜参加重体力劳动的要妥善安置和处理；对女知青的生理特点要照顾，安排她们适当的农活；要对知青进行防火、防盗和安全生产的教育，特别要防止煤气中毒。坚决打击破坏知识青年上山下乡的犯罪活动。对过去打击不力、处理过轻的，要主动和有关部门联系，重新进行查处；对新发现的案件，要立即报告有关部门，抓紧调查，及时处理。

在工作安置上，随着国家政策的调整，各单位开始调整知识青年的工种，并提高工资待遇。1975 年，农垦局规定，上山下乡（回场）知

---

① 《关于慰问上山下乡知识青年情况的报告》1976 年 1 月 26 日，第 95 号全宗第 55 号卷，宁夏档案馆藏。

识青年因工作需要由农业劳动调作其他工作的：调作行政管理工作的，如打字、招待、电话和广播员等，一般可定为行政 27 级（34 元）；调作商业、文教行业工作的，可按照各自的工种工资标准定级；调作加工业、服务业、卫生等岗位的，有一到两年的熟练期，这期间一般 31～33 元，期满一般 35～36.75 元[①]。

随着知青年龄的增大，一些农场制定政策帮助解决知青婚姻问题。如前进农场党委 1977 年规定 "凡是从农村找来的适龄姑娘，并愿意嫁给知青的允许把户口迁入农场成为农场职工，每月享受 32 元的工资待遇"[②]。在当时，这相当于参加工作三年正式职工的月工资。这项政策的出台，为未婚知青解决个人问题送来政策福利，在农场引起很大的反响。

1978 年 10 月，全国知识青年上山下乡工作会议决定停止上山下乡运动并妥善安置知青回城和就业问题。当年，垦区大批知识青年返城。1979 年，由于城市就业或因家属一时难以解决调动等困难，部分知青又返回农场要求工作。为此，农垦局下发《关于接受返城知识青年回场工作的通知》规定，"夫妇一方系知识青年返城后，现又要求回场与配偶团聚并愿意参加农业劳动的，应予欢迎，并报销返回路费。知识青年回场后的工作安排问题，要根据本单位的具体情况妥善安排，不得歧视。原属干部的知识青年返场后，应先恢复其原工资待遇，工作问题可根据需要报上级组织部门批准后安排"[③]。

到 1985 年，留在农垦系统北京、天津两市的知识青年仍有 500 多

---

① 《关于上山下乡知识青年调作其他行业工作其熟练期和工资待遇的通知》1975 年 10 月 8 日，第 95 号全宗第 55 号卷，宁夏档案馆藏。1975 年，宁夏农垦固定职工平均月工资 40.11 元。参见《宁夏农垦志》编纂委员会编《宁夏农垦志（1950～1988）》，宁夏人民出版社，1995，第 487 页。

② 张丽珠：《追忆前进农场往事》，载刘润琦、程广征主编《足迹（上）》，宁夏人民出版社，2010，第 665 页。

③ 《关于接受返城知识青年回场工作的通知》，1979 年 12 月 14 日，第 95 号全宗第 124 号卷，宁夏档案馆藏。

人。随着农场经济体制改革的深入，农场实行了家庭承包经济责任制，有相当一部分不会经营，而且刚成家的知青家庭户，家庭劳动力少，客观上难以适应以家庭为单位的农业生产，亏损现象多。为了解决他们的实际问题，北京市拨款 16 万元，天津市拨款 10 万元，农垦自筹 14 万元，对 1984 年、1985 年知青承包后亏损、肉食、水电、危房改造等困难进行了补贴①。

同时，农垦局以文件规定，知青中单户办家庭农场有困难的，可以帮助他们办联户生产组，改变生产条件，发展商品生产，增加收入。允许知青兴办第三产业，并在资金、技术上给予支持，让他们尽快富起来。允许知青停薪留职，另谋职业，寻找新的副业门路。对长期患病不能参加体力劳动的，参照执行劳保条例的规定，发给生活费。对体弱多病的知青，安排一些轻的工作，如护林员、看水员以及新建、扩建的工副业单位②。截至 1985 年 6 月，知青被安置在文教卫方面 53 人，行政管理方面 35 人，场办工业企业 17 人，总共安置 105 人③。

1985 年 6 月至 1986 年 3 月，农垦局多次向自治区人民政府打报告，要求解决留在农垦的知识青年重新安置工作问题。6 月 23 日，自治区回复，根据国家有关规定和自治区劳动力安置的实际情况，这部分人的安置问题应在农垦系统内部解决④。

农垦根据自治区政府的批复，千方百计在系统内部的暖泉农场蘑菇厂、前进农场酒厂、平吉堡奶牛场糖果厂和乳制品厂、玉泉营农场胡萝卜素厂等工商企业分批安置知青。

---

① 《关于京津青年目前生产生活存在困难要求解决经费的请示报告》，1986 年 3 月 5 日，第 95 号全宗第 324 号卷，宁夏档案馆藏。

② 《关于现在国营农场的原京津两市知识青年有关问题的报告》，1985 年 5 月 15 日，第 95 号全宗第 271 号卷，宁夏档案馆藏。

③ 《关于解决北京、天津知识青年问题的请示》，1986 年 6 月 5 日，第 95 号全宗第 271 号卷，宁夏档案馆藏。

④ 《自治区人民政府关于解决国营农垦原京津知识青年有关问题的批复》，1985 年 6 月 23 日，第 95 号全宗第 271 号卷，宁夏档案馆藏。

为了进一步解决京津知识青年的实际困难，农垦局分别于 1985 年 12 月、1986 年 3 月，制定专门扶持知青的政策。包括：参加各种承包责任制的京津知识青年，其倒挂工资年终决算后无论是否亏损全部返还，基本工资照发。1984 年、1985 年生产经营中发生亏损的京津知识青年，其亏损部分由农垦局承担，已扣发的工资予以返还。凡参加小组或联产承包的，随单位工资发放形式，按规定出勤出工计发工资。凡愿意继续单户承包者，计划指标要留有余地并积极帮助他们搞好经营管理。要求农场关心住房困难知青，积极给予修缮或翻建住房，继续享受国家有关职工探亲的规定。要积极创造条件，把仍从事农业生产的京津知识青年逐步安排到工副业等单位去，改善生产生活条件[1]。

据宁夏农垦局统计，截至 2010 年 5 月底，宁夏农垦尚有北京市知青 59 名、天津市知青 31 人、银川市知青 155 名[2]。由于农垦落实有关知青政策积极有效，得到广大知青的信任和回报。21 世纪以来，大批京津知青多次返回农场"第二故乡"，开展慰问、参观、捐赠活动，如在平吉堡农场建立"北京知青图书馆"，在暖泉农场修建"知青纪念墙"，并以多种形式帮助宣传农垦、宣传宁夏。

第三节　垦区工商业的蓬勃发展

党的十一届三中全会以后，宁夏农垦系统认识到，只有依托自身优势大力发展工业，积极稳妥地发展第三产业，农垦经济才能振兴，农垦

---

[1] 《关于京津知识青年问题的处理意见》，1985 年 12 月 20 日，第 95 号全宗第 271 号卷，宁夏档案馆藏。《关于京津知青职工有关问题的处理决定》，1986 年 3 月 28 日，第 95 号全宗第 306 号卷，宁夏档案馆藏。

[2] 银川移民史研究课题组编著《银川移民史研究》，宁夏人民出版社，2015，第 216～217 页。

企业才能实现翻番的目标。因此从农垦局到各下属企业都把发展工业放在重要位置，从组织机构到人员编制，加强对工业的领导，多渠道增加对农垦工业的投资。

从 1979 年起至 1991 年，垦区先后新建贺兰山农牧场、长山头农场等 4 个砖厂；灵武农场、巴浪湖农场等 8 个地毯厂；黄羊滩农场和灵武农场柳编厂；西湖农场、平吉堡奶牛场 2 个塑料编织厂；平吉堡奶牛场清真乳制品厂、灵武农场清真食品厂、渠口农场食品加工厂与果品加工厂、连湖农场食品罐头厂、巴浪湖农场罐头厂、黄羊滩农场营养食品厂；暖泉农场盐水蘑菇厂；贺兰山农牧场、前进农场等 2 个白酒厂，玉泉营农场葡萄酒厂、银川糖厂啤酒厂和灵武农场啤酒厂；连湖、巴浪湖等 6 个饲料加工厂；灵武、巴浪湖农场 2 个造纸厂；南梁、巴浪湖农场 2 个纸箱厂；贺兰山农牧场砂石厂；巴浪湖农场皮毛加工厂；灵武农场铸造厂、钢窗厂；简泉农场手套厂、长山头农场皮鞋厂、建筑工程公司铁合金厂、连湖农场制钉厂；宁夏垦原科技实验厂、农垦建筑工程公司钢窗厂；贺兰山农牧场宁夏锅炉辅机厂、杂木制品分厂和宁夏银川保丽板厂；宁夏银海保丽板厂等 50 余个工厂。

这一时期还对 10 余个项目进行改建和扩建。其中：银川糖厂经 3 次改造扩建，日处理甜菜由 500 吨扩大到 1500 吨，并新建食品饮料车间和二氧化碳车间，兼并银川玻璃制品厂后，进行技术改造和扩建；银川啤酒厂经 3 次技术改造和扩大生产规模，年生产能力由 5000 吨扩大到 2 万吨；农垦磷肥厂经过 2 次技术改造，硫酸年产量由 5000 吨提高到 13000 吨，并新建成一座年产 5000 吨硫酸铝车间，年产 8000 吨的过磷酸钙颗粒肥车间和 150 吨的涂料车间；大武口建材厂 1986 年建成年产 10 万米的丝织厂，1988 年建成 1800 千伏安炉子的铁合金厂。在此期间，巴浪湖农场电石厂、贺兰山农牧场修造厂、平吉堡铁合金厂、农垦轮胎翻修厂、西湖农场塑料制品厂、连湖农场修造厂和黄羊滩农场修造厂都进行技术改造和扩建，开发新产品，扩大生产量①。

1981～1985 年用于发展农垦工业的投资达 4468.1 万元，相当于 1950～1980 年 30 年总投资的 127%。到 1988 年年底，垦区有工业企业 84 家，共有固定资产原值 1.26 亿元，年末职工人数 1.02 万人，占职工总数 23.2%。到 1991 年，农垦工业总产值达到 2.14 亿元，但盈利只有 219.3 万元。这一时期，农垦工业产值和经济效益发展速度不平衡、不稳定，未达到同步增长②。

一 推行场（厂）长、经理负责制

借鉴国有企业和集体企业的改革经验，1984 年全国农垦工作会议要求，"农垦企业实行场（厂）长、经理负责制"，普遍实行经济承包制、劳动合同制、工资浮动制，把个人的劳动报酬同本单位生产经济成果直接挂起钩来。规定企业内党委的主要任务是"贯彻执行党的路线、方针、政策，做好思想政治工作，搞好党的建设，并对企业进行有效的监督"。

宁夏农垦于 1987 年试行场（厂）长负责制和场（厂）长任期目标责任制。此后，该制度成为领导管理体制中的基本制度。在场（厂）长负责制下，通过企业制定内部管理制度，确定企业所属的分场（厂）、站、公司、生产队（车间）的经济目标，把生产经营的责任层层落实到基层单位。垦区各单位围绕这一制度的执行结合自身实际陆续制定了考核办法。这一制度使企业有了更多的自主权和经营权，企业经营者和职工的收入与企业经营状况挂钩，初步实现所有权与经营权的分离，为下一步的现代企业制度改革创造了条件。

---

① 《宁夏农垦志》编纂委员会编《宁夏农垦志（1950～1988）》，宁夏人民出版社，1995，第 313 页。宁夏农垦志编纂委员会编《宁夏农垦志（1989～2004）》，宁夏人民出版社，2006，第 253、257 页。

② 吴冠英、谢玉明：《二〇〇〇年宁夏农垦工业发展展望》，《宁夏农垦经济研究》1987 年第 3 期。

二 垦区工业与农场的繁荣发展

到 1987 年初，宁夏农垦有 85 个工业企业，职工 9225 人，1986 年工业总产值 7863 万元（按 1980 年不变价格计算），实现利税 1199 万元。农垦工业，虽然职工人数只占全系统职工总数的 20%，但工业总产值占全系统工农业总产值的 56.3%，利润占全系统利润的 87.2%[①]。

农垦工业经济的繁荣，促进农场经济的综合发展，为发展农业、水产养殖业和园林生产等多种经营筹集了资金，促进了农场小城镇建设，工业的发展还拓宽了农场就业渠道。

在平吉堡奶牛场，1982 年新建日处理鲜奶 5 吨的乳品厂，乳品厂的建设和 1988 年的扩建，促使了奶牛二队和三队的建设。奶牛的迅速发展促进了饲料工业的开发，而饲料工业的发展又加快了农业结构的调整和"原料"农业的发展。形成以奶粉生产为龙头的种、养、加、产、供、销的一体化生产，出现了农、牧、工三者协调发展的良性循环。农场自我积累、自我发展的能力不断增强，经济效益逐年提高。1985 年全场总利润仅 20 万元，到 1989 年达到 125.5 万元，其中工业利润 100.4 万元。国营巴浪湖农场 1980 年前，仅有 4 个为农场生产生活服务的小厂子，工业产值不到 200 万元。1989 年，发展到 8 个工业企业，工业产值达到 837.8 万元，比 1980 年增长了 3.2 倍。工业产值占该场工农业总产值的 60.2%，工业实现利润 130.2 万元，占该场总利润的 98.6%。工业经济成为这一时期农场经济的绝对主力。

场办工业扭转了农业基础较差的场域经济。简泉农场在农业生产条件差的情况下，利用紧靠贺兰山，自然资源比较丰富的优势，1984 年改造和建设了年产原煤 73 万吨无烟煤矿和年产原煤 1 万吨的烟煤矿，改建

---

① 吴冠英、谢玉明：《二〇〇〇年宁夏农垦工业发展展望》，《宁夏农垦经济研究》1987 年第 3 期。

一个年产 3 万吨的石英材料厂，新建一个年产 1000 吨的碳化硅厂和一个年产 1 万吨的碳化硅原料厂。这些资源工业的开发建设，从根本上扭转了该场生产经营长期亏损的局面，同时又促进了农业的开发和建设。该场 1984 年以前基本处于亏损状态。1985 年以后，由于工业生产的效益逐年提高，农场从 1988 年开始走出困境。1990 年工业创利润 129.2 万元，农场总利润达 90.6 万元，一跃成为农垦盈利的中等户。

农场经济的繁荣促进场区小城镇建设。工业和商品经济的发展，提高了农场场部的集聚效应，使长期滞留在农业中的隐蔽剩余劳力向农场场部集中，一部分向场办工业转移，一部分向商业服务业转移。农场场部由过去的生产指挥中心和行政管理中心逐渐向生产服务、商业集散的经济中心转化。到 20 世纪 80 年代末，多数农场的场部已成为各类工业、商业服务网点，建筑、运输基地，医院、学校以及各场娱乐场所的集中地。灵武、连湖、平吉堡、渠口等国营农场的场部已初具城镇规模和形成生产服务体系。

场办工业的发展，拓宽了农场剩余劳动力的就业安置。国营农场因其组织上的特殊性，长期以来，农场职工子女需要内部安置。进入 20世纪 80 年代，每年有 800 余名职工子女需要就业。另外，随着农业机械化程度的提高和规模效益的需要，全年还要从农业上分离出数百名剩余劳动力，场办工业和第三产业的发展有力拓宽了这一渠道。1980 年全垦区工业企业职工全年 6544 人，只占全垦区职工总数的 15.7%，到 1989 年工业企业职工全年平均人数已达 1.04 万人，占全垦区职工总数的 23.8%，在此期间，工业企业就解决了应就业人员的 41.6%[1]。

在发展工业的过程中，农场经济由自给半自给经济向大规模的商品经济转化，一些"短平快"项目仓促上马，加上体制和经营管理上较

---

①　吴冠英：《重新认识场办工业在农垦经济中的地位和作用》，《宁夏农垦经济研究》1991 年第 2期。

乡镇企业缺乏灵活度，各类产品的积压情况日渐严重。1985 年年底，全系统积压煤炭 4 万多吨，机制砖 3000 万块，磷肥 7500 吨，各种酒类 60 多万斤，纤维板 250 吨。例如，连湖农场纤维板厂在市场变化中，明显缺乏应对措施。该厂 1978 年投产，当时宁夏生产这种产品的厂仅有两家，自治区也很少从省外购入该产品，因此产品在全区畅销，供不应求。1979～1981 年平均每年产值 100 万元，利润平均 16 万元左右。随后几年，区内同类厂家增多，外省区进来的纤维板逐年增加，消费者对产品质量的要求越来越高。但该厂未能及时掌握市场需求的变化信息，既不在质量上下工夫，也不在品种上做文章，结果销售一年不如一年，积压越来越多，1984 年仅盈利 3.6 万元，1985 年盈利 0.6 万元，仓库积压已达 250 吨，无法再生产，只能停产整顿①。

三　企业对外开放和垦区经济合作的探索

在农工商联合企业的发展中，垦区工业逐渐探索利用区内区外两个市场的资金和技术，以多种形式对外开放，开展经济联合。

在利用国外资金方面，1985 年，农垦局、玉泉营农场通过国内外考察、洽谈，以补偿贸易方式，引进意大利蘑菇生产设备、技术工艺和菌种。厂址后设在暖泉农场。工程于 1987 年 9 月竣工并投产。到 1995 年共生产盐水蘑菇 680 吨，年均生产 97 吨②。

与外省企业合作方面。如 1985 年兴建的灵武农场啤酒厂，引进罗马尼亚啤酒灌装线，引用沈阳啤酒厂提供的生产技术工艺，在实现的利润中沈阳啤酒厂分利 15%，灵武啤酒厂分利 85%。平吉堡奶牛场乳制

---

① 张世鉴：《国营农场要重视市场研究》，《宁夏农垦经济研究》1986 年第 2 期。
② 该厂由于年实际生产能力达不到设计要求，加上国际市场盐水蘑菇价格跌落，各项生产成本不断增长，造成债务负担过大、经营亏损严重，1998 年 4 月破产。参见《暖泉农场志》编纂委员会编《宁夏回族自治区暖泉农场志（1955～1995）》（内部资料），1995，第 129 页。

品厂与浙江燎原乳制品厂联合，生产中档糖果，1985 年下半年投产。

在联合办企业方面，最具有代表性的是银城联合啤酒厂的创办。1985 年夏季，宁夏农垦将区优拳头产品"西夏牌"啤酒首次打入福建厦门市试销，受到了当地消费者的青睐。促使著名侨乡厦门市同安县想引进银川啤酒厂的技术，在当地兴建一个联合啤酒厂。在自治区政府驻厦门办事处的协调下，农垦认为这是向沿海地区发展的一个有利时机，尽管在此之前，宁夏企业向东南沿海输出技术尚未有类似成功的先例，但是农垦没有因此气馁、胆怯，而是积极组织力量进行市场调研和可行性论证。根据双方协商，银川糖厂、银川啤酒厂输出技术和部分资金与厦门市同安县联营银城联合啤酒厂，双方共投资 1540 万元，农垦除技术转让费 40 万元外，另投资 265 万元。董事会明确了先留后分的规定，即在利润和折扣基金中，先按比例留足更改基金后，两家再按比例分配。该厂于 1988 年 6 月建成试产，年设计生产啤酒 1 万吨。1988~1990 年，累计实现税利 1050 万元，经济增长率逐年两位数递增。1990 年，年产啤酒 1.25 万吨，超越设计生产能力25%，实现税利 647 万元，人均创税利 2 万多元。生产的三种啤酒产品质量稳定，银城联合啤酒厂被福建省政府评为"省级先进企业"，达到同行业先进水平，银川啤酒厂成为宁夏首家向沿海输出技术、取得良好经济效益的企业①。

在区内跨系统的联合方面。前进农场修造厂先后同长虹机械厂、农用汽车联合体、银川农机工业公司、银川贺兰山打桩公司、区农机鉴定推广站、银川小型拖拉机厂等十几个单位建立了产品协作关系，形成了一个松散的以产品协作为主的企业群体。这一多渠道的横向经济联合使该厂在 1984 年转亏为盈，实现产值 31.4 万元，利润 4.2 万元，1985 年又实现利润 10 万元。巴浪湖农场修造厂也与银川小型拖拉机厂形成协

---

① 王树林：《发挥技术优势 实行横向联合 提高企业经济效益》，《宁夏农垦经济研究》1991 年第 2 期。

作关系，生产"东方红28"、"铁牛55"水泵、刹车箍等。1985年，仅刹车箍就生产6000个，每个盈利6元。

在垦区内部。一种是原料产地与加工制造企业的协作。如银川糖厂与各农场的协作关系。糖厂积极扶持各场种植甜菜、大麦、啤酒花等原料，从而推动了各场经济作物的发展。充足的原料供应，使糖厂生产蒸蒸日上，产值利润年年增长：1984年产值2069万元，利润301.5万元；1986年产值3300万元，利润463万元。再一种是实行农场内部的"产供销"一条龙。如巴浪湖农场与职工个人共同集资3万元，加上银行贷款，于1985年11月建起生产双瓦楞的纸箱厂，日生产200只纸箱，供罐头厂及吴忠卷烟厂包装使用。为了使生产配套，1987年，该场又集资18万元，建起了日产黄纸板2.8吨的造纸厂，当年得利4万元。造纸厂所用原料主要是麦草，又为各生产队带来好处（每斤麦草1分钱）。通过内联形式，使造纸原料、造纸、纸箱、包装配套成龙[1]。

工业的发展不仅繁荣了垦区经济，还为自治区相关工业的发展做出了有力贡献。比如，始建于1969年的银川市城区玻璃厂，主要生产黄药瓶、口杯、啤酒瓶等。玻璃瓶生产经济效益甚差，一直亏损。1980年玻璃厂一分为二，分成工艺制镜厂和玻璃制瓶厂。分开后的银川玻璃瓶厂是一个设计日产5万只酒瓶的国营厂家，筹建五六年来国家共投进290万元，结果每天只能生产5000只瓶子。合格率还不到50%，产品卖不出去，连续三个月发不出工资，一百多工人灰心丧气。自治区领导找到农垦，希望把这个厂交给农垦局。农垦局通过分析后认为，把银川玻璃瓶厂接收过来，如果能整顿好，不仅可以保证农垦现有银川啤酒厂的瓶子供应，还可以解决正在建设的年产1万吨啤酒的灵武农场啤酒厂

---

① 白光、谢玉明、陈生寿：《发展联合促进生产搞活经济——对我区农垦企业横向经济联合的调查》，《宁夏农垦经济研究》1987年第2期。

的瓶子供应，每个瓶子的成本可以比过去从兰州进货降低 1 角多。玻璃瓶厂接收过来之后，农垦首先调整了领导班子，从兰州玻璃厂请进来 12 名工程技术人员，并同兰州玻璃厂签订合同，保证把技术传给工人之后才能离厂。这个玻璃厂只经过短短的一段时间，就由原来日产 50% 合格率的 5000 只瓶子，上升到日产 4 万多只，合格率达 80% 以上，一跃成为每月盈利近 2 万元的单位。以前三个月没发的工人工资全部补发了，多数工人还能拿到超产奖[①]。到 20 世纪 90 年代，该厂成为技术力量雄厚、设备先进、配套设施齐全，颇具竞争力的新型企业，也是西北地区最大的玻璃瓶罐生产厂家之一[②]。

第四节　三个农林场纳入农垦系统

一　成立国营玉泉营农场

1974 年，兰州军区在调整中，将二十师所属的西邵农场交给自治区农垦局管理。由于该农场规模小，农垦局将西邵农场与黄羊滩农场七队合并，划归连湖农场管理，成立连湖农场玉泉营分场。

1977 年 11 月，兰州军区要求再次调整用地，经自治区革委会批准，将二十师所属后勤农场与简泉农场七、八、九 3 个队的 1.37 万亩土地交换。当年 12 月，以与兰州军区二十师交换的农场和连湖农场玉泉营分场为基础，成立国营玉泉营农场。

玉泉营农场得名于明万历年间所建屯兵营堡名玉泉营，位于永宁县西南部，包兰铁路东侧，面积 47 平方千米。农场地处贺兰山东麓三级阶地，海拔高度为一千多米，终年降雨量不足 200 毫米，当时部队开垦

---

① 皮德义、王江鹏：《访宁夏农垦局局长柳登旺》，《中国农垦》1986 年第 6 期。
② 宁夏通志编纂委员会编《宁夏通志·工业卷（下）》，方志出版社，2007，第 925 页。

了近 2000 亩土地，周边更多的是未开垦的沙丘和戈壁滩。农场职工一部分是从简泉农场迁移的职工，一部分是招收的新职工，从此在部队开垦的基础上，再度掀起垦荒的高潮①。到 1988 年年底，总人口 3309 人，职工 1496 人，耕地面积 1.21 万亩，工农业总产值 339.7 万元，其中农业总产值 162.4 万元，工业总产值 177.3 万元。粮食总产 1367 吨，水果总产 1.12 万吨，其中葡萄总产 1126 吨。有拖拉机 42 台、收割机 5 台、载重汽车 16 辆，羊只年末存栏 2500 只。建设有粮油加工厂、葡萄酒厂、农机修造厂、烧碱厂②。

由于该场地处贺兰山东麓，地势舒缓，土壤沙性大，有机质含量低，耗水量大，农作物产量低。在多种经营方针的指引下，1982 年，玉泉营农场请中国农科院园艺所专家到场考察，经过反复调查和分析，认为该场具有日照时间长，昼夜温差大等自然气候特点和靠近铁路交通便利的条件，适合发展葡萄种植。1982～1984 年三年种植葡萄 5795 亩，占全农垦种植面积 6158 亩的 94.1%。

随着葡萄产量的增加，1983 年，宁夏农垦局根据农场酿酒葡萄种植情况，决定筹建宁夏玉泉葡萄酒厂。时值我国葡萄酒产业的发展初期，葡萄酒企业较少，技术也非常落后。要想使新建的酒厂尽快建成并投入生产，必须尽快培养自己的技术人员。当年 8 月，酒厂面向农场职工子弟招收第一批技术工人，派出 9 人到河北昌黎葡萄酒厂学习技术。与此同时，酒厂于 1984 年开工兴建，厂设计年产 4000 吨，第一期年产 1500 吨的工程投资 914 万元，于 1987 年生产出干、半干、甜、半甜等 9 个型号的"贺宏牌"红、白葡萄酒 65 吨，经区级鉴定合格，投入市场③。

---

① 闵晓萍：《悠悠玉泉情》，载刘润琦、程广征主编《足迹（上）》，宁夏人民出版社，2010 年 9 月，第 350 页。

② 中国城市信息交流研究部编《中国农垦企业大全》，中国城市经济社会出版社，1990，第 515 页。

③ 《宁夏农垦志》编纂委员会编《宁夏农垦志（1950～1988）》，宁夏人民出版社，1995，第 325 页。

玉泉葡萄酒厂开拓了宁夏地区发展酿酒葡萄的区域和葡萄品种，酿造出宁夏第一批葡萄酒，填补了宁夏回族自治区的一项空白。

在当时，由于葡萄酒消费市场尚未形成，受人们饮酒习惯和消费能力影响，营销困难，销量不大，产量不高。到1995年，除1994年盈利1.6万元外，年年亏损，1992年亏损额高达98.9万元。1995年，玉泉葡萄酒厂与玉泉营农场分离，成为局属独立企业。公司在原"贺宏"品牌的基础上又注册了"西夏王"品牌，不仅使公司的产品具有了一定的地域特色，而且使"西夏王"葡萄酒与宁夏产区有了更加紧密的联系。"西夏王"品牌在很短的时间里即被经销商、消费者所知晓。

1998年，玉泉营葡萄酒厂、玉泉营农场和北京同力制冷设备公司合作成立宁夏西夏王葡萄酒业有限公司。此后，随着国内经济的发展，消费市场逐渐趋向高端商品，企业采取优化原料品种、扩大原料基地、进行技术改造、提高产品质量、扩大营销等措施，使产品质量提高，年销售量逐年增加，成为带动垦区葡萄产业发展的龙头企业之一。

玉泉营农场的葡萄种植为宁夏贺兰山东麓冲积扇区的农业特色产业找到了一条新的发展道路，生产出具有真正意义上的"宁夏第一瓶葡萄酒"，是贺兰山东麓葡萄产业发展当之无愧的先驱和领头羊。正是在包括玉泉营葡萄酒厂（宁夏西夏王葡萄酒业有限公司）在内的宁夏诸多葡萄酒厂的生产实践中，被誉为"中国波尔多"的贺兰山东麓这片土地才逐渐被世人了解并认可。

二　新建国营长山头机械化农场

长山头地处中宁县米钵山东麓、清水河两岸的陈麻井地区。该地处于两条山脉之间的干旱荒漠之中，有首民谣形容这里是"米钵山不产米，清水河水无用，风刮石头跑，山上不长草"的不毛之地。1959年3月，中宁县在此修筑长山头水库，蓄水灌溉，拦泥淤地。水库自1959年10月截流后，曾两度蓄水运用，后因水质含盐量过高，最高达8‰，不适宜灌溉，于 1961 年 8 月放空水库，改为拦泥库运用。其后，陈麻井人开始在淤积河滩地种植小麦和油菜等春季作物。库区南部形成水域面积约 1000 公顷的湖泊①，四周有红柳林、芦苇荡等，是宁夏南部山区大型湿地之一。

1977 年秋，刚就任自治区党委副书记的李学智在去固原检查指导工作路过长山头时，提出在此新建一个国营农场的设想，得到其他自治区领导的支持。1978 年 1 月，自治区革委会批复农垦局和中宁县，利用库区淤地建立国营长山头机械化农场。当年 2 月，农垦局从各农场抽调几十名干部和职工作为骨干力量，中宁县向农场整体移交陈麻井公社，1700 多人。

建场初期，面对这片十几万亩的干旱荒漠，虽然有一个陈麻井公社，但没有一条沟渠，没有一块像样的耕地。老百姓只靠两眼土井当做人畜饮用和零星土地浇灌的水源。1978 年春，农场抽调的十几名干部和拖拉机手，每天一大早就深一脚浅一脚地奔波在荒漠里踏勘土地，规划布局，带领职工开荒造田，展开了一系列的筹建工作。为了不误当年春播，3 月初在李学智书记的直接协调下，他们从西吉、海原两县引进大麦种子 15 万公斤，及时播种在当年开垦的荒地和清水河岸边的河滩地上。就这样，当年开垦荒地 1 万亩，加上在河滩地上种植的闯田②，共播种粮油作物 3 万亩，生产粮食 100 万公斤（其中啤酒大麦 40 万公斤，小麦、玉米 60 万公斤），罗马尼亚油葵 30 万公斤。不但做到了粮油有余，还为银川啤酒厂提供了啤酒原料，为驻扎中宁的解放军六十二师提供食油 2.5 万公斤，实现了当年建场、当年生产、当年作贡献的目标。1979 年农场连续开垦了 3 万多亩荒地，打了 50 眼深井，大面积种植葵花、红花等油料作物。

---

① 农垦在旅游开发中将其命名为"天湖"。
② 闯田，在季节性河滩地上种植，收成不固定。

由于长山头风沙干旱，农场建场伊始，筹建领导小组就确立"一农、二林、三草、四牧"的发展思路，合理布局农山、沟渠、林网和道路，尤其重视营造防护林，发展经济林，以利于调节小气候，控制水土流失，减少风沙危害。按照这一思路，农场坚持每年大规模地植树造林。仅 1979 年就栽植杨柳和沙枣树 35 万株，营造防护林 4000 亩，并从山东烟台引进红、黄元帅等品种的苹果树苗 4 万株，种植苹果树 2000 亩。1980 年，固海扬水工程竣工后，自治区决定将 1200 名临时工转移到农场参加垦荒，建设队伍进一步壮大。

1982 年 4 月，一场十级大风把上万亩已长出两个叶片的麦苗和 1 万多亩长到十来厘米高的葵花连根刮跑了。值此状况，农垦局制定了在长山头农场大面积种草种树防风，建固沙林的规划。确定从 1982 年起每年增加种植 2000 亩树的任务①。农场还借鉴新疆生产建设兵团的经验，将田间道路两边的防护林建成各 10 米宽的宽幅林带，从而大大增强了防风固沙功能。农场从 1978 年建场时没有一亩林地到 1990 年拥有林地 9340 亩，基本形成了农田防护林体系，形成了中宁至固原干旱带面积最大的一片绿洲。1993 年，长山头农场荣获全国绿化委员会授予的"全国部门造林绿化 300 佳单位"称号。

1978 年建场时，贯穿农场南北的同心扬水干渠分配给农场的水，只能浇灌 3000 亩地，随着垦荒造田面积的不断增加，用水的矛盾日益突出。1980 年固海扬水工程建成通水，给农场配水大幅增加，使农场的水浇地面积扩大到 2 万亩左右，为农场发展农林牧生产奠定了基础。由于机井水和黄灌水难以直接饮用，为解决职工吃水问题，1980 年年初，在自治区领导的关心下，为 5 个生产队铺设了总长 40 多千米的引水管线，使职工喝上了甘甜的山泉水。

农场在开荒初期，使用了 2000 多名临时工，为了使他们早日转为

---

① 皮德义、王江鹏：《访宁夏农垦局局长柳登旺》，《中国农垦》1986 年第 6 期。

正式职工，农垦局多次向自治区领导反映请示。李学智书记也在一次赴京开会时向时任国务院副总理的万里同志汇报，请求国务院支持。1982年12月下旬，国家劳动总局遵照万里副总理的指示，派员专程赴长山头农场调查。这天，恰遇长山头刮大风，下大雪，而农场的2000多人仍然冒着狂风大雪修渠挖沟，平田整地。调查组的同志被这一劳动情景所感动。根据调查的情况，国家劳动总局于1983年初批复宁夏劳动局，破例批准长山头农场2200多名符合条件的临时工转为正式职工，从而稳定了人心，加快了农场发展①。

三　银川林场纳入农垦系统

银川林场是最后一个进入农垦系统且保留场名的农林场。该场地处银川市金凤区，东南与金凤区良田镇接壤，西邻银川火车站南货场，北靠银川市南绕城高速，原系自治区林业厅于1975年12月建立的国营永宁机械化林场，原为事业单位，是由绿化荒漠沙丘逐步发展起来的。建场时的方针是"种草种树、防风固沙，以确保银川市的南大门和永宁县不受风沙的侵害"。1984年12月移交农垦局管理，更名银川林场，由原来单一营造防护林的事业单位，变为防护林、经济林同时并举，发展多种经营的企业单位。

这个林场条件比较艰苦，到处是沙丘、荒地。1984年土地总面积4.7万亩，只有林地3000亩，没有农田，年总产值仅5000元②。移交农垦局后，调整了领导班子，实行农林牧综合经营，新修了一条大干渠，引用黄河水灌溉，开展多种经营，种植了小麦、大麦。种植了苹果、葡萄、梨，还试种了芦笋、啤酒花。进入21世纪以来，林场根据特殊的自然条件，先是大力发展庭院温棚和大地鲜食葡萄，扩大红

---

① 余里人：《情注长山头 旱塬变绿洲》，载刘润琦、程广征主编《足迹（上）》，宁夏人民出版社，2010，第108~111页。
② 宁夏农业志编纂委员会编《宁夏农业志》，宁夏人民出版社，1999，第290页。

薯种植和深加工，而后又确立了"重点推进经果林产业发展"的经营思路。1989 年，林场有土地总面积 70094 亩，总人口 600 余人，其中职工 290 人。全场下辖果园队、林业队、机务队等 6 个单位。

林场大部分土地为淡灰钙土及草甸淡灰钙土，局部尚有沼泽土、盐碱土及白僵土等。48 厘米以上的土层为细砂土或部分砂壤土。场内地下水源丰富，且质优，并有引黄灌区主渠道 9.8 千米，支渠 4.9 千米，基本可以解决林业生产发展的灌水问题。到 1989 年，人工种植并成活沙枣、杨树、红柳等乔灌木 5000 余亩，种植各类果树 462 亩、葡萄 236 亩、芦笋 242 亩、牧草 1400 余亩。建场初期目的主要是治沙和建立用材林基地，减少风沙对永宁县北部农田的危害和保障包兰铁路正常运行，缓解宁夏木材供应不足的矛盾。通过十多年的建设，治沙的目的初步达到，而建立用材林基地的目的却始终没有达到。因为在此地建立用材林基地根本不符合当地的实际。从建场后陆续栽植的杨、柳、槐、沙枣等树木的生长状况来看，主要问题是缺肥。10 年左右树龄的树木，只有少量梁材，部分为檩材，相当一部分就是作椽材也达不到标准。所以，银川林场的生态效益和社会效益，大于经济效益①。

银川林场靠近市区，便于开展对外合作。据张正兴回忆，1989 年，美籍华人、林则徐第九代后人林志仁来宁夏投资开发，与林场签约开发土地 5000 亩，当年就开发 1000 多亩②。

1993 年，银川市政府出台优惠政策，鼓励民间资本投入荒地，承包开发，建立国家、集体、个体一起上的产业化的沙漠改造与生态建设的体系。某民营企业于 1994 年同银川林场签订了为期 40 年的承包开发土地协议书，承包了银川市西侧植物园以西号称"西沙窝"的 1500 亩

---

① 孔凡伟：《关于银川林场开放建设指导方针的初步探讨》，《宁夏农垦经济研究》1989 年第 2 期。

② 张正兴：《我在巴浪湖农场》，载政协东阳市委员会文史资料委员会编《东阳文史资料选辑（第二十三辑）》，人民日报出版社，2006，第 128 页。

沙荒地，成立了宁夏森达园艺场，种植甘草、枸杞、芦笋等经济作物①。

由于银川林场长期担负防护林建设、环境整治、铁路护路、道路建设、水源地保护等社会性、公益性职能，该场经济效益一直较差，长期负债。

第五节　农业分区和农业商品生产基地建设

农业生产具有明显的地域性，各类农副产品的主产区域有其形成、演变、发展的历史过程和规律。由于各农场自然条件、资源分布和利用状况、经营方式及生产条件、生产水平和社会经济状况等方面，存在复杂的地域差异，而且随着商品经济的发展，这种差异反映在经济效益的高低上越来越明显。

各国营农场创建初期，种植的作物种类、栽培品种，饲养家畜等，多是仿照当地农民的生产习惯和生产方式进行。大部分农场在相当长的时间里，是以维持农场职工的生活需要为出发点而安排生产计划。随着生产的发展，技术水平提高，农场在大农业生产中的产业结构比例、作物布局、品种搭配、耕作制度、栽培方法等与农村的差别逐渐加大。这就促使农垦局不得不在总结历史经验的基础上，重新认识分析各农场的自然、社会、经济特点，制订各自发展的途径。根据不同农业地区的情况和特点，因地制宜地进行分区指导，分层开发，有针对性地加以利用和改造，进而合理规划农业商品生产基地的建设，扬长避短，发挥地区优势，把资源优势转化成经济优势，创造更多的物质财富。1980 年，宁夏农垦在此认识下开始进行农业分区规划工作。

---

① 郑广森：《民营经济发展的指路明灯》，载中华全国工商业联合会编《全国非公有制经济代表人士抒怀》，中华工商联合出版社，2002，第 180 页。

一　《宁夏农垦区划》主要内容

1980 年秋，农垦局成立区划领导小组，举办"农业区划学习班"，组织 12 名技术干部到四川省大邑县参观学习。经过调查研究、搜集资料、整理资料、综合分析等准备工作后，1982 年 5 月正式开始编写《宁夏农垦区划》。在广泛征求意见、讨论修改后，于 1983 年 1 月提交农垦系统科技会议通过。经过 3 个生产年度的试行实施后，于 1985 年 10 月正式印发实施。

《宁夏农垦区划》共分五章，分别研究了历史和现状、自然资源及经济技术条件，阐述了各农业区的经济调整意见与设想，对各农业区的商品生产做出了具体规划。该区划体现了"三个一致性"，即发展农业的自然条件和社会经济条件的相对一致性、农业生产基本特征和进一步发展方向的相对一致性、农业生产关键问题和建设途径的相对一致性。《宁夏农垦区划》将宁夏农垦十四个农林牧场从南到北划分为 4 个区。

一是宁中农、牧区。包括长山头农场和巴浪湖农场东西山草场，土地面积 42.67 万亩，耕地 3.84 万亩。该区土质较沙，地势不平，水源紧缺，气温较低。因土地、水源和发展方向不同，划分为长山头油料、大麦、骆驼亚区和巴浪湖细毛羊亚区。

二是银南农业区。包括灵武农场和连湖、巴浪湖、渠口农场的一部分。土地面积 18.94 万亩，耕地 12.43 万亩。本区地势平坦，排灌畅通，土地肥沃，林木繁茂，是宁夏农垦的农业高产区，也是传统的商品粮、商品油和商品猪生产基地。在发展方向上，以农为主，农、林、牧、副、渔全面发展，逐步建设成为现代化、集约化、稳产、高产的商品粮、商品油和商品猪生产基地。

三是贺兰山东麓林、牧、农区。包括玉泉营农场、黄羊滩农场、平吉堡奶牛场、贺兰山农牧场、南梁农场全部及渠口、连湖、暖泉、简泉农场的一部分。土地面积 211.02 万亩，耕地 20.31 万亩。该区土壤沙性大，有机质含量低，受贺兰山东麓山前效应的作用，昼夜温差悬殊，热量资源丰富，适合多种经济作物生长。发展方向上，在搞好林、草建设的同时，狠抓水果和经济作物生产。

四是银北农、牧、渔区。包括前进、西湖农场全部和暖泉、简泉农场一部分。土地面积 37.78 万亩，耕地 12.77 万亩。本区地势低洼，地下水位高，土壤含盐量大，透水性差，土层构造复杂。在发展方向上以种稻养鱼为主，适当发展家禽和大家畜。

为了更好地发挥农业区域优势，《宁夏农垦区划》同时规定要建立12 个商品生产基地，包括粮食生产基地、油料基地、甜菜基地、啤酒花基地、西瓜生产基地、枸杞基地、葡萄生产基地、苹果生产基地、生猪基地、奶牛基地、滩羊基地和渔业基地[1]。

农业区划的实施，使"分区指导、分层发展""因地制宜、扬长避短"的思想在农垦生产建设上得到贯彻。各农场依据区划，把重点放在大农业结构及布局的调整和商品生产基地建设上，不仅粮食生产大幅增长，经济作物和其他生产也有较大的发展。

农业区划的实施，主要受到两个方面的因素影响。一方面是现代农业科技的影响。农业种植和养殖技术提升，可以有效避免不利因素，比如通过土壤改良和温棚技术，一些原本不适宜种植某类农产品的土地，也能在非优势作物上获得较大收益；养殖的现代化也可以突破农场缺少牧区的限制。另一方面，农业区划的实施受到市场变化的影响，且这个影响某种程度上是起决定性作用的。随着我国商品经济的发展乃至市场经济的确立，企业竞争不仅是区内的，还越来越多受到国内甚至国际市场的影响。所以，在区划实施过程中，特别是围绕区划的商品生产基地

---

① 《宁夏农垦志》编纂委员会编《宁夏农垦志（1950～1988）》，宁夏人民出版社，1995，第 397～399 页。

建设，在上述两个主要因素的影响下不断调整，在调整中逐渐探索适合农场的发展之路。

二　商品生产基地建设及成效

在叙述农垦的商品生产基地之前，首先要了解这一时期我国农业经济发展的总体态势。改革开放后，我国农村普遍实行了家庭联产承包责任制，1981～1984 年，全国粮食产量连续超高速增长，畜牧水产和农业经济作物快速发展。1985 年，国家放开除蚕丝、药材、烟叶外的水果、水产品等 132 项农副产品市场，城乡居民"菜篮子"日益丰富。从国家层面，放松并相对减少了对粮食问题的关注和投入，从 1984 年至 1990 年，全国多数年份的主要粮食作物普遍出现"卖粮难"和"打白条"现象。经济作物市场也呈现出很不稳定的波状态势。在此时代背景下，大力发展农业商品生产可谓机遇与挑战并存。以下选取几个重要的商品基地，考察在这一时期其建设过程及成效分析。

农垦的商品基地建设有多种优势。其一，在 20 世纪 80 年代初期，农垦除已种植的 50 万亩耕地外，还有宜农荒地 30 万亩，土地平坦，自流灌溉，经过投资改造就可以成为基本农田。其二，农垦局管辖的西干渠管理处[①]，灌溉着 10 个农场的 30 多万亩耕地，沟渠配套齐全，水利条件得天独厚。其三，农垦有机械化作业和技术力量的优势。其四，农垦建有与农产品加工和销售的工商业体系，可以在系统内部形成产业链，降低成本，提升商品的附加值。经过近 10 年的努力，农垦基本建成"一场一特"或"一场多特"的若干商品基地。

---

①　西干渠 1959 年开挖，1960 年通水，全长 112.7 千米，实际灌溉面积 70 万亩。西干渠建成通水后，按行政区域划界，分段由青铜峡县、永宁县、银川市和第二农场渠管理处管理。1966 年西干渠移交农建十三师，并设置了营级建制的水利灌溉管理处。1974 年移交宁夏农垦局领导后，于 1979 年成立西干渠管理处。2004 年划归宁夏水利厅管理。

1. 粮食基地

到 1991 年，全农垦系统粮食总面积 30.17 万亩，有小麦、水稻、玉米、高粱四大作物。其中小麦 8.82 万亩，水稻 12.32 万亩，大部分采用优良品种，不但品质好，而且产量高，平均亩产一直高于全区平均单产。粮食总产占全区的比例逐年上升，1989 年为 5.53%，1991 年为 6.16%，2001 年占 8.60%。随后，因国家对引黄灌区采取限水措施，垦区夏粮和水稻种植面积大幅减少，垦区粮食占全区比例有所下降。

农垦粮食生产的稳产高产，与科学种植与管理是分不开的。以水稻生产为例：1980 年以后，农垦局确立了重点抓中、低产田改造的方针，持续在农田基本建设上加大投入，进行大量的挖沟等农田水利建设工程，使生产条件有较大改善。在管理上，逐步完善生产责任制。水稻产量是受管理水平影响最大、田间管理用工量最多的作物，需要精工细作。生产责任制，充分调动了职工的劳动积极性，涌现出一大批认真负责、吃苦耐劳、钻研技术、创高产的水稻管理能手。如南梁农场 1986～1987 两年间水稻亩产由 291 公斤提高到 426 公斤，1987 年该场三队 1800 亩水稻，平均亩产 447 公斤，七队 1462 亩平均亩产 492 公斤，有的承包户水稻亩产甚至达到 616 公斤。前进农场一队工人马进财自愿开垦荒地，第一年亩产水稻 281 公斤，做到当年开荒当年获利。

加大科技投入，提高耕作栽培技术。在生产实践中逐步完善旱直播水稻栽培技术，初步形成规范化栽培技术措施，在平田、整地、保苗、灌溉管理、新品种引用、施肥、防病等方面都有明显进步。特别是"大水浸种、小水催芽、干干湿湿扎根"的保苗技术、稻瘟病综合防治技术，以及叶龄指数施肥技术，对水稻增产起到显著作用。

提高机械化水平。至 1987 年，各农场先后购置 18 台大型挖沟机，加快挖沟进度，控制挖沟质量，减少人工投入，提高劳动生产率。增添 19 台新型收割机，并对原有收割机改装秸秆粉碎装置，机收面积提高到 80%，秸秆还田面积提高到 70%，这些都为水稻生产的发展创造了条件。

大力推广低洼地连续种植水稻的栽培技术。1981 年以前，银北各农场在土壤未经充分改良的盐碱地上，盲目推行稻旱轮作制度，粮食平均亩产仅 136 公斤。1982 年以后逐步扩大水稻面积，单产、总产和经济效益逐年同步增长，1987 年粮食平均亩产达 384 公斤。1984 年和 1985 年，前进农场一队曾选择小面积最好的土地种大麦，亩产量分别只有 165 公斤和 73 公斤，经过两年包括改良田在内的大面积水稻种植，亩产分别达到 323 公斤和 318 公斤，说明在低洼盐碱地上种水稻也有优势。

1987 年垦区水稻生产和 1980 年相比，种植面积由 6.23 万亩扩大到 10 万亩，扩大 60%。占全系统粮食作物面积从 23% 提高到 38%。亩产由 280 公斤提高到 362.5 公斤，比同期小麦亩产高 38.5 公斤。总产由 1750 万公斤提高到 3600 万公斤，增长 1 倍多。水稻产量占粮食总产量的比重由 28.5% 上升到 45.5%[1]。农场因粮食加价盈利额逐年增多，此外，农场因加工水稻的盈利也远远超过其他作物。

2. 枸杞基地

以南梁农场为主。宁夏农垦从 20 世纪 60 年代开始种植枸杞，到 1980 年种植面积 803 亩，总产 2.35 万公斤。农垦区划实施后，南梁农场首先建立枸杞生产专业队，实行专业化的枸杞生产。到 1988 年种植面积 8480 亩，总产量达到 27 万公斤。南梁枸杞以个大、色红、味甘甜而驰名。1981 年，"碧宝"牌富硒枸杞开始出口，自治区将南梁农场列为枸杞外贸出口基地，1985～1988 年共出口 38.36 万公斤，出口金额 485.8 万元。

1989 年后，随着市场供应量的增加，枸杞价格下降，农垦种植面积迅速缩减。1994 年，农垦系统种植面积减少到 2800 亩。马建平分析了宁夏在这一时期枸杞市场出现低迷状况的原因。

---

① 林子明：《水稻生产在发展宁夏农垦经济中的地位》，《宁夏农垦经济研究》1988 年第 1 期。

　　枸杞使用范围窄，国内除少量药用、保健饮品外，其他主要为出口。随着新疆、内蒙古、河北等省市枸杞产量的大幅增加，收购单位竞相压价，特别是出口单位。这就导致枸杞投入大、收益小，茨农[1]种植积极性不大，生产单位没有经济效益，纷纷改种农作物。以南梁农场为例，1987年该场被自治区人民政府定为枸杞出口供货基地，其产品在1992年首届中国农业博览会上被评为金奖。在80年代中期南梁农场枸杞种植面积达到3000亩，到1994年年底，仅存1500亩。1992年该场枸杞亏损30万元，1994年亏损76万元。枸杞承包职工年收入只有1800元，而小麦、水稻等承包人每年获利近万元。在粮食生产上，政府每年都要制定一些优惠政策，提高农民的积极性。而在枸杞种植上，就没有这种特殊待遇，处于无目标、无规划的运行中。在宁夏的市场上，外省的枸杞大量充斥当地市场，有的贸易单位，买进外地枸杞后，换成自己的包装，销往国内外。各地商贩，尤其是银川地区的商贩，盗用大公司的包装商标，廉价出售伪劣产品，致使大公司的声誉受损。1992年，宁夏枸杞企业集团公司与工商行政管理部门联合打击假冒伪劣产品，但效果并不显著。各出口单位的枸杞90%以上是外地生产的。自治区商检局对产地问题也无可奈何，因为地区间的差异实在无法定论。因此，工商部门的打假就显得软弱无力。在税收方面，由于枸杞作为特产要交农业特产税，在种植效益极低的情况下，税务部门再征收特产税，等于是雪上加霜，也是导致这一时期毁茨还农的重要原因。在科研方面，自治区每年虽然有枸杞方面的科研课题，但无法筹措科研经费，科研只是纸上谈兵，枸杞的深加工以及新产品的开发也遭到相同的命运[2]。

---

① 在宁夏，民间俗称枸杞为茨（cí），枸杞园为茨园，种植枸杞的农民为茨农。
② 马建平：《浅析宁夏枸杞生产滑坡的原因》，《宁夏农垦经济》1995年第4期。

表1　1963~1991年部分年份宁夏农垦、全区枸杞种植面积

单位：亩

农场	1963年	1966年	1968年	1971年	1974年	1980年	1981年	1983年	1986年	1988年	1990年	1991年
灵武农场	47	112	112	154	173	169	220	666	668	628	484	420
连湖农场				110	125	159	119	203	150	150	100	
巴浪湖农场			112		124	33	30	31	31			
渠口农场		6		27	57	30	102	104	200	200	200	195
简泉农场				50			185	728	428	393	263	270
西湖农场				280	330	160	370	675	834	834	444	345
黄羊滩农场					21		100	71	150	150	180	180
平吉堡农场（奶牛场）							75	303	282	282	220	
南梁农场			104	104	154	204	440	2000	2398	2502	2278	2175
暖泉农场				90	68	33	31	331	700	543	543	480
前进农场				95	56		100	135	185			
贺兰山农牧场						15	220	825	1015	1015	978	795
玉泉营农场							44					
长山头农场							230	233	907	917	1142	1080
农垦建筑公司							45	259	385	335	90	90
大武口建材厂									345	531	494	330
垦区合计	47	118	328	910	1108	803	2311	6564	8678	8480	7416	6360
宁夏全区	6956	8485		10542	12030	8922		15440	21615	22845	15523	13633

说明：1963年，灵武农场最早种植枸杞。在改革开放之前，各农场枸杞种植面积较少，垦区枸杞种植面积占全自治区种植面积近1/2。这一时期，受市场影响，宁夏枸杞生产陷入低迷。改革开放后，南梁农场、贺兰山农牧场、长山头等农牧场大幅增加种植面积，到20世纪80年代末，垦区枸杞种植面积占全区种植面积不到1/10。

数据分别来自：宁夏回族自治区农垦局计财处编《宁夏农垦统计资料汇编（1952~1980）》（内部资料），1982，第169~184页；宁夏回族自治区农垦局计财处编《宁夏农垦统计资料汇编（1981~1985）》（内部资料），1987，第96~101页；宁夏回族自治区农垦局计财处编《宁夏农垦统计资料汇编（1986~1990）》，（内部资料）1991，第213~229页；宁夏农垦事业管理局财务处编《宁夏农垦统计资料汇编（1991~1995）》（内部资料），1997，第411页；宁夏农业志编纂委员会编《宁夏农业志》，宁夏人民出版社，1999，第155页。

3. 瓜果基地

1990 年，全系统有苹果、梨、葡萄、枣等水果 3.1 万亩。其中 1989 年苹果种植面积 2.09 万亩。1985～1991 年累计外销出口 189.2 万公斤。渠口的苹果、南梁的瓜，玉泉营的葡萄、长山头的花（红花），在这一时期逐渐形成消费者的口碑。

在苹果种植方面，农垦的渠口农场、长山头农场、贺兰山农牧场、黄羊滩农场、巴浪湖农场、农垦建筑公司等单位都有深受消费者喜爱的优良品种。以国营渠口农场为例，该场地处宁夏卫宁灌区，土壤为淡灰钙土，土层深厚，地下水位深，有利于苹果根系生长。该地平均日照 8.64 小时，最长达 14 小时，日照长，给喜光的苹果提供了丰富的光能和热量，不仅能促进树体的良好生长，而且花芽容易形成，果实积累的养分多。这里所产的苹果不但产量高，而且品质优良，着色好。1988 年，农场苹果已销售到广州、深圳、杭州、上海、北京、武汉、重庆等十多个城市。苹果生产是渠口农场重要的经济支柱。从 1985 年以来，由于加强了对果园的管理，苹果产量由 1986 年的 136.5 万公斤提高到 1988 年的 219.5 万公斤。1987 年渠口农场苹果盈利 135 万元，占农场总盈利的 60%①。

南梁农场、暖泉农场的西瓜在宁夏"硒砂瓜"尚未出世之前，在区内外诸多市场享有很高的美誉度。20 世纪 80 年代的暖泉农场，平均每年种植西瓜 2255 亩，占作物种植面积的 6% 左右，是农场获得经济收益较高的重要农产品。当时在暖泉农场十一队有个种瓜能手丁保录，种植"新疆大红籽"西瓜 200 亩，每亩盈利 350 元②。从 90 年代开始，受市场、运输、销售等环节的影响，种植面积急剧减少，到 1994 年，

---

① 赵依茂、张水林：《关于发挥渠口农场苹果生产优势的意见》，《宁夏农垦经济研究》1989 年第 1 期。

② 《关于一九八三年工作总结和一九八四年工作要点的报告》1984 年 2 月 14 日，第 95 号全宗第 101 号卷，宁夏档案馆藏。

仅种植 60 亩[①]。在南梁农场，西瓜一度是该场的重要经济支柱，"观景到苏杭，吃瓜到南梁"，这是 20 世纪 80 年代人们对南梁西瓜的赞誉。农场较早采用薄膜覆盖种植，保水、保肥、早熟、高产，平均亩产万斤以上，多数西瓜个头达到 15～20 斤。每年西瓜还没到成熟时节，南梁农场的招待所就住满了客户，来自全国各地，北京、天津、四川、东北的客户最多，因农场西瓜外运销量大，银川本地人想吃南梁的西瓜都很难买到[②]。

遗憾的是，农垦的瓜果产业除葡萄种植外，缺乏成熟的销售和保险体系，在市场的竞争中，没能站稳脚跟，也没能保留住传统的品牌优势。

4. 甜菜基地

随着银川糖厂等自治区内制糖工业的发展，20 世纪 80 年代至 90 年代中期，各农场甜菜种植面积逐年增加，当时，农垦的甜菜单产很高，比如，连湖农场大面积推广的"宁甜三〇一"甜菜品种，平均单产 8057 斤，有的单产超万斤。但由于垦区种植年限的延长和轮作周期缩短，垦区甜菜糖分有逐年下降的趋势。1987 年，全系统总面积 2.21万亩，总产量 4867 万公斤。

甜菜是制糖的原料，所以其种植效益和制糖工业的发展密不可分。1982 年，由于甜菜产量超过当时银川糖厂的实际加工能力，出现了"卖甜菜难"。到 1986 年又出现原料不足的问题。宁夏两个日处理甜菜千吨以上糖厂，应加工甜菜 36 万吨，实际只收购 26 万吨左右，银川糖厂因无原料，在 1987 年 1 月 20 日就已停机，比往年少生产 60 多天。

在"有计划的商品经济"时代，食糖的定价由政府制定，1987 年

---

① 《暖泉农场志》编纂委员会编《宁夏回族自治区暖泉农场志（1955～1995）》（内部资料），1995，第 41 页。

② 闫秀琴：《吃瓜到南梁》，载刘润琦、程广征主编《足迹（上）》，宁夏人民出版社，2010，第 308～309 页。

仍执行的是 20 年前的价格，生产的各项成本在上升，而食糖的价格稳定不变，导致糖厂压低甜菜的收购价格。1986 年，甜菜亩盈利 68.08元，而玉米亩盈利 85.02 元，水稻亩盈利 114.32 元[①]。在这种情况下，尽管自治区人民政府下达指令性计划，糖厂也组织人员到农村进行宣传，并给种甜菜的农民以优惠待遇，但职工种植甜菜的积极性仍然不高。到 1989 年，粮食价格上调，订购外的粮食放开随行就市，瓜果、油料等价格都上涨，而每吨甜菜 120 元的收购价格缺乏刺激作用。90年代末，国家调整糖业产业布局，2000 年后，宁夏制糖业从宁夏经济中整体退出，垦区不再规模种植甜菜。

5. 啤酒花基地

1981～1984 年，因市场销路不畅，啤酒花在垦区的种植规模一直不大。1986 年，农垦系统在原轻工部西北酒花联营公司的订单鼓舞下，逐年扩大了种植规模，到 1988 年，以黄羊滩农场为主，系统有 7 个农场种植啤酒花，种植面积 7770 亩，总产 106.9 万公斤，全自治区 99%的啤酒花都由农垦系统生产。这一时期宁夏农垦生产的啤酒花质量比较好，95% 的酒花甲酸含量在 7% 以上，超过了部颁标准，产品销售十多个省区，成为全国第三大啤酒花生产基地。黄羊滩农场也被轻工业部列为全国优质啤酒花生产基地。

和垦区糖业一样，啤酒花的种植与啤酒产业发展密不可分，随着银川糖厂啤酒分厂的扩建和灵武农场啤酒厂的新建，垦区啤酒花成为农场增收的重要经济作物。但与垦区糖业不同的是，啤酒花种植的大幅缩减却不能完全归结于啤酒产业的下滑，最关键的因素是这一时期，垦区啤酒花生产不注重质量，造成不可挽回的信誉损失和经济损失。如 1989年，农垦发往山东等十几个省区的 900 多吨啤酒花中，有 19 家用户对

---

① 张立业：《关于我区糖厂原料短缺和效益较低的原因与对策》，《宁夏农垦经济研究》1987年第 3 期。

201 吨啤酒花的质量提出异议。其中大部分认为甲酸过低，满足不了用户的需求。当年约 56 吨啤酒花报废，直接经济损失 35 万元。最为典型的案例是，某农场发往湖北啤酒厂 12 吨啤酒花，经用户委托当地质检部门检查，甲酸浓度只有 4.5%[①]。按合同，该厂以伪劣产品为由诉诸法律。1990 年，某农场发往山东青岛啤酒厂 20 吨啤酒花，虽然甲酸高达 7.4%，但褐色花片严重超标，用户恐影响酿造质量，将货退回，使农垦失去了像青岛啤酒厂这样的大客户[②]。啤酒花是典型的订单农业，没有订单，产业就无法生存发展。

6. 奶牛基地

以平吉堡奶牛场为主。1980 年平吉堡奶牛场建立奶牛二队，1983 年灵武农场和连湖农场整顿牛群，加速繁殖，购买优良奶牛。此间，农垦局决定把一些饲养奶牛数少、分散经营、饲养管理差、经济效益低的农场的奶牛调整到灵武农场、连湖农场奶牛队，实行专业化饲养。灵武农场于 1986 年建立机械化奶牛场，平吉堡奶牛场在 1988 年建立机械化奶牛三队，农垦的奶牛生产从此全部走上专业化饲养的道路。1988 年 3 个农场的 5 个专业化奶牛队的饲养数增至 2255 头，产奶量达到 663 万公斤（包括专业户），年生产销售盈利 80.51 万元。

平吉堡奶牛场是垦区乃至自治区奶业生产的先行者。改革开放后，该场奶牛生产日趋专业化，1980 年成年母牛年均产奶量 5053 公斤，此后连续 4 年获得全国高产奶牛三等奖。从 1984 年起连续 5 年获国家高产奶牛二等奖，多次被北方黑白花奶牛协作组和宁夏黑白花奶牛协作会授予"奶牛育种先进单位"称号。

平吉堡奶牛场是宁夏养牛业中第一个推广青贮饲料的奶牛场，1988 年青贮和青鲜饲草日耗量达 2.1 万公斤，做到天天有青贮，长年不断

---

① 国家标准一级啤酒花的甲酸含量一般为 6%。
② 洪夏晨：《从啤酒花市场变化谈今后我局啤酒花生产》，《宁夏农垦经济研究》1991 年第 4 期。

青。平吉堡奶牛场是全区第一个推广牛的人工授精和冷冻精液配种技术的奶牛生产场。20世纪80年代，该场先后接待丹麦、荷兰、日本、英国、美国、法国、澳大利亚、德国、苏联等十几个国家代表团的考察。1988年宁夏回族自治区成立三十周年之际，国家副主席王震率中央代表团到平吉堡奶牛场奶牛一队视察，题词"发展奶牛是农业的一件大事"。

在拓宽奶业生产上，该场利用原有冷冻设备，从1980年开始制作冰棍，供应本场职工消暑降温。以后逐年增加品种，先后生产汽水、酸梅汤、冰砖等产品。1985年建立酸奶生产车间，生产优质酸奶供应城市，深受消费者欢迎，夏天供不应求，小贩们进货要排长队。1988年生产酸牛奶50吨。

1982年，平吉堡奶牛场投资20万元，建成一座日处理鲜奶4吨的奶粉加工厂。当年生产奶粉35吨，以后产量逐年增长。1987年投资216万元，新建一座日处理鲜奶20吨的奶粉加工厂，所生产的"贺兰山"牌全脂甜奶粉，获1988年自治区优质产品称号。1988年产量提高到519吨[①]。

7. 渔业基地

以前进农场为主。根据农业分区规划，垦区从1983年开始商品鱼生产基地建设，至1986年，简泉、前进、暖泉、南梁、西湖、渠口、灵武等农场开挖精养池塘4176亩。与此同时，贺兰山农牧场、平吉堡农场、黄羊滩农场、农垦工程处利用洼地修建鱼池。大武口建材厂利用制砖后的土方坑养鱼。西干渠管理处利用修渠的土方坑修建鱼池。至1988年共有精养鱼池4313亩，粗养水面1.33万亩，年产鱼34.77万公斤，提供商品鱼27.2万公斤。

---

① 《宁夏农垦志》编纂委员会编《宁夏农垦志（1950～1988）》，宁夏人民出版社，1995，第327页。

在饲养管理上，从 1977 年前进农场大湖捕捞和养殖结合开始，农垦的渔业生产逐步建立鱼苗繁殖、鱼种培育、成鱼养殖和鱼病防治等科学管理体系。1988 年，农垦局生产处总结各场渔业生产经验和存在的问题，结合农垦的实际，制定了"成鱼放养模式一览表""渔业生产日常饲养管理要点"等两个技术规程，对各种鱼类不同单产放养的数量比例、时间及技术要求作了明确的规定。对鱼苗培育管理的池塘准备、鱼苗放养、饲喂、分塘锻炼；鱼种培育管理中的放养密度、品种搭配、喂料方法、巡塘制度、鱼病防治；对鱼类越冬管理中的组织领导、池塘水深、并塘密度、日常工作等措施都作了详细的规定。这是宁夏农垦渔业生产第一个规范化操作规程。实施这个规程后，最高亩产达到 407 公斤，比平均亩产 115.2 公斤高 2.5 倍[①]。

值得一提的是，前进农场的渔场，在没有开发成为沙湖旅游景区之前，渔场里常年生长着十来种鱼，其中有一种花鲢鱼，学名鳙，当地称"大头鱼"。用此鱼制作的一道名菜"沙湖大鱼头"，用大粒盐炖制而成，大圆盘上卧着两公斤左右一劈两半的沙湖鱼，浇上红红绿绿的剁椒及新鲜翠绿的野菜，外带一盆鲜鱼汤，味道滑嫩、鲜香可口，是一道极富特色的名菜。

8. 生猪基地

20 世纪 50 年代初，国营农场为改良土壤，增施有机肥，提高作物产量，把养猪列为农场畜牧业的主体，建立猪场，引进种猪，开辟饲料基地，使养猪生产，从小到大，由少到多，逐步形成一个较为完整的养猪体系。在粉碎"四人帮"后不久，农垦曾设想兴办 10 个万头机械化养猪场，后因饲料问题无法解决而停建。改革开放后，国家适当调整购销价格，实行划分饲料地和奖售化肥等鼓励养猪的政策。垦区各农场的

---

① 《宁夏农垦志》编纂委员会编《宁夏农垦志（1950～1988）》，宁夏人民出版社，1995，第 285、289 页。

养猪生产从实际出发，调整畜群结构，从注重饲养头数转向重视生产水平、经济效益和出栏率。1980年末生猪存栏3.45万头，出栏肉猪3.06万头，肥猪出栏率达47%，商品率为44.4%，达到较高水平。

进入"六五"计划（1981~1985年）以后，随着粮猪价格比例和购销价格的变化，农场养猪量又逐年下降，母猪存栏年年减少，尤其是1984年前国家对国营农场实行生猪派购，收购价格数年不变，饲料价格逐年上涨，生猪斤成本高于收购价26.3%，因而出现了"养猪不如卖粮"，"卖猪难买肉难"的状况，严重挫伤了农场养猪的积极性。1985年取消生猪派购，实行有指导的议价议购，但对国营农场仍维持计划收购，收购价量提高19.9%，但仍低于斤成本30.2%，加之饲料价格继续上涨，养猪效益下降，经营严重亏损。1986年购销市场开放，收购价再次调低，比1985年又降低3.3%，1986年生猪存栏比1980年降低31.7%，母猪减少63.5%，生产销售亏损28.3万元。1987年以后，自治区政府对生猪购销采取饲料差价补贴、奖售平价化肥、调高收购价格等扶持政策以解决市场肉食品的供需矛盾，但猪肉"少了就催，多了不收"以及"收活猪不如调冻肉"的局面并未从根本上消除。1989年初又将收购价从每斤1.84元调低至1.78元，比1987年又降低了3.3%，同时玉米市场价却提高28%，农场养猪生产又面临新的卖猪难。从这一时期生猪发展经验看，政策、价格与饲料构成了左右养猪生产的主要因素，当然在不同条件下决定养猪生产兴衰的主导因素又有差别，而其中起决定作用的，是政策和价格[①]。

在猪育种科研方面，1983年，宁夏农垦科研所王柏玲主持以杜洛克、汉普夏、长白猪为父本，宁夏黑猪为母本育成生产用的杂交一代"宁夏瘦肉型猪"。瘦肉率提高13.66%~18.2%，每头育成肥猪增产瘦

---

① 严纪彤、王柏玲：《宁夏国营农场养猪生产三十年的回顾与展望》，《宁夏农垦经济研究》1989年第2期。

肉 10.79 ~ 14.05 公斤，提高了猪肉的商品价值，缩短育成期 76 ~ 91 天。在中等营养水平条件下，每头猪比一般肥猪综合经济效益提高 22 元，获自治区科技进步二等奖①。

灵武农场的养猪业在垦区的生猪产业中占有重要地位。1981 ~ 1987 年，该场年平均饲养量在 1.2 万头左右，商品率达 87% 以上。

在粮食紧缺的年代，养猪规模的大小，必须与农业所能提供的饲料水平相适应。农场大田所能提供的饲料多少是能否降低养猪成本的关键。所以灵武农场从 1978 年开始压缩养猪规模，到 1981 年基本调整到与农业所能提供饲料相适应的水平。在生产服务体系方面，灵武农场经过多年的不断改进，基本形成良种繁育体系、饲养技术和疫病防治体系、饲料生产加工供应体系、产品加工销售体系。农场设总畜牧兽医师，生产科设畜牧技术干部，下设兽医站，各生产队设专职的畜牧医技术人员。每月召开一次全场畜牧生产会议，传递信息，交流经验。定期组织观摩评比和不定期召开现场会，推广好的经验。场部畜牧干部经常巡回下猪场，检查工作，实地进行技术指导。由于兽医工作始终贯彻"防重于治"的方针，定期注射防疫疫苗，1978 年后，猪瘟、猪丹毒、猪肺疫等主要传染病已经绝迹。

灵武农场还建立了饲料生产加工供应体系，各农业生产队按农场下达的指令性计划种植饲料，年生产粮食饲料 300 万公斤左右。粮油加工后的糠、麸、饼、渣等一律留做饲料，不准外售。1984 年场部建成年产 3000 吨的饲料加工厂，实现了全场精饲料工厂化生产，按计划向各养畜场供应配合饲料。

在加工销售方面，出栏肥猪以商业公司经销为主，生产单位自销为辅。年初养猪场与商业公司签订购销合同，商业公司采取保底价和利润

---

① 《宁夏农垦志》编纂委员会编《宁夏农垦志（1950 ~ 1988）》，宁夏人民出版社，1995，第 255、258 页。

返还的办法向生产单位让利。商业公司在销售猪肉的同时，还将下水再加工成熟食销售，以取得更好经济效益。在"卖猪难"的时候，上下通力合作，寻找销路，保证了生猪的正常生产。

针对饲料加工、销售和饲养三个环节上还存在着不协调、效率低、费用大的弊端，1988年，灵武农场决定成立畜牧科，对养猪生产实行产供销一条龙的管理。

饲养人员的积极性和专业素质是提高生产水平和经济效益的重要因素。灵武农场坚持责权利相统一的原则，不断完善承包责任制。除了加强对饲养员的思想教育、技术训练，每季度观摩评比、推广先进经验、表扬奖励先进外，更重视改进完善承包责任制，使饲养人员的劳动成果与个人的经济利益密切挂钩。在生产队统一经营，实行"五统一"（统一计划、统一主要饲养技术、统一兽防措施、精饲料统一供应和产品统一销售）的前提下，饲养员个人承包，与生产队签订承包合同，明确双方的责任、权利和义务。明确规定饲养员全年要完成的生产任务，单位产品饲料消耗定额、盈利指标。对饲养员实行基础工资、产量工资和年终超盈奖励相结合的分配制度。1987年具体规定：母猪饲养员、肥猪饲养员每月分别发基础工资30元和15元，其余按成活仔猪头数、仔猪断奶体重、育肥猪增加体重以及饲料消耗量，乘以规定的计件单价计算报酬。另外还规定了母猪受胎率、育肥猪死亡率等单项考核奖赔制度。辅助工人，管理人员的工资奖金都与饲养人员的生产成果、经济效益挂钩，使他们利益与共，风险共担。为了防止掠夺性经营，农场规定繁殖母猪每年必须更新20%，由农场每头补贴60元。每少更新1头，由承包者向农场交纳200元[1]。

除此之外，杨贵瑚认为，灵武农场的生猪产业之所以在这一时期能取得较大成绩而其他农场效益不佳，主要原因是规模效益问题。他指

---

[1] 蒋生俊：《经营得当养猪效益显著》，《宁夏农垦经济研究》1988年第2期。

出，1986 年，灵武农场肥猪饲养量 11413 头，只有饲养员 26 人，平均每人饲养 439 头。渠口农场人均饲养 126 头。长山头农场，年内全部公养猪饲养量只有 330 头，饲养员 3 人，人均饲养 110 头。暖泉农场更突出，该场全部饲养量 2239 头，但有饲养员 27 人，平均每人饲养只有82.9 头[①]。其人工成本在投入产出指标中的影响不言而喻。

9. 葡萄基地

以玉泉营农场为主。1981 年前，宁夏农垦的葡萄种植面积和产量仅占水果生产的 3% 左右。1982 年，农垦决定在玉泉营农场建设葡萄生产基地，建立葡萄酒厂，种植面积迅速扩大，到 1990 年，垦区葡萄总种植面积 6090 亩，总产量 167.7 万公斤，是宁夏最大的葡萄基地，除供应市场鲜食外，还加工酿造"贺宏"牌红、白葡萄酒，成为宁夏"第一瓶葡萄酒"。农垦的葡萄基地建设是一个具有超前眼光的发展举措。在当时人们生活水平较低和消费结构尚未产生根本性变革之前，农垦的葡萄及葡萄酒生产一直效益不高，但正是垦区坚持发展这一产业，坚持为之鼓与呼，才使宁夏农垦成为宁夏葡萄产业当之无愧的开路人和引领者。

10. 油料基地

以长山头农场为主。1989 年，全系统总产量达到 555.9 万公斤，占全区油料总产的 9.01%。农垦最早引进"罗葵"及"先进工作者"品种，具有耐盐碱、耐瘠薄、耐干旱等特点，产量高，出油率达到40%，商品率达 70.9%。引黄灌区限水后，油料种植面积大幅增加，到 2003 年，农垦油料总产占全区 10.4%[②]。

农垦从一开始就认识到商品生产基地不仅是初级产品的生产基地，

---

① 杨贵瑚：《当前我区国营农场肥猪生产经营问题与对策》，《宁夏农垦经济研究》1987 年第 3 期。

② 《宁夏农垦志》编纂委员会编《宁夏农垦志（1989～2004）》，宁夏人民出版社，2006，第 154～155 页。

还应当是初级产品的加工、增值基地。所以，在建设中，垦区不断完善配套，实行"一条龙"系列化生产。例如，粮食—加工米、面、饲料—销售；油料—油品，油饼（饲料）—销售；葡萄—葡萄酒、罐头、饮料—销售；瓜果—罐头—销售；甜菜—白砂糖、酒精—销售；牛奶—奶粉、奶糖、酸奶—销售；大麦、啤酒花—啤酒—销售；高粱—白酒—销售[①]。农垦的商品基地建设，当时号称"十大商品基地"或"十二大商品基地"，虽然在市场的实践中，商品基地建设成效各不相同，但商品基地建设为农场探索商品经济的规律提供了宝贵的经验，为农业产业化发展提供了可靠范本，同时也基本确立了部分农场的特色产业发展道路。

第六节　垦区教育卫生和科技改革

农垦的社会事业是农垦事业发展历史中不可分割的重要内容。如前所述，由于农场面积大，区域广，又远离城镇，所以农垦长期实行的是政企合一的管理体制。农场在开发建设、发展经济的同时，还承担着大量行政和社会性管理职能。如教育、医疗卫生、文化体育、计划生育、土地管理和场镇建设、环境保护、社会治安、扶贫帮困等社会事业。十一届三中全会以后，国家农垦主管部门多次召开有关垦区教育、医疗卫生、扶贫开发等社会事业改革发展的会议，或以文件的形式指导各垦区的社会事业改革。在国家的重视和垦区的实际需要下，农垦在这一时期的社会事业发展水平逐步提高。

科学技术是农垦事业发展的第一生产力。国营农场自成立之初，肩负两项使命，一是保供给，二是做示范。要完成这两项使命，农业科技

---

① 柳登旺：《因地制宜发挥优势 宁夏农垦建设十大商品生产基地初见成效》，《宁夏农垦经济研究》1988 年第 2 期。

水平和农业机械化程度起着决定性作用。改革开放后，宁夏农垦扩建了农垦科研所，形成了局、场、队三级科技体系，围绕重点产业开展了系列科技攻关活动，解决了多个关键难题，引进先进技术和设备，改革农场机务服务体系，在推动科研成果转化和农业机械化方面取得较好的成绩。

一　垦区教育的改革发展

宁夏农垦在改革开放之前，基本建立了中小学教育、职业教育和职工教育体系。1981 年 7 月，农垦局召开教育工作会议，贯彻全国教育工作会议精神。在基础教育方面，1983 年，陆续将中学四、五年制改为六年制。简泉农场高中压缩办初中，前进农场 4 所高中合并为 1 所完全高中，教育质量有所提升。1984 年 4 月，为贯彻教育部《关于进一步提高普通中学教育质量的几点意见》，将小学五年制改为六年制。根据学校布局点多线长、班多学生少、教师编制大、办学条件差、教学质量不高的实际情况，对教育结构进行调整，合并网点，集中办学，共合并、减少 26 所小学，取消了戴帽初中，并将垦区 16 所高中调整为 12 所。这一时期，农垦提出了"一手抓生产，一手抓教育"的口号，定期召开教育教学工作会议，解决重大实际问题。1989 年，农垦系统学龄儿童入学率达 100%，小学普及率 100%，初中普及率 95% 以上，中学教师达标率 50% 以上[1]。1979～1988 年，垦区共有 564 人考入高等学校，1026 人考入中等专业学校和技工学校。

在教育经费方面，改革开放之前，垦区的教育事业经费全靠自筹。1978 年开始，国家财政以专项拨款予以补贴。由于各企业经营效益差，这项拨款基本上是中小学的全部经费。1980 年国家拨给垦区教育专款 178 万元，1985 年增加到 277.8 万元，1988 年增加到 416.3 万元。校舍基本

---

[1]　柳登旺：《在改革中前进的宁夏农垦事业》，《宁夏农垦经济研究》1989 年第3 期。

建设费用由农场筹资，教师带薪培训费也由农场负担。由于物价上涨和职工工资提高，国拨教育经费远远不能维持农场教育的需要。自1988年，农垦实行农场自筹资金办学、国家补贴的办法，即国拨经费保证教职工工资，农场自筹教学设备、基建和办公费。1989~1995年，国家财政补贴连续7年每年320万元不变。但是农垦自筹经费从1989年的101万元，到1995年的603.4万元，逐年大幅上涨。从数据看，一方面体现了农垦对垦区教育的重视，另一方面也是农垦经济实力增强的结果。

1985年2月，经自治区政府批准，在宁夏农垦干部学校的基础上，建立宁夏农垦职工中等专业学校。开办了垦区急需的财会、中等师范、经营管理等专业，为快速发展的农垦事业培养了大批骨干人才。农垦职业中专的成绩不仅体现在教学上，科研上也取得较大成绩。在20世纪80~90年代，这所学校获得省部级以上奖励的自然和社会科学科研成果近20项。1984年宁夏农垦经济研究会成立后，其机构设在农垦干校。该研究会的会刊《宁夏农垦经济研究》（1994年改为《宁夏农垦经济》），刊登了大量有真知灼见、反映实际问题的决策咨询类学术论文。除农垦内部稿件外，还吸引了农业部农垦局，北京、江苏、安徽、黑龙江、内蒙古、甘肃、上海、天津等垦区理论工作者和实际工作者的投稿。遗憾的是这本刊物在90年代末没能坚持其学术性的办刊思想，后改为企业宣传型内部刊物。

二 垦区的医疗卫生事业改革

改革开放之前，宁夏农垦一直实行的是国家劳保医疗制度，职工的医疗费用全部实报实销。旧的医疗制度对企业带来的经济负担越来越明显，不符合企业转换经营机制的要求。1979年2月，农垦局将直属职工医院移交自治区卫生厅，各农场（厂）基本保留职工医院和卫生所。从1984年实行家庭农场开始，各农场（厂）则结合自己的实际，对劳保医疗制度和经费的管理进行了多种形式的改革与探索。其具体办法与措施：一是门诊就医者实行部分医疗收费制度；二是按职工工龄、年龄发给一定数额的医疗费后，门诊就医费用全部自理；三是严格控制外出就医，外出医药费用按一定比例报销；四是住院医疗费用根据本人工龄和年龄按比例报销等。

1978 年以后，随着垦区经济的好转，对医疗卫生事业的资金投入逐年增多，医疗设备得到改善。20 世纪 80 年代，全系统 23 个医疗卫生单位陆续购置了电冰箱、冷藏包、手术床、心电图机、麻醉机、X 光机和 B 超机等医疗器械设备和救护车。1988 年，全系统有医疗卫生机构 23 所，卫生技术人员 642 名（其中高级 2 人，中级 40 人），病床 486张。

各场职工医院大多分设住院部、门诊部、护理部、后勤、防保科、中西药房、中西药库以及临床辅助科室等。医院机制逐步健全，为医疗工作提供了必要条件，不但能开展常见病、多发病的防治工作，还能承担疑难及急、危、重病人的抢救和治疗。年平均治愈率 70% 以上，出入院诊断符合率 80% 以上，手术前后诊断符合率 95% 以上，无菌手术感染率 1% 以下。由输液器具和护理操作失误引起的输血、输液反应发生率在 0.5% 以下。上述指标均达到自治区卫生厅对县级医院医疗质量管理的要求。

这一时期，各场（厂）健全了卫生单位的防保机构，各生产单位和卫生所配备防保人员，农场医院设立防保科（组）。加强对儿童计划免疫工作的领导和科学管理，开展常年预防接种工作，使麻疹、百日咳、破伤风、脊髓灰质炎、流脑等 6 种传染病 10 年内无一例发生。75%的人口用上了自来水和深井水。各农场还配备了食品检查人员，对场区内经营食品的人员和食品进行检查。

农垦企业职工医疗费用从职工福利基金中开支，各单位每年都确定一定比例，由医疗机构掌握使用，原则上超支不补，结余留用。1986以前，职工福利基金按职工工资总额的 10% 提取，1987 年后，按 11%

提取，1993 年按 14% 提取。随着企业发展，职工多次调资，企业从职工工资总额中提取的福利费不断增加，90% 以上用于职工的医疗费开支。据统计，从 1985 年到 1990 年，全系统医疗费由 171.79 万元增加到 562.4 万元，年增长率为 26.7%[①]。医疗费的计提增幅显然与实际需求的增幅差距过大。

1990 年国家颁布《职工基本医疗保险制度》，垦区多数企业由于经济能力有限，无力参加社会基本医疗保险，便根据各自的具体情况，又制定了在职职工医疗费随同生产责任制一揽子承包，企业不再负担和实行企业内部医疗保险等改革办法。通过上述改革办法和措施的落实运行，虽说医疗费用得到了一定控制，促进了职工医疗保健工作，但未从根本上解决问题，拖欠职工医疗费报销的情况比较普遍[②]。

这一时期，垦区文化事业虽然没有了"文艺宣传队"这样的专业组织，但各农场的工会、共青团、学校等单位也经常开展文艺活动，电影院和图书室等文化基础设施建设均有所发展。1985 年，农垦成立体育运动协会，每年组织区内外的篮球、乒乓球等专项体育比赛，篮球场、足球场等体育设施建设方面有较大投入。

总之，垦区各项社会事业的发展在提升垦区人民群众生产生活条件的同时，其经费压力逐渐显现。长期以来，农垦企业既搞生产又办社会，每年对粮油倒挂[③]、副食供应补贴、退休职工工资、文化教育、医疗卫生、社会治安等各种社会性、政策性开支，负担逐年加重。到

---

① 王宇林：《农垦社会保险制度改革初探》，《宁夏农垦经济研究》1991 年第 2 期。

② 《宁夏农垦志》编纂委员会编《宁夏农垦志（1950～1988）》，宁夏人民出版社，1995，第 521～527 页。《宁夏农垦志》编纂委员会编《宁夏农垦志（1989～2004）》，宁夏人民出版社，2006，540～541 页。

③ 粮油倒挂补贴。在我国，指国家为了稳定粮油供应价格，对粮食部门因购销粮油而发生的倒挂差价所给予的补贴。国营农垦企业自产留用粮油销售给职工发生的倒挂差价，列入营业外支出开支。但在实行联产承包和兴办家庭农场以后，粮油由职工自产自给，粮油倒挂补贴便自动减少或消失。参见杨纪琬主编《经济大辞典·会计卷》，上海辞书出版社，1991，第 270 页。

1988 年，每个职工大约年均负担 500 余元①，相当于当时一名副科级农场干部半年的工资。在国家财政不能足额支持的情况下，这成为农场深化改革不能不关心的问题。

三　垦区科技与农业机械化

农垦科技发展是从落实重视人才的知识分子政策开始的。1978 年全国科学技术大会召开后，农垦积极落实党的知识分子政策，1979 ~ 1984 年，全系统 21 个县团级单位和局机关新提拔场处级干部共 52 人，其中具有大中专学历的 34 人，占 65.4%。1983 年通过整顿领导班子的贺兰山农牧场、渠口农场、平吉堡奶牛场等 6 个单位，新提拔的场级领导 18 人，其中具有大中专学历的有 14 人，占 77.8%②。在科技人才队伍建设方面。由于政策的放宽，早期分配至垦区工作的老知识分子大量外调③，农垦通过委托培养、鼓励自学、老科技人员带徒弟等方式加大本土培养，至 1988 年，共有 3676 人获农、林、牧、水利、机械、财会统计等技术职称，其中高级职称 87 人，中级职称 1103 人④。

20 世纪 80 年代初至 90 年代初，农垦组织实施了改土培肥措施研究、锌肥和钾肥应用推广、油用向日葵生产技术开发研究、主要农作物选育推广、啤酒大麦选育及栽培技术研究、农业分区研究、水稻机械旱直播栽培技术研究、10 度干啤酒、糖用甜菜、干红葡萄酒等 20 多项重

---

① 卯明：《关于宁夏农垦的优势困境及其发展对策》，《宁夏农垦经济研究》1988 年第 3 期。

② 《农垦局党委关于农垦系统检查落实知识分子政策情况的汇报》1984 年 5 月 3 日，第 95 号全宗第 233 号卷，宁夏档案馆藏。

③ 据统计，1980 ~ 1983 年，全系统调出各类知识分子（大部分是 20 世纪五六十年代大中专毕业生）210 余人，占该类知识分子总数 692 人的 30.4%。1984 年积极要求调出农垦的还有 50 余人。1980 年以后分配到农垦的大专毕业生 80 人，有 30 余人要求调走，其中 17 人已经调出。《农垦局党委关于农垦系统检查落实知识分子政策情况的汇报》1984 年 5 月 3 日，第 95 号全宗第 233 号卷，宁夏档案馆藏。

④ 《宁夏农垦志》编纂委员会编《宁夏农垦志（1989 ~ 2004）》，宁夏人民出版社，2006，第 347 页。

大科技攻关活动。取得科研成果 100 多项，其中 30 多项成果获得省部级以上奖励，许多科技成果推广应用取得显著成绩。

例如垦区 80 年代在全区率先推广应用锌肥和钾肥。90 年代初推广应用"植物营养诊断、平衡施用"技术，基本做到缺什么补什么、缺多少补多少的科学施肥要求。还率先在全区应用飞机施肥、喷药和水稻播种作业。

垦区引进推广的优质、高产、高效油葵替代了胡麻的主体地位。1980 年在新垦荒地种植油葵，面积达到 8.6 万多亩，比 1979 年扩大 6 万亩，油料总产达到 628.6 万公斤，占全区油料总产的 31%，全区城镇居民食用商品油几乎全部由农垦提供，并由此结束了宁夏城镇居民每月每人供应 2 两油的历史，扭转了宁夏油料生产不能满足市场需求的局面。

在作物栽培技术方面，垦区通过革新整地、播种机械，突破保苗、灭草、水肥管理等关键技术，形成完善的旱直播栽培技术体系，实现全程机械化，并首次于 80 年代中期制定出水稻旱直播栽培技术规程，水稻亩产由过去的 200 公斤左右，提高到 500 多公斤。20 世纪末，旱直播水稻产量已赶上全区插秧稻水平[1]。春小麦栽培技术使垦区小麦亩产在 80 年代由 250 公斤连续上升到 300 公斤，90 年代初超过 400 公斤，1990～1993 年连续三年创造了万亩春小麦过千斤的全国纪录。

农垦在区内率先引进推广杂交玉米，玉米产量迅速提高，全系统平均亩产突破 400 公斤。1991 年在区内率先开展玉米亩产吨粮[2]开发与攻关，当年实现吨粮田面积 66 亩，1992 年扩大到 1011 亩，创宁夏单种玉米吨粮田最新纪录。1994 年全系统玉米平均亩产达到 716 公斤。农垦玉米高产攻关为全区玉米生产栽培技术创新和提升栽培技术水平做出了

---

① 机械化旱直播省工、方便、低成本，一般比人工插秧稻节水、省工一半左右。
② 亩产吨粮技术系指在 1 亩耕地上一年中一季或多季产 1 吨粮食的生产技术。

重要贡献。

在外聘专家的指导下，玉泉营农场在 20 世纪 80 年代重点开展葡萄抗冻栽培、引种筛选、早期丰产研究，通过不断探索与实践，掌握了在宁夏的气候、土质条件下葡萄生长与栽培规律，并制定出宁夏第一部酿酒葡萄栽培技术规程。1988 年玉泉营葡萄酒厂"贺宏牌"干红、干白葡萄酒获全国首届农博会铜奖和自治区优质产品称号。1991～1994 年西夏干红、干白葡萄酒分别获得国内外博览会金奖 2 次、银奖 3 次，并被农业部确定为绿色食品。为自治区决策开发贺兰山东麓葡萄产业提供了重要理论与实践支持。

1983 年起，农垦局组织专家组，开展农垦分区研究。通过总结经验教训，对贺兰山东麓开发重新进行功能定位，大力调整种植结构与农业结构，从原来以种小麦为主转向以发展优势特色经济作物酿酒葡萄、枸杞、苹果、豆科牧草、啤酒花、玫瑰花为主，确保了经济与生态效益实现双赢。

1980 年，农垦科技人员在白僵土地上采取挖大坑、增施有机肥等局部改良措施栽植枸杞获得成功，为白僵土发展枸杞铺平道路。1990 年又研究开发出全天然 SOD 富硒枸杞，并于 1992 年获首届中国农博会金奖[①]。

这一时期，灵武农场的瘦肉型猪研究、平吉堡奶牛场高产奶牛研究、暖泉农场的串子花滩羊良种研究[②]，这些成果不仅使垦区的相关产业受益，还先后推广到区内市县和周边省市的农林牧场，良种覆盖率超过 50%。

在不断提升农业机械化程度方面，改革开放政策使国家生产和进口

---

① 戈敢：《回顾宁夏农垦在科技创新引领农业发展上所发挥的作用》，载刘润琦、程广征主编《足迹（下）》，宁夏人民出版社，2010 年 9 月，第 532～541 页。

② 串子花，即麦穗花的形象比喻。此种羊毛均匀一致，洁白柔软，毛束之间弯曲排列，互不粘连，毛股紧实，制作的二毛裘皮，提起来轻轻一抖，如风摆麦穗。

了先进的机型。1979~1988年的10年间，农垦投资1405.3万元，购买大中型拖拉机220台，新型联合收割机70多台，其他农机具1700多台（件）。谷物联合收割机的单机功率由1979年的平均24.9千瓦增至1990年的73.9千瓦，自走式收割机的比例由1979年的36%增至1990年的84%。

改革开放后，受先进技术的启发，农垦革新改制了秸秆粉碎装置，使秸秆还田得以广泛推广。机械化的发展以及先进科学仪器设备的普及推广，使测土施肥、作物营养诊断、平衡施肥技术得以推广。化学工业的发展使地膜覆盖栽培技术成为现实。机械化挖沟和农田机械化作业水平的提高，加速了土壤改良进程[1]。农垦改制的水稻旱植播机械、水稻水点播机、机引旱田化学除草机、栽树机等，填补了宁夏农机空白[2]。1990年农垦全系统有农机工人2688人，占农业工人总数的12%，农业生产综合机械化程度达到80%以上[3]。农垦广大科技人员和农机工人根据生产需要，不断研制革新农机具，发挥一机多用、一机多能的作用，大规模地用机力代替人力和畜力，将机械使用范围不仅用到了旱田，而且用到了水田；不仅应用于种植业，而且应用到畜牧业、林业、渔业等生产，主要作业基本上实现了机械化。

四 银北种稻的争论与垦区开沟种稻的成效

在20世纪80年代初，宁夏农业学界针对银川北部地区是否应该种植水稻展开讨论。这次讨论不仅和银北地区国营农场的种植实践有关，也关系垦区"开沟种稻"农业技术成效的评价。

---

[1] 林子明：《改革开放是宁夏农垦种植业生产发展的巨大动力》，《宁夏农垦经济研究》1991年第3期。

[2] 农丁：《加快农业技术改造振兴农垦经济》，《宁夏农垦经济研究》1986年第1期。

[3] 陈于敬：《发展农业机械化 促进粮食生产再上新台阶》，《宁夏农垦经济研究》1991年第3期。

1960 年前后，银北有些地区片面追求当年粮食增产，曾经盲目扩大水稻种植面积，导致地下水位上升，土壤产生次生盐渍化，以后几年中粮食产量反而下降。为此自治区曾规定银北一部分地区禁止种稻。农村实行家庭联产承包责任制后，群众对种植水稻积极性很高，在此背景下，有学者提出，二十多年来，银北地区新增加了许多排水工程和设施，排水条件有所改善，应利用银北大片盐碱荒地，通过改良利用，种植水稻，建立商品粮基地。也有学者认为，目前还不能认为银北的灌溉条件已有根本的改善，地下水位比 1960 年代降低不多，利用沟水、井水都还有实际困难，还需积极创造条件才能考虑发展水稻①。

自治区科委、农学会根据这些建议，曾于 1983 年和 1984 年分别召开了银北种稻问题的学术讨论。1984 年 6 月，中国土壤学会西北七省（区）盐碱土改良学术讨论会在银川召开，会议就银北种稻问题进行了讨论。《对宁夏引黄灌区防治土壤盐化的几点建议》中指出："银北地区可有计划有步骤地发展稻田，这有利于盐碱地改良和农业生产的发展，但要在排水的基础上，并注意节约用水和稻田的合理布局。"

在这几次讨论中，前进等国营农场介绍了他们种稻改土的经验，提出，党的十一届三中全会以来，国营农场通过开沟种稻，是大面积改良利用低洼盐碱地的有效途径。

开沟种稻是农垦国营农场在盐碱地开荒种地的科学经验，早在 1960 年代初期，灵武农场根据切身经验教训，生动总结出三条开垦利用与改良盐碱地以及稻旱布局的基本经验。

开荒种旱，缺苗一半；无沟种稻，种子白撩；开沟种稻，碱地生效②。

---

① 《银北种稻学术讨论会简况》，《宁夏农业科技》1983 年第 6 期。
② 中国科学院内蒙宁夏综合考察队编辑《中国科学院内蒙宁夏综合考察队 宁夏回族自治区有关农业考察研究专题报告集》，科学出版社，1965，第 57 页。

通过几十年的生产实践，银北地区的国营农场根据土壤水盐运动规律，采取把改良与利用相结合、改造与适应相结合的原则，促进盐碱地生态系统良性循环，从而达到变害为利。其成绩和经验有以下几个方面。

一是大搞农田基本建设，坚持挖沟不止，平整土地，缩小灌面，增设短沟小站，改造条田，调整排水走向，加密排沟，缩小排水间距。这与周边农村采取插花种稻的方式有本质的区别。由于排灌顺畅，种稻不但没有抬高地下水位，相反降低了地下水位。以前进农场为例，地下水位由种稻前的153.4厘米，下降到161厘米，下降率为12.3%，地下水矿化度由6.28克/升下降为3.7克/升，土壤脱盐率为40% ~ 50%。

二是利用水稻作物淹水栽培生物特性，淋洗土壤盐分，淡化土壤，落淤抬高地势，改善土壤质地。利用稻田淹腐环境，加速秸秆还田分解，增加有机质积累，提高土壤肥力。通过开沟种稻，重新利用撂荒地1.4万亩；将5万多亩种旱亩产50 ~ 200公斤低产田，逐步转变为亩产250 ~ 500公斤的中、高产田，土地利用率由原种旱只有40% ~ 60%，提高到了90%以上。

三是为地块连条、条田连片种植创造了条件。由于盐碱地盐碱化程度不同，质地复杂，各类土型插花分布，在旱作栽培的情况下，只能插花种植，大片土地撂荒，甚至在千亩轮作区内，只能种三四百亩地，而且种二三样作物。由于不能连片种植，影响了机械作业。通过开沟种稻和稻旱轮作，改变了原来的"游击"种植，变为地块连条、条田连片种植，为机械作业和进行正规轮作创造了条件。

由于银川地区国营农场开发利用低洼盐碱地开沟种稻，在改革开放后基本农田粮食作物面积减少30%的情况下，仍能保证粮食总产大幅度的增长。以西湖、南梁、暖泉、前进、简泉五个农场为例，1986年粮食总产2699万公斤，比1981年1811万公斤增长49.1%，其中水稻总产 1398 万公斤，比 1981 年 561.5 万公斤，增长 148.9%，从 1981 年到 1986 年共生产水稻 8000 万公斤①。

第七节　改革初期的垦区经济与社会

改革开放后，不适应经济社会发展的机制体制被不断突破，新的机制在实行中常变常新。新的经济体在垦区不断创立，人们在改革中欣喜获得，又感慨旧的失去，希望与失落并存。在"让一部分人先富起来"的价值取向面前，个人与集体不断产生博弈。在改革开放的列车上，随着生产力飞速发展，物质生活水平的提高不仅让人们看到了更多的风景，思想观念也获得极大解放，垦区经济社会发生了巨大变化。

一　不断提升的经济社会地位

随着农工商一体化经营的发展，宁夏农垦向社会提供的商品农畜产品及其加工品越来越多，先后建成粮食、油料、甜菜、啤酒花、西瓜、枸杞、葡萄、苹果、生猪、奶牛、滩羊、渔业等十多个商品生产基地。

1986 年左右，宁夏农垦每年向社会（国家）交售商品粮约占全宁夏的 9%，商品油料约占 20.45%，苹果产量约占 20.47%，枸杞产量约占 13%，牛奶产量约占 43.7%，商品猪肉约占 8%，白糖、啤酒的生产量约占全宁夏的 80% 以上，葵花、啤酒花、黄花、红花、玫瑰花等"五朵金花"的生产居全宁夏之冠。另外，宁夏农垦生产的"塞上春"白酒、"灵农大曲"、连湖低度白酒等，为宁夏优质产品，名列前茅。还有西瓜、二毛皮和煤、电石、酒精、硅铁、亚麻、磷肥、建材、农机配件等数十种工副业产品，在宁夏也占有一定地位，这些产品除满足本

---

① 刘岳杰：《开沟种稻是开发利用低洼盐碱地资源的有效途径》，《宁夏农垦经济研究》1987年第 4 期。

区需要外，还以一定的数量供应区外市场。

宁夏农垦经济不仅在生产资料公有化程度上高于农村，在技术装备和经营管理、商品率、劳动生产率等方面也大大优于农村，在宁夏农业实现专业化、商品化、现代化中，发挥着示范带头作用。1984 年，宁夏农垦的耕地机械化程度为 96.07%，而农村只有 20.05%；农垦播种机械化程度为 93.95%，而农村只有 14.76%；农垦收获机械化程度达 58.56%，农村只有 2.4%；农垦脱粒机械化程度达 72.58%，农村只有 28.57%。

由于农垦机械化程度高，因而创造了比农村高得多的劳动生产率。1984 年，农垦每个农业劳动力所创造的产值，按 1980 年不变价格计算达 2473 元，宁夏农村每个劳动力只有 860 元，农垦所创造的农业劳动率是宁夏农村的近 3 倍。农垦粮食商品率为 44.8%，宁夏农村则只有 26.8%[①]。

在 20 世纪 80 年代，宁夏农垦按耕地面积计算，相当于引黄灌区一个县的耕地面积；以固定资产的原值计算，相当于宁夏轻工系统；按职工人数，仅次于宁夏煤炭系统居第二位。

二 职工的收入与利益分配

"获得感"是改革的终极目的，收入是最能体现改革成果的指标之一。如前所述，农垦是一个农工商一体化的企业组织，职工的收入既有农民收入的特点，也有工业职工收入的特点，还有机关事业单位收入的特点。在改革开放初期，垦区职工收入的变化，同这一时期我国农业、工业的发展状况及特点较为一致。

在国营农场，场办工业是国营农场经济的重要组成部分，工业产

---

① 明舟：《农垦经济在宁夏农业经济中的地位和作用》，《宁夏农垦经济研究》1987 年第 2 期。

值、利润都比农业高。1984 年之前，农场内部工农职工之间收入分配上，从事二、三产业工作的职工收入，一般要略高于从事农业一线工人。这在国营农场内部较普遍存在。

随着农场内部经济体制改革的不断深入发展，农业在改革中先走了一步，特别是家庭农场承包责任制的改革，激发了农业的经济活力，原来存在农工收入与工业职工收入的差别，随着改革后农业的发展，农业职工多种收入来源的增加，这种差别在部分农场逐渐缩小，甚至有些农场出现了务工不如务农收入高的局面。

据靳文瑞对巴浪湖、简泉两农场修造厂职工家庭与两场两个农业队农工家庭收入抽样调查表明，1986 年从事工业的职工家庭不如从事农业的农工收入高。农业队农工家庭人均纯收入为 713.98 元，而修造厂职工家庭人均纯收入是 491.8 元，农比工高出 222.11 元，高 45.1%[1]。

但是这一差别并没有维持多长时间，随着粮食连年增产，国家在基本解决温饱问题后，将注意力逐渐转移到工业建设上，农业投入相对减少，粮食收购定价低，但农业生产资料逐年大幅上涨，农场的农业积累又多用于发展场办工业，生产粮食的农业工人获利相对工业职工收入大幅减少。

据自治区农调队调查，1988 年一季度，每把锄头 4.25 元，比 1986 年提高 1.99 倍；犁铧每个为 8.50 元，比 1986 年提高 1.33 倍。以尿素为例，1986 年，平价 505.3 元/吨、议价 536.6 元/吨、市场价 591.8 元/吨，到 1988 年 3 月，上涨到平价 509.5 元/吨、议价 690.6 元/吨、市场价 715 元/吨。其中议价上涨增幅高达 28.69%。薄膜 1986 年平价每吨 4530 元，1988 年 3 月提高到 9730 元，不到两年提高 1 倍多[2]。化肥

---

[1]　靳文瑞:《巴浪湖、简泉两农场内部工农之间职工收入差距的浅析》,《宁夏农垦经济研究》1988 年第 1 期。

[2]　乔亚庆:《农用生产资料的价格供应及其对我区农业生产的影响》,《宁夏农垦经济研究》1988 年第 3 期。

由于国家计划内供应不足，一些经营生产资料的单位、企业和商贩，乘机倒卖，抬高化肥市价，增加了粮食生产成本。农业生产资料的大幅上涨和化肥等主要商品的"价格双轨制"① 是这一时期农工粮食收入增幅较少的主要原因。

据马文兴的调查，1989 年和 1985 年相比，垦区每百公斤粮食交换植物油由 17.3 公斤减少到 14.95 公斤，减 13.58%；交换猪肉减少29%。从事二、三产业的劳动力获得的纯收入是从事农业生产劳动力的1 倍到 3 倍②。

在种粮食获利不高的情况下，许多家庭农场都不愿多种粮食作物，改种经济作物。农场管理方硬要家庭农场多种粮食，职工不愿在粮食作物上多投入，有的还把农场平价供应的化肥卖高价或到农村换大米，对农场的土地搞掠夺式经营，造成部分地力退化。以玉泉营农场为例。该场自 1984 年实行家庭承包后，青年职工都不愿到农业队承包粮食作物生产。农业队劳动力得不到补充，一部分耕地无人承包，有的被迫撂荒或包给临时工，有的甚至将土地转包给农民耕种，自己充当"二转手"。少量没有包完的土地只好由农业队干部集体耕种。1991 年，玉泉营农场针对市场疲软、工业产品滞销的情况，决定工副业单位和机关科室去种农业队承包剩余地和新开垦的地，种植面积达 2877 亩，相当于一个生产队的农业种植面积③。

---

① 价格双轨制是指我国经济体制向市场经济过渡中的一种特殊的价格管理制度。在计划经济体制下，物资分配体制以行政区划为界，以行政指令为手段，通过层层申请、层层分配，并在此基础上有组织有限制地订货，价格完全由国家有关部门控制。从 1981 年开始，国家允许在完成计划的前提下企业自销部分产品，其价格由市场决定。这样就产生了国家指令性计划的产品按国家规定价格统一调拨，企业自行销售的产品的价格根据市场所决定的双轨制。

② 马文兴：《正确认识农业形势促进农业生产持续稳定发展》，《宁夏农垦经济研究》1991年第 1 期。

③ 耿万荣：《浅谈国营农场农业劳动力的不合理转移问题》，《宁夏农垦经济研究》1991 年第 2 期。

在生产责任制和承包制的完善中，由于个人在经济行为中的责权利趋向对等，一些小型商业企业的经营绩效明显好转。例如，南梁农场商店是一个经营百货、日杂和小型生产资料的综合商店。1985 年前商店编制书记、主任、会计、保管及营业员等共 12 人，年商品营业额 37 万元左右，农场下达商店年利润指标 1 万元，商店很难接受。

1985 年，该场原学校校长王玉成全家 5 人，并吸收原商店采购员，共 6 人承包商店。农场核定商店上交农场利润及五项费用（劳保福利基金、粮差补贴、其他福利基金、工会经费和企业管理费）共 2.5 万元。1986 年，该商店营业额达到 42 万元，比承包前增加 4 万～5 万元，增长 10.5%～13.5%。承包人虽然不愿透露个人的实际收入，但表示每人的收入要高于调资后的工资水平。农场和承包人反映，商店承包前，每年商品损失额一般在 4000～5000 元，承包后已降为 400 多元，仅为承包前的 10%。

承包后的商店服务态度和质量都有了明显的变化。主要表现在，凡是生产队需要的小型生产资料（化肥、农药等大宗生产资料由农场直接管理），商店总是想方设法保证及时供应，做到不误农时季节，改变了过去那种职工上班、商店开门，职工下班、商店关门的官商作风，群众购买日常生活用品再不受时间的限制，只要急需，任何时候都可以选购①。

在利益的分配上，据柳登旺的调查，这一时期，职工负盈不负亏的问题，没有从根本上得到解决，在一些企业还相当严重。盈了个人拿，亏了企业背，兑现是兑盈不兑亏。挂账的人越来越多，金额越来越大。家庭承包长期靠"两借"（向企业借生产资料费用和生活费用），成本费用由企业包揽。这样企业贷款多，背的利息多，最后企业发生亏损。

---

① 杨贵瑚：《认真做好农垦小型商业企业承包租赁经营》，《宁夏农垦经济研究》1987 年第 4 期。

个人收入逐年上升，个人确实富了，而企业经济效益受到一定程度的影响，甚至于发生严重亏损。例如，简泉农场经过三年改革，职工仍挂账欠款达 35 万元。在养殖业上，私人养猪、养羊、养牛大发展。但他们不给国家提供商品，不给农场上交费用，既不考虑国家，也不考虑企业，完全是为了个人多得，把个人多得的胃口越吊越大①。造成这一局面的主要原因，还是计划经济体制尚未完全打破，垦区的制度改革满足于原体制的修修补补，当然这一问题，既是垦区的问题，在当时全国各个行业中也均有不同程度的表现。

实现温饱后的垦区职工，在收入和支出上出现双增长，但家庭积累不多。据农垦局计财处对区属 14 个国营农场职工家庭收支状况的抽样调查，1988 年，调查人均收入 848.7 元，扣除家庭副业生产支出、税款、家庭副业生产性固定资产折旧费和补助的调查费外，实际人均纯收入 788.8 元，比 1987 年调查户人均纯收入增加 150.7 元，增长 23.6%。比当年宁夏全区农民人均纯收入 482.2 元多 306.6 元，高出 63.6%。调查户人均实际支出 778.5 元，比上年调查户人均支出 566.2 元，增加 212.3 元，增长 37.5%。报告指出，造成支出增长过猛的原因主要有两点，一是受物价上涨因素的影响，人均生活费支出比上年增长 23%；二是彩电、录音机和洗衣机消费迅速增多，调查户拥有量分别比上年增长 52%、48.6% 和 32.8%②。

在工资改革方面，1985 年，国家先后开展了企业干部工人的工资改革和国家机关事业单位工资制度改革。由于农垦系统既有工人，也有行政和事业编制人员，农垦的工资改革形成了机关事业单位的结构工资与企业工资并存的局面。即文教卫生人员参照国家机关、事业单位的改

---

① 柳登旺：《关于农垦企业深化改革急待解决的两个突出问题——区农垦局党委书记、局长柳登旺同志给局党委的一封信》，《宁夏农垦经济研究》1988 年第 1 期。

② 局计财处：《宁夏农垦国有农场 1988 年职工家庭收支状况》，《宁夏农垦经济研究》1989 年第 2 期。

革办法，执行结构工资；其他职工执行企业工资。在当时，"一企两制"的做法，对稳定队伍、促进垦区的教育卫生事业起到了一定的作用。但随着形势的发展和环境条件的不断变化，"一企两制"置两种分配机制于一个单位内部，矛盾逐渐显现。

比如改结构工资不久，灵武农场等一些经营管理好、经济效益高的企业，文教卫生人员就提出要同企业干部拿一样的奖金，因为企业干部的奖金要比文教卫生人员的奖励工资高出四五百元。被企业否定后，又提出要改回企业性工资。又如在渠口农场，20世纪80年代经济效益起伏较大，职工的收入也随之大起大落。在效益好的时候，文卫人员和企业干部拿一样高的奖金；在效益差的时候，文卫人员仍拿奖励工资，而企业干部却没有奖金，职工们很有意见。在个别企业，因亏损严重，职工工资长期不能按时发放或支薪不足时，同在一个企业的文卫人员却拿保证工资，其效果是不言而喻的。

在结构工资内部，由于不同层次的倾斜政策也出现矛盾。比如1989年调资，机关、事业单位的各级专业技术干部的职务起点工资提高了两个档次，但企业专业技术干部的职务起点工资没有变动。在教师同卫生技术人员之间，同样在1972～1978年期间中专毕业并参加工作的教师，到1991年一般月工资140.5元，而医生只有92.5元。

在工、商、建企业职工与农场职工工资改革中，1985年之前，工商建企业执行的是自治区、市同行业的工资，工资比农场高。工资改革后，虽然有所增加，但工商建与农场定级标准、工资级差一致，没有考虑二者生活条件上的差异[1]。

凡此种种，出现增资不增情，反而增矛盾的现象。引述工资改革中的事例，并不是说工资改革不好，收入增加是改革的目的。今天来看，

---

[1]　王宇林：《略论农垦工资中的矛盾成因及对策（上）》，《宁夏农垦经济研究》1991年第3期。

我们应该更加关注改革的公平性，防范个人将自己的处境与其参照群体中的人相比较，并发现自己处于劣势时，而产生的"相对剥夺感"。对此现象，马克思曾有过这样一个比喻：当大家都坐在茅屋里时，并未觉察生活怎样困苦，但是当茅屋旁边出现了宫殿，就会反衬出茅屋的简陋与寒酸，再坐在茅屋里面就会感到不堪忍受了①。当然，"相对剥夺感"是一种变量，解决这一问题只有靠发展，在发展中改革调整。

三　垦区社会保险问题逐渐显现

改革开放之前，我国职工的养老保险一直由企业和单位自行负担。在计划经济体制下，这种"企业保险"还可以维持。随着经济体制改革的深入，"企业保险"越来越无法适应经济社会发展的要求，需要进行改革。1983 年，国家劳动部正式提出全民所有制单位退休费用社会统筹的设想，并于 1984 年正式开始全国试点，实行国营企业职工退休费用大范围的社会统筹。1986 年 7 月，国务院颁布了《国营企业实行劳动合同制暂行规定》，要求在国营企业新招收的员工一律实行劳动合同制，实行劳动合同制工人养老保险费用的社会统筹。1987 年 3 月，国家在农村进行养老保险试点。1991 年 6 月，国务院下发了《国务院关于城镇企业职工养老保险制度改革的决定》，从而确立了实行社会基本养老保险、企业补充养老保险、个人储蓄养老保险相结合的多层次养老保险体系②。

宁夏职工养老保险的改革，自 1986 年起，开始由"企业保险"向

---

① 马克思在《雇佣劳动与资本》中写道：一座小房子不管怎样小，在周围的房屋都是这样小的时候，它是能满足社会对住房的一切要求的。但是，一旦在这座小房子近旁耸立起一座宫殿，这座小房子就缩成茅舍模样了。这时，狭小的房子证明它的居住者不能讲究或者只能有很低的要求；并且，不管小房子的规模怎样随着文明的进步而扩大起来，只要近旁的宫殿以同样的或更大的程度扩大起来，那座较小房子的居住者就会在那四壁之内越发觉得不舒适，越发不满意，越发感到受压抑。《马克思恩格斯选集（第 1 卷）》，人民出版社，1995，第 349 页。

② 储敏伟等：《我国社会保障的和谐发展之路》，中国财政经济出版社，2008，第 7 页。

县、市级统筹过渡。截至 1988 年年底，全区 20 个市、县全部实现了以市、县为单位的统筹；到 1990 年年底，区属企业除农垦和煤炭系统外，也都实行了退休费用社会统筹。1992 年 6 月，自治区政府发布了《宁夏回族自治区全民所有制企业职工退休费用全区统筹的规定》，要求从 1992 年 7 月开始，将全民所有制企业职工退休费用由县市级统筹向自治区级统筹转变[①]。

农垦的特殊性决定了从改革之初就与国家社会保险政策存在矛盾和冲突。农垦以农为主，所属企业大部分是农场，行业的特殊性决定了职工的收入和生活水平低于其他部门职工。以职工人均货币工资收入为例，1990 年全国是 2150 元，宁夏是 2252 元，而宁夏农垦只有 1420 元，仅占全国职工水平的 66% 和宁夏职工水平的 63%。国家在制定保险待遇政策时，参照的是全国职工的平均生活水平，由于农垦职工生活水平低于全国和地方水平，而报销待遇又要执行国家标准，所以难免发生矛盾。

以退休费为例。20 世纪 80 年代末，国家两次调整退休费最低保证数，宁夏从原来的 40 元提高到 1991 年的 57 元，净增 17 元。实事求是地说，57 元并不高，仅相当于或略高于企业新职工的定级水平。但按照这个基数计算，一个未参加工改的退休职工每月退休费最低能领到 125 元左右（农垦约 120 元），而农垦在职职工 1990 年人均月工资收入只有 118 元。这一政策执行后，农垦系统有 3650 名退休职工提高了标准，占退休人数的 65%。退休职工大幅度提高待遇，引起在职职工的不满，表现了农垦的特殊性与国家保险政策上的矛盾冲突。

据调查，截至 1991 年，职工的保险待遇全垦区几乎没有一家企业是完全按照国家规定执行的，除离退休费和工伤工资外，其他保险待遇基本上是企业自定政策，或降低标准，或变相取消，效益差的企业如

---

① 陈育宁、田家官主编《宁夏社会保障体系研究》，宁夏人民出版社，1996，第 38 页。

此，效益好的企业也是如此。

保险费中增加最快的是医疗费和离退休费，全系统离退休费从 1985 年的 351.14 万元增加到 1990 年的 1048.6 万元，年增长率为 24.5%。1990 年年底，全系统离退休人员已有 6935 人，占职工人数的 16%。因物价上涨和调资因素，人均月退休费从 1985 年的 64.02 元增加到 1990 年的 126 元，5 年翻了一番①。保险费用连年增加，企业负担加重。

农垦社会保险制度是旧体制的产物，与改革的大环境不协调，因而引发的问题较多，成为农垦不安定的因素之一。到 90 年代初，职工与家属上访日益增多，其中多数是有关社会保险政策和待遇方面的问题。落后的保险制度成为农垦不安定的因素之一。

四　改革中的职工住房

改革之前，农垦职工住宅建设基本上是"统建统分"制，在建房过程中既不同于农村自建制度，也不同于城市工矿企业在建厂的同时建设好职工福利区，而是走了一条先治坡、后治窝，边生产、边建设的路子。农场的住房多为 20 世纪 50 年代的干打垒，60 年代土木结构，70 年代砖木结构，80 年代砖木和砼②结构。特别是在几次大量安置浙江支边人员和城市知识青年时期，突击建设了一大批质量很差的房屋，职工住房欠账多，长期难以解决。

据张中善对灵武、前进、贺兰山三个农场职工住房情况的调查，按人均占用面积，灵武农场 9.46 平方米，前进农场 10.71 平方米，贺兰山农牧场 9.14 平方米。由于各场历史原因，形成房屋分布不均，如灵武农场房屋过分集中，前进农场因为原来三个场并为一个场，故房屋比较分散，贺兰山农牧场基层居民点布局不合理，出现了人多房少和

---

① 王宇林：《农垦社会保险制度改革初探》，《宁夏农垦经济研究》1991 年第 2 期。

② 砼：混凝土。

有房无人同时并存的情况。从房屋质量看，总的情况是造价低，质量也低。贺兰山农牧场比较整齐划一，绝大部分为砖木结构，灵武农场、前进农场基本相同，建场初期土木结构房屋，木料较好，建于20世纪50年代后期和60年初房屋质量较差，70~80年代大部分为砖木和砼结构①。

随着生产的发展和职工收入的提高，广大职工要求改造住房条件的愿望越来越强，要求自建房屋的人也越来越多，为改革住房、实现住房商品化准备了一定条件，因此，住房制度改革也将成为农垦企业深化改革的一项重要内容。

中共中央、国务院1986年批转农牧渔业部《关于农垦经济体制改革问题的报告》的"职工住房制度要进行改革。农场过去建设的职工家属宿舍，可以合理折价卖给职工。今后新建职工住房，由农场统一规划，分配建房基地，职工自建或职工自建公助"②。这项政策出台后，长山头、连湖、巴浪湖、渠口等农场对职工住房先后实行自建公助改革，取得较好效果。

以连湖农场为例，从1988年起，连湖农场组建"房改办"，逐步制定出台房改的意见和办法，让职工进行讨论，并对1987年以前所建的职工住宅进行调查摸底，按不同年限不同结构的评估作价，张榜公布，让职工群众监督，后经职工代表大会讨论通过、实施，按年限结构的造价进行了房改。先是对公用房采取"以息代租"，合理提高租金，场里不补贴。同时，鼓励职工"自助公建"或"自费自建"住房。对职工要求"自助公建"的新住宅，场里根据资金来源情况，统一安排，按人口数量需要定建筑面积，建房住户一次性交清新建住宅造价的

---

① 张中善：《关于改革农垦职工住房制度的初步设想》，《宁夏农垦经济研究》1988年第1期。

② 中华人民共和国农业部农垦司编《农垦工作文件资料选编（1983~1990）》（内部资料），1991，第295页。

65%，农场公助 35%，不收房租，住户享有 65% 的所有权。对要求"自费自建"住宅的，由本人申请，经场研究批准后，"统一规划、统一标准、统一结构，室内设计自便，视其人口，统一划给标准宅基地，费用自理，所有权归己"①。

因自建房质量好，结构设计合理，加上职工收入增加，消费趋于合理。到 1989 年，职工普遍产生了住公房不如买房、买房不如自建房的心理状态和趋势。连湖农场第二步出台了"售房先行、租售结合、优惠出售，一步到位"的方案，走向住房商品化、住房私有化，售后所有权归己，颁发房产证②。并要求今后职工申请建住宅，以"自费自建"为主，场里不给补贴和公助。

五 成立企业公安机构

为解决改革开放初期突出的社会治安问题，1985 年 7 月，农垦局党委根据自治区公安厅《关于成立企事业公安机构的通知》要求，报请批准中宁县的长山头农场、渠口农场，吴忠市的巴浪湖农场，青铜峡市的连湖农场，永宁县的玉泉营农场、黄羊滩农场，贺兰县的暖泉农场，灵武市的灵武农场，银川市近郊的西湖农场、南梁农场、平吉堡奶牛场、贺兰山农牧场，平罗县的前进农场，惠农县的简泉农场等 14 个单位，组建成立国有农场公安治安派出所。企业公安治安派出所的业务由所在地市、县公安机关负责指导，经费由企业承担，行政关系由企业管理，实行双重领导。企业事业单位设立公安机构的体制是在我国特定历史条件下逐步形成的。多年来，农垦公安机构的广大干警在维护治安秩序、预防和打击犯罪活动、保障生产建设顺利进行等方面做了大量工作，发挥了积极作用。

---

① 安志银：《稳妥推进职工住房改革》，《宁夏农垦经济研究》1991 年第 3 期。
② 房产证为农场颁发，仅限农场内转让交易，此为改革时期的过渡性安排。

小　结

在改革开放初期，宁夏农垦在十一届三中全会制定的路线、方针、政策指引下，围绕"三个基地一个中心"①，大刀阔斧地进行了管理体制、生产结构、经营方式、分配制度的改革，实行财务包干，推行各种形式的承包责任制和场（厂）负责制，打破了企业吃国家的"大锅饭"，初步解决了职工吃企业大锅饭的问题。特别是 1983 年中央提出"国营农场要办家庭农场"后，1984 年在垦区开始试办，职工由单纯的生产者变为生产经营者，有了生产经营的自主权。到 1986 年年底，农垦系统已建起 6000 多个家庭农场，基本完成了大农场套小农场的双层经营体制的变革，极大地调动了企业和职工的积极性。全区农垦经济在改革中发生了巨大的变化，从 1980 年以后，结束了连续二十多年亏损的局面，1981～1988 年累计实现利润 6889.7 万元，缴纳税金 3929 万元，利税合计 1.08 亿元②。

改革初期，农垦根据垦区的地理位置和农业区划，建立了粮食、油料、瓜果、枸杞、甜菜、啤酒花、奶牛、瘦肉型猪、禽蛋、鱼等商品生产基地，使资源优势变成了商品优势。特别是油料、甜菜、枸杞、西瓜、啤酒、啤酒花的产量、销售收入都创历史最高水平。垦区的果品生产在宁夏全区果品生产中占有很大比重。苹果、西瓜等果品远销北京、上海、湖南、浙江、江苏等省市，受到广大消费者的欢迎。在畜牧业方面，牛、羊、猪迅速增加，灵武、连湖、巴浪湖培育的"宁夏黑猪"、

---

① "三个基地一个中心"，即：内外贸商品生产基地，农业专业化、商品化、现代化示范基地，大城市和工矿区的副食品生产基地。成为当地农村推广先进技术和优良品种、产品加工、运输和销售的服务中心。

② 宁夏农垦经济学会编《宁夏农垦经济的改革与发展研究》，宁夏人民出版社，1989，第 6 页。

"汉宁"瘦肉型猪，瘦肉率达到 52% ~ 56%，并获得农牧渔业部科技成果奖，平吉堡奶牛场的中国黑白花奶牛，成年母牛平均年产奶 6000 多公斤，受到中国奶牛协会的奖励。农业生产的发展，不仅满足了工业生产的原料需求，也为场办工业的发展提供了积累资金。

在农业机械化的经营管理方面，各农场作了多种探索。有的农场实行机农合一，有的实行机农分开，哪种方式适合农场的实际就采取哪种方式。随着农机具革新、改造和推广，国营农场的机械化程度远远高于农村。1988 年，国营农场的耕地、播种、收获、脱粒的机械化程度分别已达 98%、96%、65%、96%，而宁夏农村分别只有 30%、20%、27%、38%。由于国营农场的机械化程度较高，因而比农村创造的劳动生产率高 3 ~ 4 倍。

在工业上，农垦新建和扩建了数十个场办工厂，农垦工业从建场初期的农机简单维修、粮油初次加工，向多行业、多门类、精加工、细加工发展。有食品、轻纺、建材、机械、化工、冶炼等 17 个行业。在食品工业方面，产品有白砂糖、啤酒、葡萄酒、白酒、奶粉、糕点、糖果等十多个品种。"西夏牌"啤酒、"塞上春"白酒都被评为自治区优质酒。还有枸杞、电石、硅铁、柳编、二毛皮等 5 个产品出口美国、东南亚国家为国家创了外汇。1989 年，农垦工业总产值占工农业总产值的59.52%。

改革开放，使农垦商业得到突破性发展，到 1989 年年底，全垦区有商业网点 104 个，商业销售总额 3012.7 万元。农垦商业以搞活农垦经济为宗旨，为基层和生产服务，销售农垦商品，疏通流通渠道，促进了农垦经济的发展。

从对国家的贡献来看。1988 年农垦向国家提供商品粮 3.67 万吨，商品率达到 42.4%，提供油料 3027 吨，商品率达到 58%，提供各种肉类 1698 吨，提供各种水果 6477 吨，出口创汇折合人民币 370 万元。农垦系统生产的白糖、油料，供应银川市居民的牛奶，在全区都占一定的比重。全区的啤酒花 99% 由农垦系统生产。南梁农场成为自治区最大的枸杞基地，前进农场是自治区最大的渔业基地，黄羊滩农场是自治区最大的啤酒花基地，玉泉营是自治区最大的葡萄基地，平吉堡是自治区最大的奶牛生产基地。

国营农场推行的职工家庭承包经营责任制和垦区企业各种形式的责任制，是发展社会主义商品经济的客观要求，有利于企业开放搞活。改革与承包制互相促进，确立了企业经营者的中心地位，推动了国营农场内部配套改革和企业经营机制的形成与强化。场办工业的发展不仅促进了垦区经济，也提升了企业和经营者对市场的应变能力和竞争能力，职工收入稳步增加，职工生活得到改善。其中存在的包盈不包亏，承包基数和承包指标体系不科学、不健全等问题，是计划经济到市场经济转轨过程中普遍存在的问题，需要进一步改革。

场办工业的发展，带来了农垦经济的振兴，使农垦企业勃勃生机充满活力。在改革之初，农垦就清醒地认识到在有计划的商品经济体制下，存在工农业产品的"剪刀差"问题，解决这一问题的唯一方式，就是垦区工业化、农工商一体化发展。随着土地承包制的推行，垦区出现了劳动力剩余现象，加上职工子女就业的压力，农垦也不得不采取兴办工业的方式加以解决。

在工业项目选择上，受大环境影响，不可能完全按照延长农业产业链去布局，20 世纪 80 年代在全社会物资紧缺的时代背景下，基本上是什么赚钱就干什么。正如 1988 年全国农垦工作会议所指出，"我们应该学习乡镇企业的好经验，走乡镇企业的路。搞少量骨干项目是必要的，众多的要搞短、平、快项目"[①]。全国其他垦区也是一样，这一时期的"五小"企业遍地开花。众多场办企业规模小，产品、技术持续创新不

---

① 中华人民共和国农业部农垦司编《农垦工作文件资料选编（1983～1990）》（内部资料），1991，第 498～499 页。

足，布局重复，产业优势衔接不够，为企业进入 90 年代后，出现长期亏损埋下了隐患。

这一时期，国家对工业的重视高于农业。1980～1986 年全国轻工业基建投资平均递增 8.3%，重工业递增 12.2%，而农业递减 5.7%。宁夏也是下降的趋势。1980 年农业基建投资占全区建设投资的 16.4%，而 1985 年就降到了 9.2%。各级政府降低了对农业的资金投入。1979 年时，国家对宁夏农垦农业投资为 1274.5 万元，进入 1980 年代后逐年下降，到 1985 年降至 677.5 万元，仅占 1979 年投资的 53.2%。1986 年开始对农业投资回升，到 1988 年增加到 1533.3 万元。1979 年，农田基本建设投资为 625.9 万元，1988 年仅为 85 万元。1979 年小型农田水利建设投资 320 万元，1988 年是 280 万元①。由于国家对农垦农业投资减少，尤其是对农田基本建设和小型农田水利投资的大幅下滑，国营农场无力进行平田整地、改造低洼盐碱地以及挖沟、修渠等农业生产的基础工作，严重影响农业生产发展后劲。

垦区经济的发展，使农场职工家庭生活水平得到了相应的提高和改善。各农场兴建的职工住宅，职工子弟学校、职工医院、文化娱乐场所等生活设施缩小了城乡区别。据 1990 年对农场职工家庭收支状况的调查，户人均纯收入 1002.1 元，比 1985 年的 485.9 元增长 1.06 倍，5 年平均每年增长 15.6%。扣除物价上涨因素，比 1985 年增长 23.6%，5 年平均每年增长 4.3%。其中：从农场得到的收入 867.5 元，占人均纯收入的 86.6%。调查户人均纯收入 400 元以下的户数仅占调查户的 0.5%。高收入户明显增多，职工家庭收入差距逐渐缩小。国营农场之间的人均纯收入还有一定的差距。1990 年，人均纯收入最高的农场和最低的农场几乎相差近一倍。低于国营农场人均纯收入总平均水平（1002.1 元）的有 8 个农场，占被调查的 14 个农场的 57.1%。其中在

---

① 豫杰：《要重视国营农场的农业投入》，《宁夏农垦经济研究》1989 年第 3 期。

900 元以下的有 4 个农场，占 28.6%（745 元以下的有 2 个农场）。从人均纯收入分组看，低收入户也多分布在这些农场。产生这种状况的根本原因是各个农场的经济发展还很不平衡①。

垦区教育、卫生、文化体育等社会事业的发展，在满足了人们日益增长的物质文化需求的同时，企业的社会负担也日益加重。据统计，在 80 年代，农垦企业的社会负担以每年 26.3% 的平均速度递增。劳动保险费、粮油倒挂补贴、中小学经费补贴、医疗费、治安经费等社会性开支占用了大量流动资金，企业自我积累和再生产能力日趋减弱②。

---

① 计财处：《宁夏农垦国营农场"七五"时期职工家庭生活水平情况简报》，《宁夏农垦经济研究》1991 年第 3 期。
② 冯国成：《1990 年农垦生产财务决算浅析》，《宁夏农垦经济研究》1991 年第 2 期。

第五章 市场经济体制的确立与垦区改革发展

1989 年以后，苏联、东欧相继发生剧变。国内也由于经济转型出现偏差，改革中出现不确定因素。针对 1990 年代初经济发展中存在的问题，以及人们对计划经济和市场经济认识的误区，1992 年 1～2 月，邓小平同志先后在武昌、深圳、珠海、上海等地发表著名的"南方谈话"。在谈话中，他特别强调了"一个中心、两个基本点"的基本路线一百年不动摇，提出"三个有利于"的改革开放标准，明确指出改革的目标模式是社会主义市场经济。南方谈话唤起了新的思想解放运动，打破了姓资姓社的思想禁锢。当年 10 月召开的中共第十四次全国代表大会，正式确立建立社会主义市场经济体制的经济体制改革目标。

20 世纪 90 年代初，中国长期以来的短缺经济在大多数领域基本结束，中国一般工业消费品已由卖方市场转向买方市场，个体、私营和外资经济发展迅猛，非国有经济实力日益增强，各类主体市场竞争激烈。国有企业因其长期以来形成的体制机制上的弊端，在竞争中显得十分艰难。自 1995 年起，中央提出国有企业"抓大放小"战略，使国有经济逐渐摆脱负担，建立现代企业制度，大公司、大集团在建设中发展壮大。

1992 年，邓小平同志南方谈话和党的十四大社会主义市场经济体制改革目标的确立，为农垦改革进一步指明了方向。1992 年，全国农垦实施干部聘任制、全员劳动合同制和劳动报酬与工效挂钩的"三项制度"。1994 年，农业部总结推广了"四到户、两自理"模式①，使家庭农场成为农业生产中经营、投入、利益和风险的主体，从而彻底改变了"国家出钱、职工种地"的旧模式，使国有农场焕发了新的生机和活力②。推进垦区管理体制改革，从行政管理向集团化、公司化过渡。自 1995 年起，天津、上海两垦区完成集团组建工作，随后广东、江苏、重庆积极进行成建制转为企业集团的探索，到 2001 年，共有 17 个省、自治区、直辖市按照企业集团的方向进行了改革。随着各垦区退休人员不断增多，由企业承担的职工养老金亟须改革，1992 年，全国农垦根据国务院关于企业职工养老保险制度改革的精神，在垦区内部建立了养老保险系统统筹等新的保险制度，部分垦区还参加了当地的养老保险社会统筹，系统内统筹和参加当地统筹的比例逐年加大。到 2001 年 8 月，全国农垦有 20% 的职工和离退休人员参加了当地的基本医疗保险，26% 的垦区医院被列为社保定点医院③。

虽然这一阶段的改革进一步优化了经营管理，但是长期困扰农垦企业的政企不分、产权关系不清、增长方式粗放等深层次问题日益突出。部分垦区计划经济的观念没有转变，对于承包制、场长负责制、"两费自理"等看准了的改革措施不到位④。再加上确立市场经济后激烈竞争的冲击、农产品价格的低迷、过重的社会职能负担、国际金融风暴的影响等原因，全国农垦从 1997 年起进入长达 5 年的亏损徘徊期，到 2001

① 1994 年全国农垦工作会议提出，各农场要土地承包到户、核算到户、盈亏到户、风险到户；家庭农场生产费自理、生活费自理。

② 孟昭春主编《黑龙江省农垦经济发展史（1981~2005）》，黑龙江人民出版社，2009，第145 页。

③ 中华人民共和国农业部农垦局编《农垦工作文件资料选编（1996~2003 年）（下）》（内部资料），2005，第 655 页。需要说明的是，此阶段农垦系统社保参保率与同期全国城镇职工相比一直较低，直到 2003 年，劳动与社会保障部等四部委联合下文，明确将农垦系统纳入城镇职工基本养老体系后才有了突破性的进展。

④ 《农业部副部长刘成果同志谈农垦经济体制改革问题》，《中国农垦》1993 年第 12 期。

年累计亏损达 110 多亿元①。为扭亏增盈，各垦区一方面积极争取地方政府的扶持政策，据不完全统计，1992~2001 年，各省、自治区、直辖市以党委、政府名义下发的有关推进垦区改革的意见和专门政策达 30 多个。一方面按照中央提出"抓大放小"方针，对场办二、三产业企业进行了大规模的重组整合。1998~2001 年，全国有 6000 多家场办企业被出售、破产或兼并。与此同时，垦区非国有经济在参与国企改革中得到了较快进展，2001 年年底，垦区非国有经济占到了全系统经济总量的 28.51%。一些垦区勇于探索，以改革的精神解决体制机制、经营方式、土地管理、社会保障等突出问题，取得了较好的效果。例如在最具代表性的广东农垦，1999 年广东农垦亏损 3.93 亿元，通过 3 年的产业重组、体制改革和对外开放，到 2002 年年底，实现盈利 1300 多万元②。

宁夏农垦作为自治区内的大型国有企业，其发展路程和区内国企遇到了同样的机遇与挑战。由于垦区的场办工业大多数以"小粮油、小修理、小建材、小酿酒、小乳粉"为主体，场场办工业，场场皆"五小"，且低水平重复建设，品牌过多过乱。在市场经济的买方市场中，缺乏竞争力，垦区工业经济在 90 年代面临严重危机。垦区工业盈利从 1990 年的 351.6 万元，下降到 1991 年的 219.3 万元，再到 1992 年大幅亏损 1172 万元。1999 年，垦区工业亏损达到历史顶峰的 4545.8 万元③。

为扭转不利局面，农垦自 90 年代中后期，按照中央和自治区的政策，采取"抓大放小"，集中力量抓局属企业，实施集团化、产业化、名牌化战略；对场办小企业采取有偿转让、租赁、兼并、拍卖等形式放开搞活，大力发展非公有经济。到 2003 年，农垦工业经济彻底扭转自

---

① 高鸿宾：《在全国农业工作会议农垦专业会上的讲话》，《中国农垦》2008 年第2期。
② 《3.9 亿元亏损是如何扭转的》，《人民日报》2003 年 8 月 9 日，第 1 版。
③ 《宁夏农垦志》编纂委员会编《宁夏农垦志（1989~2004）》，宁夏人民出版社，2006，第 257 页。

1992 年以来的长期亏损局面，实现盈利 819 万元①。同时期，由于农场实行了"两自理，四到户"，完善了大农场套小农场的双层经营体制，国家和自治区加大了农业投入，垦区农业开发显著，农林牧渔总体上盈利逐年增长，到 2003 年农业盈利 8285.8 万元。这一时期，垦区以旅游业为代表的第三产业发展迅速，建成了沙湖旅游区、西湖阅海公园，开展了长山头天湖湿地开发和垦区生态农业观光旅游的建设，使之成为农垦经济新的增长点。

第一节 垦区工业的困难及应对

1992 年是宁夏农垦改革开放后，把已经甩掉的亏损帽子又捡回来的一年。垦区工业企业在这一年所面临的严重局面几乎贯穿整个 20 世纪 90 年代，直到 2003 年扭亏为盈。在市场经济的开局之年，农垦企业整体上出现不适应。当年农垦工业企业中有 8 个出现亏损，亏损额高达 1172 万元，垦区经济遇到前所未有的严重局面。分析发生亏损的原因，主要有以下几点。

一是政策和市场的双重影响。1990～1991 年，银川糖厂榨期白糖生产，国家按每吨 2600 元价格收购，但到 1992 年实际是按每吨 2350 元价格结算，每吨少收入 250 元，使该厂销售白糖增亏 200 多万元。1991～1992 年榨期按照自治区政府有关指令性计划，超收甜菜 4 万吨，由于收购甜菜超出了榨期生产能力，气温回升致使露天存放的甜菜霉烂变质，降低了出糖率，超收甜菜也增加企业贷款利息支出 70 万元。在市场方面，1992 年食糖价格一跌再跌，售价低于成本价，为了尽快回笼资金，减少贷款，组织下一期生产，企业只能将库存的商品低价出

---

① 2000 年，因部分企业破产清算而出现当年工业盈利 2.3 万元的短暂局面。参见《宁夏农垦志》编纂委员会编《宁夏农垦志（1989～2004）》，宁夏人民出版社，2006，第 257 页。

售，销得越多亏损就越大。该厂生产的"西夏"牌啤酒同样如此，在市场压力下，啤酒低于成本价转售商业供销公司，亏损299.7万元。在农垦磷肥厂，原材料价格上涨，生产量下降，导致1992年该厂生产的磷肥、颗粒肥和硫酸铝的生产成本分别高于售价的1%、17.7%和28.4%，当年销售共亏损120.6万元。

二是受市场整体疲软的影响，应收账款剧增。1992年，垦区各类应收账款高达9484.8万元，其中，应收销货款4914.6万元。一方面企业在激烈的市场竞争中，竞争能力弱，只能靠赊销手段把产品卖出去，资金不能及时回笼，企业再生产只能靠银行贷款，并支付高额利息。从1990年起，农垦银行贷款利息每年以10.7%的速度递增，到1993年，全系统各企业贷款利息高达1700多万元[1]。另一方面，由于这一时期，全国众多企业破产倒闭，三角债和部分应收账款成为坏账呆账。如啤酒原料开发公司1991年前发出的啤酒花近70万元，因债务单位已变更或倒闭而无法收回[2]。

三是经营管理能力不足，企业非生产人员多，管理费用居高不下。1992年全系统22个企业的管理费高达4550万元，比上年净增674.5万元，增长17.4%，平均每个生产工人负担1300元，再加上营业外支出，每个生产工人负担近2000元。在垦区就业压力下，职工人数逐年增加，但企业的生产规模并未扩大，非生产人员逐年增多，吃大锅饭的现象愈发严重。一些企业管理者缺乏管理能力和职责担当。如玉泉营农场企业内私人欠公款近300万元，长期不还。建筑公司下属的土建队1992年完成工程量不到12万元，而亏损却达26万元[3]。

---

① 吴冠英：《对农垦企业深化改革发展经济几个问题的思考》，《宁夏农垦经济研究》1994年第1期。
② 冯国成：《宁夏农垦1992年生产财务决算浅析》，《宁夏农垦经济研究》1993年第2期。
③ 吴冠英：《更新观念振奋精神专心致志发展农垦经济》，《宁夏农垦经济研究》1993年第2期。

　　四是社会性支出增加过快，企业负担加重，影响盈利能力。1992年调整职工的补贴和离退休人员增加工资两项，比上年增加支出630万元，劳动保险支出比上年增加380万元，中小学经费补贴比上年增加98.7万元。仅以上三项，1992年比1991年就增加支出1108万元。

　　与此同时，在农业方面，1991年4月底，宁夏发生历史上罕见的大风降温，农垦受冻面积达11万亩，直接经济损失2531万元，灾害发生后，自治区财政厅分配给农垦局的救灾补助仅有65万元①。值得注意的是，这次农业灾害虽然是客观原因，但其中也凸显出垦区自改革开放以来，一些农场忽视农田基本建设，缺乏抵御自然灾害能力等问题。比如，在这次低温冻害中，由于南梁、暖泉等农场往年对农田水利设施建设搞得好，水稻不仅没有减产，反而增产。而过去条件好的灵武、渠口两个农场却减产23%和30%，主要原因是农业投入欠账太多。例如在灵武农场，自1987年起，农场把企业积累资金主要用于归还新上啤酒厂项目的贷款，对农田水利投入资金有限，1991年该场所属的农业生产队全部亏损，农业二队、园艺一队亏损额分别达到59万元和54.9万元，是该场建场40多年来未有之现象②。

　　垦区经济体现在职工收入方面，据农垦职工家庭收支调查，1992年，调查户人均纯收入1244.6元，较上年增长15%；人均支出1188.9元，较上年增加11.7%。生活消费支出801.1元，占比67.4%，受粮油价格调整影响，家庭食品支出增长较快，家庭生产性开支受到影响③。

　　以上这些问题，虽然集中在1992年的数据和情况表述，但问题产

①　《宁夏农垦志》编纂委员会编《宁夏农垦志（1989～2004）》，宁夏人民出版社，2006，第249页。

②　冯国成：《宁夏农垦1992年生产财务决算浅析》，《宁夏农垦经济研究》1993年第2期。

③　局计财处：《1992年宁夏农垦职工家庭收支情况调查》，《宁夏农垦经济研究》1993年第3期。

生的原因既要往前追溯，也在以后的十多年内有着程度不同的表现。

　　严重的经济下滑，使得垦区部分干部职工一度灰心丧气，认为农垦企业"没法办"①。1992 年 7 月，国务院《全民所有制工业企业转换经营机制条例》赋予企业更多的生产决策权，有利于政企分开改革，为垦区企业进入市场解决了体制性障碍。1993 年 11 月，党的十四届三中全会通过《中共中央关于建立社会主义市场经济体制若干问题的决定》，为垦区改革发展指明了方向和路径。《决定》指出，建立现代企业制度，是发展社会化大生产和市场经济的必然要求，是我国国有企业改革的方向。具备条件的国有大中型企业，单一投资主体的可依法改组为独资公司，多个投资主体的可依法改组为有限责任公司或股份有限公司。一般小型国有企业，有的可以实行承包经营、租赁经营，有的可以改组为股份合作制，也可以出售给集体或个人。②

　　按照中央的决定，农业部农垦司在全国农业工作会议上，明确农垦企业的改革方向是要尽快引导企业进入市场。一是加大改革力度，建立与市场经济体制相适应的企业经营机制。要大胆引入乡镇企业的经营机制，把场办企业推向市场。把小型微利或亏损的场办工业、商业、饮食服务业企业和网点，坚决拍卖一批，使其成为非国有性质的企业。鼓励农场和职工大力兴办乡镇企业性质的集体企业、股份合作制企业、个体和私营企业。鼓励职工大力发展庭院经济，自费开发荒山、荒地和未被利用的水面资源。在组织结构上，对有条件的企业进行股份制改造，组建企业集团。二是加快产业结构调整，增强企业的市场应变能力和竞争实力。在农业品种上，要集中发展市场需要、单位产品价值高、技术含量高的名、特、优产品和绿色食品生产，提高农林牧副渔产品的质量和

---

① 吴冠英：《对农垦企业深化改革发展经济几个问题的思考》，《宁夏农垦经济研究》1994年第 1 期。

② 《中共中央关于建立社会主义市场经济体制若干问题的决定（中国共产党第十四届中央委员会第三次全体会议 1993 年 11 月 14 日通过）》，《求实》1993 年第 12 期。

效益。要加快工业产品更新步伐，开发一批在市场上有竞争力的技术含量高、附加值高的新产品。要不断拓宽经营范围，什么行业的效益好就发展什么①。

在国家和自治区政策的指引下，农垦在正视问题和差距的基础上，清楚地认识到，要进一步解放思想，更新观念，抓住计划经济向市场经济体制交接转轨的关键期，才能跳出农垦企业固有的旧框框；农垦只有学习市场、了解市场、走向市场，才能有效推动垦区经济社会发展。

从 1994 年起，农垦围绕落实《全民所有制工业企业转换经营机制条例》，全面推行场长（厂长、经理）负责制，明确场长（厂长、经理）的盈亏责任。在农业上全面实行家庭承包、"两费"自理。试行土地租赁制，探索土地国有民营的新路子。对局直属二、三产业和场办骨干企业，组建有限责任公司，建立现代企业制度。鼓励并积极扶持职工开展小加工、小养殖、小运输、小作坊、小商贩等"五小"经营。将一些长期亏损的中小企业或项目，通过拍卖、租赁、配股、改建股份制、国有民营等办法，转给集体、私人、个体经营。在调整产业结构方面，稳定粮食生产的同时，扩大经济作物的种植，提出建设六大商品、原料基地规划，即以啤酒花、啤酒大麦为主的啤酒原料基地，以枸杞、甘草、麻黄为主的中药材原料基地，以水果为主的食品加工原料基地，以芦笋、魔芋、瓜菜为主的出口创汇原料基地，以甜菜为主的制糖原料基地，以优质葡萄为主的葡萄酒原料基地。

在管理方面，提出了向管理要效益的口号。一是合同管理。将农垦局和企业、企业和下属单位、企业和承包者的经济关系，都经具有法律效力的合同为纽带，联结起来。二是资金管理。规定农垦局下拨的资金，除教育经费、人头费、公务费外，都实行有偿使用。

---

① 《加快改革调整结构促进农垦经济持续快速健康发展（1994 年 1 月 7 日）》，中华人民共和国农业部农垦局编《农垦工作文件资料选编（1991～1995）》（内部资料），1997，第 414～416 页。

1996 年，为解决农垦企业在市场中的不平等地位，提高垦区企业竞争能力，自治区政府在跨入"九五"之际，下发了《自治区人民政府关于加强农垦工作的意见》（宁政发〔1996〕14 号），给予农垦企业 10 项优惠政策和扶持措施。其中包括，在自治区农垦事业管理局的基础上，组建农垦集团总公司，授予国有资产经营管理权，并作为国有资产投资主体，享有国有资产受益、重大决策和选择经营者的权利；"九五"期间，自治区财政继续予以保留对农垦包干补贴指标；自治区农垦集团总公司享有外贸进出口经营权；农垦企业可同时享受支持国有大中型企业和乡镇企业发展的优惠政策；企业职工社会保险纳入自治区统筹范围；农垦辖区内的土地，由农垦事业管理局（农垦集团总公司）经营管理，在坚持土地国家所有和不改变土地用途的前提下，允许农垦采取土地使用权入股、租赁、拍卖等方式扩大对外开放；把国有农场所在地列入全区小城镇规划之内，统一规划、统一部署、统一筹措资金[①]。

政策是加快农垦发展的根本保证。在自治区系列政策的支持下，农垦从现状和发展要求出发，开启了 20 世纪 90 年代中后期"走大开放、大改组、大发展的路子"，不断从改革体制和转换机制上有了大的动作和突破，在市场经济的浪潮中，逐渐走出困局。

第二节　自营经济的突起与垦区工农业体制改革

长期以来，农垦经济是全民所有制的国有经济。20 世纪 80 年代，农垦非国有经济处于萌芽状态，量很小。1992 年之后，随着社会主义市场经济体制的建立，非国有经济逐步发展起来。初期，农垦非国有经济的主要形式是个体经济。1994 年农垦局制定了《关于大力发展个体

[①]　《宁夏回族自治区人民政府关于加强农垦工作的意见》，《中国农垦经济》1996 年第 4 期。

私营经济安排意见》和《关于大力发展农垦个体私营经济的若干规定》，对非国有经济，政策上给予优惠，资金上给予扶持，技术上给予帮助，权益上给予保护，促进其发展。

据调查，1994 年，宁夏农垦自营经济①从业人数 5798 人，占职工总数的 13.63%。其中从事第一产业的 3284 人，第二产业的 616 人，第三产业的 1898 人。在发展路径上，多以种植业和养殖业发家，逐渐开展综合经营。

例如，平吉堡奶牛场职工胡加强，1984 年下半年从开荒搞种植业起家，到 1995 年，拥有 400 多亩基本农田、40 亩养鱼水面、年生猪饲养量 100 多头，拥有 2 辆货运汽车、1 台拖拉机、1 间歌舞厅，年获利 10 万元。玉泉营农场工人苏达元利用多种途径筹集资金 30 余万元，建成 30 亩果园和容量为 5 万公斤的水果保鲜库，1994 年贮藏保鲜水果 4.8 万公斤，纯收入 7 万余元，初步形成了产、贮、销一条龙经济。在二、三产业方面，一些职工自筹资金、自购设备，开办了一批具有一定规模的生产加工、服务业。巴浪湖农场农二队马文河 1990 年起在自家庭院从一棒两缸起步，吸收本队 10 余名青年女工，办起了皮毛加工厂。1994 年产值已达 60 余万元，除纳税和生产成本外，纯收入 5 万元。简泉农场工人谢立忠，自费投入 30 余万元，购置了 2 台碎石机，建起了年加工量 1.3 万吨的碳化硅原料加工厂，还买了 3 辆货运汽车和 1 台推土机，既加工经营碳化硅原料，又兼营运输业，1994 年总产值达 130 余万元，纯收入 20 万元。渠口农场工人李胜元，1985 年从开餐馆起家，逐渐发展成为餐馆、旅社、加油站综合经营的私营企业，1994 年纯收入 10 万元。

---

① 自营经济，刚开始主要指职工家庭副业，后泛指个体私营为主的非公有制经济。20 世纪 90 年代，针对社会上使用"私营经济"这个名词尚有顾虑的时代背景下，全国垦区多用自营经济这个名词替代个体私营经济。主要特征就是农场职工自筹资金、自主经营、自担风险，从以种养业为主，逐渐扩大到第二、三产业。

在灵武农场，1993 年全场职工自营经济收入 311 万元，人均 568.75 元，占职工人均全部收入的 15.86%。平吉堡奶牛场 1993 年全场人均自营经济收入 1252.35 元，占职工人均工资收入的 70.6%。其中许多职工自营经济收入远远超过从企业得到的收入。到 1994 年底，平吉堡奶牛场的职工家庭存款 10 万元以上的已过百户，成为农场先富起来的一部分职工。

在农垦局 1994 年 4 月的《关于大力发展农垦个体私营经济若干规定》的指导下，垦区大多数单位相继出台具体扶持政策。比如，玉泉营农场规定，土地开垦实行谁投资、谁开垦、谁受益，5 年内除每亩交 6 元土地管理费外，再不向农场交其他费用①。连湖农场按照区域布局规划，成片划出 21 亩地供职工发展牛、羊、猪和家禽等养殖业。灵武农场和南梁农场还分别拨出 10 万元专款，重点扶持发展种植业和养殖业的经营大户②。暖泉农场 1995 年完全放开职工自费开荒，并提供优惠政策。南梁农场多次派人到陕西、甘肃等地为职工买牛饲养，还挤出 100 万元资金扶持职工发展自营经济，职工自费开荒面积接近 5000 亩，养牛 290 多头，还有 88 户职工自费投资建起了股份合作制的麦芽厂。灵武农场 1995 年职工自费养猪达 4000 余头，其中 26 户饲养量达 2500 头，户均近百头。1994 年全系统职工自营经济总收入达 6680 万元，职工人均 760.5 元，比 1993 年 200.42 元增长 2.8 倍③。

一方面垦区个体私营经济蓬勃发展，另一方面场办国有小企业经营普遍亏损。农垦事业管理局根据国家和自治区有关政策，为放开搞活场办小企业，垦区的国有资产逐渐从场办小企业中退出。例如，1998 年平吉堡奶牛场将清真乳品厂有偿转让给本场职工个人经营。平吉堡奶牛

---

① 玉泉营农场工会：《多种经济齐发展 脱贫致富迈大步》，《宁夏农垦经济》1994 年第 2 期。
② 树林：《抓住机遇 加大力度 把职工自营经济推向一个新的发展阶段》，《宁夏农垦经济》1995 年第 2 期。
③ 余里人：《解放思想是发展农垦职工自营经济的关键》，《宁夏农垦经济》1995 年第 4 期。

场清真乳品厂，是垦区按有关法规程序执行的第一个有偿转让的场办企业，农垦事业管理局及时总结推广了平吉堡奶牛场的经验。各农场根据平吉堡奶牛场的做法，结合自己的实际情况，对场办企业进行改革，截至 2000 年年底，垦区 95 个场办企业，都分别以有偿转让、租赁、兼并、拍卖等形式转换了经营机制[1]。

2001 年 12 月，为了加快农垦的改革和发展，自治区党委、政府专门下发了《关于加快新时期农垦改革与发展的意见》，提出"大力发展非公有制经济，鼓励职工有偿使用垦区各类资源，投资兴办个体、私营企业，发展多种经营，多渠道增加收入，增强参与企业产权制度改革的能力"[2]。

1998~2004 年，采取关停或破产的较大企业有：暖泉机制蘑菇厂、平罗糖厂和青铜峡糖厂[3]、银川糖厂、农垦磷肥厂、宁港皮毛制品有限公司、宁夏农垦腾飞冶炼有限公司、西夏食品有限公司、农垦商贸总公司、农垦工贸公司等。

改革中一些企业退出国有经济序列，如 2002 年，宁夏西夏酿酒总厂改制为"宁夏西夏贡酒实业有限公司"，宁夏农垦工业科技开发中心改制为"宁夏垦原生物化工科技有限公司"，对两家企业原职工进行经济补偿后，不再保留国有职工身份。农垦前进酒厂改制为沙湖酒液公司，后发展为宁夏沙湖春酿酒集团有限公司。

国有资产逐步从场办企业中退出，非公有制经济不断得到支持和壮大，到 2000 年年底，农垦非公有制经济国内生产总值达 7276.4 万元，占农垦国内生产总值的 19%。到 2004 年底，这一比例达到 34%[4]。

---

[1] 《宁夏农垦志》编纂委员会编《宁夏农垦志（1989~2004）》，宁夏人民出版社，2006，第 128 页。

[2] 《宁夏农垦志》编纂委员会编《宁夏农垦志（1989~2004）》，宁夏人民出版社，2006，第 877 页。

[3] 平罗糖厂和青铜峡糖厂原隶属自治区轻纺厅管理，1996 年自治区政府将其划归农垦事业管理局，1998 年、2000 年两厂先后宣告破产。

[4] 《宁夏农垦志》编纂委员会编《宁夏农垦志（1989~2004）》，宁夏人民出版社，2006，第 128 页。

农垦职工自营经济的兴起，对企业解困、职工脱贫增收、下岗职工再就业、稳定社会、振兴农垦经济发挥了重要作用，同时也为自治区国民经济发展做出了巨大贡献。由于以自营经济为主的非公经济实质上并不在农垦序列，其作用和目的与国家之于农垦的使命并不相同，所以，本书以下内容不再对垦区非公经济发展作专门考察。

一 农业"两费自理"改革

1993 年，宁夏农垦经济体制改革办公室在调研中发现，一些农场在职工家庭农场承包中，实行生产费和生活费自理的措施，效果明显。与此同时，黑龙江等垦区也开展了两费自理的改革试点，并取得成功。当年 12 月，宁夏农垦局在《关于进一步加快宁夏农垦经济体制改革的意见》中明确提出，对职工家庭农场或承包户，实行"两自理，四到户"，即生产费用、生活费用自理；承包、核算、风险、盈亏到户。1994 年，农业部农垦司总结了生产费和生活费自理改革经验，并要求在全国国营农场推行。这次改革，解决了职工在承包中负盈不负亏的问题，完善了大农场套小农场的双层经营体制。

据王新候对暖泉农六队"两费"自理试点的调查，1992 年，该队共 40 户 56 人，人均纯收入仅 265 元。1993 年该队人均收入 2377 元，是上年度的 8.97 倍。显著的经营成效充分说明了"两费"改革的优越性。

改革之前，职工向农场预借生产资料费和生活费，生产成本由农场统一控制，化肥、农药等生产资料统一发放，产品销售由农场统一安排。盈了，职工向农场要钱，亏了，挂到单位账上扣不回来，奖金分配也存在大锅饭的倾向。"两费"自理后，职工自己出钱种地，交够国家和企业，剩下都是自己的，消除了挂账现象，割除了负盈不负亏的弊端。被调查的一位暖泉农场职工坦言相告："往年我总是偷着把队上发给的化肥、农药卖掉一部分，今年不同了，我和一些人专门到场外买化肥往承包地里施，因为外面的化肥便宜。"[1]

在玉泉营农场，实行"两费"改革的同时，还进行了机构精简工作。场部科室从 10 个精简为 5 个，人员由 75 人精简为 33 人，全场管理人员从 339 人精简为 242 人。1993 年，全场种植大小麦总产量达 230 万公斤，比上年增长 41.5%[2]。

"两费"改革进一步落实了经营自主权，激发了职工的积极性。职工在成本管理和销售上有了自主权，根据市场行情调整种植结构和销售策略。解放出来的劳动力，开展形式各样的小作坊、小养殖、小加工、小运输，一些经营大户开始创立私营经济组织。"两费"改革改善了干群关系，强化了职工的市场意识，对推进垦区适应市场经济改革发展有着重要意义。

二　土地长期承包与"养老田"改革

垦区土地长期承包经营和"职工养老田"（也称职工养老"置换地"政策）的改革起始于长山头农场。农垦在推行土地承包时，一般期限为 3 年，部分农场承包期仅 1 年，这就出现了职工在承包期内的短期行为，不愿在培肥地力和农田基本建设上下工夫，只顾眼前利益，搞掠夺式经营，为农场可持续发展带来严重问题。长山头农场长期欠缴职工养老保险费，1998 年年底，累计欠缴 400 多万元。为解决这两个问题，1999 年，该场开展了土地长期承包和"职工养老田"改革。具体做法是，农场与职工签订《土地经营使用权转让协议》，将农场所有的土地经营使用权有偿转让给职工，一定 30 年不变。职工对经营使用的土地可以继承和有偿转让。农场与中宁县政府协商，由县土地管理局给职工发放《国有土地经营使用证》，职工以《国有土地经营

---

① 王新候：《暖泉农场六队"两费"自理情况调查》，《宁夏农垦经济研究》1993 年第 4 期。

② 宁夏农垦局体改办调查组：《关于我区农垦农业改革有关问题的调查报告》，《宁夏农垦经济研究》1994 年第 1 期。

使用证》到银行抵押，取得低息贷款，一次交清 30 年的土地经营使用费。

在职工养老保险缴纳方面，长山头农场开展了以土地承包经营权置换职工上缴养老保险费的改革。农场根据耕地等级，给参加养老保险的职工每人划拨 5~7 亩养老保险田，作为企业为职工上缴养老保险费的补偿部分，此后职工的养老保险费，全部由自己向养老保险部门上缴。职工的养老保险田，不再向农场上缴土地承包费，到职工办理退休手续时，再将养老保险田交回给农场。这种办法，既减轻了农场的负担，又解决了职工对企业不能按时足额上缴养老保险费的后顾之忧。

2000 年，农垦事业管理局在总结长山头农场改革经验的基础上，在各农场全面推行土地长期承包和"养老保险田"的做法。国有土地经营使用权有偿转让的经营机制，彻底解决了农业承包户负盈不负亏的问题，减轻了农场负担。职工有了经营自主权，使职工真正成为经营主体和市场竞争主体，激发了干劲，促进了农场经济发展。养老田的改革，提高了职工养老保险和医疗保险费征缴比率，此后全垦区职工养老保险费征缴率达 95% 以上①。

土地长期承包和"养老保险田"的做法，在农垦产业发展尚未成熟之际，不失为一种务实的改革措施，在当时起到一定的积极作用。但土地长期承包后，农垦局对土地放松了管理，也为以后出现私自发包、违规转包甚至非法倒卖、少包多占等无序流转和擅自改变土地用途、拖欠承包费等多种违法违规行为埋下了隐患，造成了国有土地流失。以"养老保险田"抵扣企业应该负担的责任，不仅与《劳动法》《劳动合同法》《社会保险法》等法律法规存在冲突，其抵扣的标准也容易引发争议，积聚劳资双方的矛盾。

---

① 《宁夏农垦志》编纂委员会编《宁夏农垦志（1989~2004）》，宁夏人民出版社，2006，第 126~127 页。

三　组织机构改革与产业集团的组建

1996 年 1 月，自治区政府召开了以"大开放、大改组、大发展"为主题的全区农垦工作会议，在《关于加强农垦工作的意见》中指出，要以建立现代企业制度为目标，加快农垦企业公司化改造步伐，逐步实现农垦企业的集团化、贸工农一体化、外向化和现代化。自治区农垦局改为农垦事业管理局，事业编制，同时组建农垦企业集团总公司，一套班子，两块牌子，保留行政职能。在条件较为成熟的情况下，取消自治区农垦事业管理局建制，全面过渡为经济实体。农垦企业集团总公司作为企业集团的母公司，与所属企业（子公司）是母子公司关系。

1997 年 5 月，农垦企业集团总公司成立董事会，1998 年 3 月 8 日，农垦事业管理局在沙湖宾馆举行宁夏农垦企业（集团）公司正式挂牌运营仪式。为适应农垦企业（集团）公司工作的运行，2001 年 12 月，农垦事业管理局制定出台了《农垦企业（集团）公司机关职能配置和内设机构方案》，农垦企业集团公司内设 13 个部、室，初步形成较为完备的公司组织机构和管理体制。

为适应市场经济发展，垦区整合优势资源，集聚生产要素，组建产业集团，提高农垦企业在市场的核心竞争力，创名牌，拓市场，增效益。以集团公司为主体，以实现农垦特色产业为目标，农垦局自 20 世纪 90 年代初开始，先后开展骨干企业改造，组建产业集团，集中农垦优势，按照产业化格局，走集团化之路。

（1）组建成立宁夏沙湖旅游股份有限公司。以宁夏农垦企业（集团）公司为主发起人，以沙湖旅游区、沙湖宾馆、沙湖旅行社经营性资产 5500.34 万元，联合宁夏大漠科技投资有限公司等 8 个单位于 2000 年 12 月共同发起，注册资金为 6800 万元。2003 年与北京首旅开展战略合作，加速推动景区基础设施建设和现代服务业的拓展。

（2）合资成立宁夏西夏王葡萄酒业有限公司。1998 年 2 月，宁夏玉泉葡萄酒厂、玉泉营农场、北京同力制冷设备公司合资成立"宁夏西夏王葡萄酒业有限公司"。总股本 788 万元，国有股 402 万元，占总股本的 51%。为支持基地发展，宁夏玉泉葡萄酒厂、北京同力制冷设备公司各让出 5% 分红权给玉泉营农场。2002 年 8 月，宁夏西夏王葡萄酒业有限公司与江西江中制药集团恒生实业有限公司联合组建合资经营公司，总注册资本 6000 万元。

（3）成立宁夏枸杞企业集团。1992 年 7 月，成立宁夏枸杞企业（集团）公司，以南梁农场为核心企业，西湖农场、贺兰山农牧场、大武口建材厂三户企业的园林队为紧密层企业，长山头、灵武、渠口、暖泉、黄羊滩、简泉农场等企业的园林队为半紧密层企业。集团公司实行董事会领导下的总经理负责制，依托核心企业建立集团公司的管理机构，直属农垦局管理。枸杞集团公司成立之初，正是市场变化之时，枸杞价格不断下跌，致使农垦的枸杞种植面积减少，产量下降。集团公司成立后，通过运用生物技术，开发出比传统宁夏枸杞元素含量高 5～10 倍的"碧宝牌"SOD 富硒枸杞新产品，1996 年获得国家专利，1998 年获自治区科技进步三等奖，成为宁夏优质红宝产品的代表。枸杞集团公司除主产品枸杞干果外，还开发出"沙湖"牌枸杞咖啡、枸杞精粉、枸杞汁、枸杞胶囊等系列产品，在南梁农场万亩枸杞示范园区，建起了枸杞庄园、枸杞文化馆、农家乐、垂钓中心等旅游基础设施，使示范园区成为枸杞种植、加工、旅游观光、科普教育一体化的绿色生态庄园。

（4）成立宁夏农垦局良种繁育经销中心[①]。2000 年 3 月成立以良种繁育经销中心为龙头，以农垦系统各农场为生产基地，采取龙头连基地、基地连农户（农业承包户）的形式，实行种子生产、加工、销售一体化，风险共担、利益共享的宁夏农垦西夏种业联合体。联合体实行

---

① 2017 年更名为宁夏农垦贺兰山种业有限公司。

统一安排年度生产计划、统一技术措施、统一对外销售、统一设立销售网点、统一销售价格、统一标志及包装的"六统一"管理措施。

（5）宁夏西夏啤酒产业集团①。20 世纪 90 年代中后期，银川啤酒厂通过不断的技改、扩建，跻身自治区名优企业，凭借 11 度特制棕色啤酒、全麦啤酒和干啤酒、果味啤酒、红啤等适销对路的"西夏"啤酒系列产品，不仅抢占了区内 80% 的啤酒市场份额，还先后兼并了中宁啤酒厂、大武口冲浪啤酒厂。为应对进入 21 世纪以来市场经济的挑战，2001 年 7 月，宁夏农垦将"西夏"的品牌竞争优势和"宁沈"的生产能力优势进行整合，组建宁夏农垦西夏啤酒（集团）公司。集团公司成员以银川啤酒厂为核心企业，包括灵武啤酒厂、大武口啤酒厂、银川玻璃制瓶厂、西夏富氧水公司、西夏包装印刷公司、西夏机械厂、西夏工程机械运输部等 9 个企业，并将黄羊滩农场和灵武农场确定为集团的啤酒原料基地。2004 年，西夏啤酒集团年产销啤酒突破 10 万吨。

（6）联合发展宁夏农垦贺兰山奶产业②。以平吉堡奶牛场为核心企业，联合连湖、灵武农场和其他农场奶牛产业统一经营。2002 年起，统一编写农垦 3 万头奶牛基地建设项目报告，规范各场奶牛生产管理技术，到 2003 年年底发展奶牛示范园 9 个。在产业联合发展下，提升了农垦奶产业的发展速度，垦区奶牛饲养量由 2001 年 6919 头增加到 2004 年的 1.26 万头。

（7）组建宁夏西夏王葡萄产业集团。2003 年 7 月，在宁夏西夏王葡萄酒业公司基础上，由宁夏西夏王葡萄酒业公司、农垦物资公司、宁夏玉泉葡萄发展公司组成。子公司有宁夏西夏王葡萄酒贸易公司、宁夏玉泉葡萄旅游公司、宁夏贺兰山特产开发公司和宁夏玉泉葡萄酒研究所。有葡萄基地 3 万亩，从意大利引进的灌装线，研制生产出 10 个系

---

① 2006 年 3 月，与嘉士伯集团签订合资合作合同，合资成立宁夏西夏嘉酿啤酒有限公司，嘉士伯啤酒集团控股 70%，农垦集团参股 30%。

② 2009 年 12 月，工商注册为宁夏农垦贺兰山奶业有限公司。

列、40 多种高、中、低档"西夏王"品牌葡萄酒，年可生产各种葡萄酒、枸杞酒 1 万吨。主导产品"西夏王"干红、干白葡萄酒多次获国内国际大奖。

（8）成立宁夏农垦贺兰山清真肉羊产业（集团）有限责任公司①。2003 年 10 月注册成立。位于暖泉农场，下辖良种繁育有限公司、暖泉饲料有限公司、茂盛草业有限公司、综合加工公司、供销公司、农业开发公司。该产业集团以生产加工企业和暖泉农场为母体，以贺兰山东麓 11 个国营农场为种养基地，坚持"以养调种，草畜并举，粮畜草协调发展"的方针，建起饲草料种植和加工基地、种羊繁殖基地、商品羊养殖基地、肉羊加工基地和农牧生态旅游基地。2005 年 7 月，经全国农业产业化联席会议审定，该集团公司取得"农业产业化国家重点龙头企业"的资格。2005 年，"贺兰山"牌清真羊肉被自治区政府指定为"宁夏礼品羊肉"。

（9）组建宁夏贺兰山绿色农业产业集团有限责任公司②。下辖连湖农场、贺兰山农业发展公司、航苑绿业科技公司三个子公司，2004 年组建成立。有耕地 7.35 万亩。至 2004 年年底，建成日光温棚 4481 栋。所生产的"双丰"牌和"贺兰山"牌西红柿、黄瓜、茄子、葡萄等获国家绿色食品认证，销往西藏、新疆、青海、陕西、内蒙古、甘肃等省区。

产业集团的创建，集聚了垦区的资源优势和区位优势，有利于培育壮大拳头产品，进而形成有竞争优势的区域特点的主导产业，通过产业化经营将资源优势转化为经济优势和市场竞争优势③。以"公司＋基

---

① 2007 年 12 月，上海瑞索资公司和香港加华集团公司收购该公司 70% 的股权，由上海瑞索资公司持股 40%、香港加华集团公司持股 30%、宁夏农垦企业集团公司持股 30%，组成宁夏农垦贺兰山清真牛羊产业集团有限公司。2018 年改名为宁夏农垦贺兰山牛羊产业（集团）有限公司。

② 先后改名为宁夏连湖现代农业发展有限责任公司和宁夏农垦连湖农场有限公司。

③ 中国农林水利工会调查组：《宁夏农垦是怎样实现跨越式发展的》，《中国农垦》2005 年第 3 期。

地"的模式推进产业化改造，不仅加快企业的发展壮大，也有效化解了职工自营经济的风险，还带动和辐射了周边农村产业的发展。2004年年底，垦区实现农垦生产总值7.2亿元，资产总额18.66亿元，盈利1702.2万元。

第三节　从渔湖到5A级景区

前进农场的渔湖在20世纪50年代末还是一片耕地，由于地势低洼，周围农田向这里渗水，加上几次渠决口，渠水汇集到这里形成了一片水域。为了利用这片水域，50年代末农场在这里建起了渔场。1989年，西北农垦工作会议在银川召开。会上有关甘肃敦煌月牙湖旅游业的经验介绍，引起了宁夏农垦领导的关注。前进农场的渔场自然景观比月牙湖更为优越，农垦通过论证，并积极向自治区政府申请建议开发渔场为旅游区。

1989年8月，自治区主席白立忱到前进农场渔湖调研，他问旁边陪同的农垦领导柳登旺："你说要是把这里开发成旅游景区叫个什么名字好呢？"柳登旺顺口说："这里有沙又有湖，主席说叫什么名字好呢？"白立忱随口答道："就叫沙湖吧。"①

在自治区党委、政府的高度重视和相关部门的支持下，农垦经过半年多的开发，基本建成沙湖旅游区，于1990年5月1日起对外开放。

建成的沙湖景区，有湖面万亩，有沙山相依。沙湖水洁天净，林草葱茏。万亩湖面碧波荡漾，一丛丛芦苇千姿百态，错落有致，芦花摇曳，多种候鸟在此集结栖息。登高远望，北面万亩碧波大湖，南面浩瀚沙丘，湖如海、沙似绸，雁飞鸭鸣，渔歌晚唱。游泳、荡舟、滑沙、享

---

① 征程：《深情藏沃土》，载刘润琦、程广征主编《足迹（上）》，宁夏人民出版社，2010，第391~393页。

尽大自然无限风情①。沙湖景区既有江南水乡景象，又有塞外大漠特色，在西北干旱地区尤为难得。

1990年，李向华刚从学校毕业到沙湖工作，他回忆沙湖景区刚开业时期的情景时说：

> 当时沙湖大门只是两个小小的铁柱，旁边有一个水泥做的伞就是它的标志。员工也就只有30多人，而且都是刚出校门不满20岁的小姑娘、小伙子，个个朝气蓬勃、生龙活虎。刚开始执行接待任务的沙湖，游船、餐厅、码头都非常少，日接待容量设计得非常小，可是游客来得却非常多。每到旅游旺季，大批南来北往的游客，总是带着吃的喝的，一批一批涌向码头。码头周围人山人海，游客买到船票后，因为人多着急不愿意排队，又是挤又是翻越码头栏杆，因此码头每个周日都需要有警察维护秩序，才能正常运营②。

沙湖景区的建立，改变了以前人们对宁夏"风吹沙石跑"的印象。1990年，宁夏还没有一处像样的景区，沙湖旅游区的修建不仅为宁夏民众和外地客商提供了休闲度假的场所，也开启了自治区旅游业发展的大门。

1991年6月，江泽民到沙湖视察，农垦领导柳登旺向总书记打起了广告，他说："贺兰山下一明珠，塞上江南是沙湖，有沙有水又有芦，南北风光在沙湖。南方有湖没有沙，西北有沙少连湖，沙湖有沙有湖还有芦，万亩荷花伴沙湖。欢迎江总书记视察沙湖！"江泽民听了高兴地连连称赞他说得好，随后亲自为沙湖题字。迄今为止，沙湖是党和

---

① 《世界奇观——沙湖》，《中国乡镇企业》1994年第1期。
② 刘润琦、程广征主编《足迹（上）》，宁夏人民出版社，2010，第338～339页。

国家领导人来宁夏视察去得最多的景区①。

为打造沙湖景区品牌，1991～2004年，农垦围绕沙湖景区的宣传，开展丰富多彩的旅游文化体育活动，注重政府搭台、旅游唱戏，与自治区有关部门联合，先后成功举办"中秋沙湖文化旅游""沙湖龙舟邀请赛""中国西部沙湖杯民歌（花儿）歌手邀请赛""荷花艺术节""沙湖国际沙雕节""中国宁夏大漠黄河国际旅游节""印象沙湖舞动之夜"等，这些节庆活动的成功举办，在宁夏乃至临近的西部省区产生了轰动效应，旅游收入相应增加。

1995年，沙湖被自治区人民政府列为"风景名胜区"。1997年，"沙湖芦荡"入选中国"二十胜景"，并被列为全国35个王牌旅游景点之一。2000年9月，沙湖旅游区被评定为"全国文明风景旅游区示范点"；当年12月，宁夏农垦事业管理局决定成立宁夏沙湖旅游股份有限公司，下辖沙湖旅游分公司、沙湖宾馆、沙湖旅行社，推动沙湖旅游向产业化和多元化发展②。2004年沙湖旅游区盈利1270万元，仅次于西夏啤酒公司，成为垦区第二创利大户。2007年，国家旅游局批准沙湖为国家首批66家5A级旅游景区之一。2010年以来，沙湖荣膺"中国十大魅力休闲旅游湖泊"、"全国首批低碳旅游示范区"、"国家级水利风景区"和全国文明单位等荣誉称号。

在发展旅游业的同时，农垦同时加大湿地的保护力度。1997年，自治区人民政府批准建立宁夏沙湖自然保护区，并颁布实施《宁夏沙湖自然保护区管理办法》，将沙湖生态保护纳入法治轨道，总面积4247公顷。当年12月农垦局成立宁夏回族自治区沙湖管理处，为处级事业单位。沙湖管理处和沙湖景区通力合作，开展环境保护、湿地保护和野生动物保护等工作。为普及湿地保护知识，增添景区人文景观，2010

---

①　刘润琦、程广征主编《足迹（上）》，宁夏人民出版社，2010，第392～393页。
②　王涛：《人文历史传奇》，《中国旅游报》2013年9月23日，第2版。

年，沙湖景区自行投资 3000 多万元，建成以湿地保护和鸟类标本展览为主要内容，集科普、科研、收藏、展览为一体的宁夏湿地博物馆，建筑面积 4520 平方米，馆内通过大量的图片、资料和实物翔实地展示了中国湿地、宁夏湿地、沙湖湿地的知识。该馆是我国西北第一家以湿地为背景的博物馆，是自治区级科普教育基地，成为对外宣传交流、普及湿地科普知识、展示宁夏湿地保护成果、唤起公众湿地保护意识和行为的窗口和阵地。

为开发沙湖景区的人文旅游资源，同时展示农垦的创业史、发展史，2008 年，农垦事业管理局在沙湖旅游区建立宁夏农垦博物馆，该馆占地 1800 平方米，由宁夏农垦历史、辉煌成就和展望未来三个部分组成，全面展现农垦人用汗水、泪水、血水创造的历史和垦区所取得的物质文明、精神文明、政治文明和生态文明建设的丰硕成果，传承农垦珍贵精神文化遗产，激励和鼓舞后人。博物馆的基本陈列沿着宁夏农垦事业的发展脉络展开，前两部分通过大量实物、历史照片、微缩景观、室内浮雕和文字材料，原样展现宁夏农垦人的工作、生活和宁夏农垦事业发展的艰辛历程与辉煌成就；后一部分则展现宁夏农垦积极发挥现代农业的示范引领作用，为建设宁夏现代农业龙头企业、实现跨越式发展做出积极贡献①。

在 2015 年"宁夏新十景"评选活动中，"沙湖苇舟"被评为宁夏十大新景观之一。其颁奖词为：一汪碧水从天降，瀚海沙漠起平湖。苇湖泛舟，翩翩鸥鹭掠水飞；枕沙傍水，串串脚印笑语盈。早观芦荡日出，晚听驼铃叮当。

"绿水青山，就是金山银山。"新时期以来，沙湖加大环保以及周边环境的整治工作。沙湖景区将工作重点转向生态修复、水质净化、景观美化。农垦确定 2017 年为沙湖"生态治理及景观修复年"，编制

---

① 骈玉明：《宁夏农垦博物馆建成开馆》，《中国农垦》2008 年第 11 期。

《沙湖水质改善综合治理方案》和《沙湖水质达标方案》等方案，按照"外部隔离、内部循环、水体置换、污水外迁、生态修复、综合治理"的思路，建设相关环保与生态修复项目工程，将沙湖与星海湖联通，实现水体循环，全力推进沙湖生态治理。逐步打造沙漠风情疗养体验区、沙湖苇舟观光游览区、湿地观鸟科普文化区、沙湖水上运动娱乐区、沙湖休闲旅游度假区和现代观光农业休闲区空间发展格局，打造以沙湖为中心的大沙湖生态旅游圈。

第四节　连湖模式与宁夏供港蔬菜产业

1995 年，连湖农场因啤酒花无销路，大片酒花被挖，场里为解决啤酒花队职工生活着落问题，决定在农艺队、园林队试建温棚。农艺队职工李万福、王明全等 7 人，园林队职工刘生保、施汉章等 5 人先后共建起了 12 栋温棚，成为连湖温棚蔬菜的先行者。农场制定扶持政策，每栋棚借给 3000 元钱，并聘请当地种棚能手建棚种菜开展培训指导。

由于种棚户当年种植的黄瓜、茭瓜效益非常好，每棚菜净赚 1 万多元。随后几年，农场将大棚蔬菜作为主导产业发展，到 1998 年年底，农场累计建棚 238 栋，并形成了以西红柿为主栽品种的冬季温棚蔬菜产业。

2001 年麦收后，农场动员全场建棚。当时，农场从北到南十千米的土地上，到处红旗招展、人头攒动，一派热闹的景象。农场聘请了姜戴珠、陈得果等全区顶尖蔬菜专家，在场开办温棚种植夜校。连续 5 年坚持不懈地把日光温棚蔬菜作为一个产业来抓，到 2005 年年底，全场共新建日光蔬菜温棚 2106 栋，建起了占地 20 亩的连湖蔬菜批发市场、2000 平方米的加工保鲜包装车间及年产蔬菜种苗 150 万株的育苗中心。组建成立了双丰蔬菜公司，盖起了培训检测中心楼，并配套电教和检测设备。注册了连湖"双丰牌"蔬菜商标，并获得了国家 A 级绿色认证，

2005 年，连湖农场被农业部评为无公害农产品示范基地。

2004 年 6 月，自治区政府主管农业的赵廷杰副主席到农场考察温棚蔬菜，他感慨地说："这是我在宁夏看到的连片最大的温棚。"在自治区政府的大力支持下，当年 11 月 10 日，垦区以连湖农场为母公司的宁夏贺兰山绿色农业产业集团公司成立。

2005 年，香港优之菜公司的罗畅安先生为筹建北方蔬菜种植基地，在连续考察了河南、陕西、山西、河北、内蒙古等地后，来到连湖农场。此时，连湖所生产的"双丰牌"西红柿等蔬菜已在区内外小有名气，通过考察，港商决定在连湖农场投资生产供港蔬菜。

2006 年夏初，宁夏贺兰山绿色农业产业集团公司（连湖农场）与香港优之菜公司正式签订了合作协议。农场通过采取"反租倒包"的形式，将五队职工已承包的 2000 亩土地调整回来，承包给优之菜公司建设供港蔬菜基地。该公司重新平田整地，铺设喷灌，开展大规模集约化标准化蔬菜生产，生产菜心、芥蓝、奶白菜、雪斗白菜等蔬菜，在产品加工、分级、包装、预冷后，通过飞机运往香港销售，优良的品质很快得到香港市民的青睐，当时也被称为"飞机菜"。

在供港蔬菜的示范带动下，2008 年，连湖农场利用政策性项目资金的支持，建起了 5100 亩标准化供港蔬菜基地、2500 平方米保鲜加工车间，并配套了大型标准化蔬菜育苗中心。连湖农场蔬菜产业的发展不仅使企业增效、职工增收，还推动了当地的保鲜包装、冷藏运输、农资商贸等相关产业的发展。

连湖农场供港蔬菜产业的发展引起了自治区党委、政府高度重视。2007 年 2 月，自治区政府副主席赵廷杰在连湖农场召开由财政厅、发改委、农牧厅、商务厅、农综办、检验检疫局、宁夏大学、农垦局等单位参加的现场办公会，赵廷杰副主席在听取汇报后说："连湖农场与香港公司的合作，创新了发展模式，积累了好经验，特别是这样全新的发展模式、标准化的栽培，为我们发展蔬菜产业提供了许多可以借鉴的经验。"他要求把连湖农场作为自治区现代农业示范点,从各个方面予以支持,真正发挥连湖农场超前的示范带动作用,使其取得更好的成绩。当年 8 月,自治区主席王正伟在连湖农场调研时强调:"无论是冬季日光温棚设施农业,还是露地喷灌设施农业,都要把好的经验总结起来,适宜推广的在全区推广。"当年 10 月,自治区党委书记陈建国到连湖农场调研,在听取了连湖发展露地供港蔬菜的汇报后,他指出,这是农垦发挥现代农业示范带动作用的一个典范,要学习这种工厂化的生产模式,利用农垦规模化、标准化的生产方式带动全区农业产业现代化发展。

在 2006、2007、2008 年连续三年的全区农村工作会议中,自治区于革胜副书记,赵廷杰、郝林海副主席都讲到连湖农场的供港蔬菜,要求大家看一看、学一学。

2007 年,自治区政府把连湖农场将南方沿海城市及港澳地区作为目标市场,以土地"反租倒包"形式实行土地集约化经营,以先进的喷灌技术和全新的栽培模式,以标准化的工业管理理念生产南方蔬菜、实现夏菜南下,发展现代农业的做法确定为"连湖模式",号召在全区推广,并予以政策扶持。在自治区政府的推动和支持下,巴浪湖农场、中宁县、青铜峡市、永宁县先后建起供港蔬菜基地,"连湖模式"在全区放大①。

随着"连湖模式"在全区的推广,一些农业专家也对此展开研究。如陈洪仓认为,"连湖模式"就是充分利用宁夏的自然和生产条件与南方形成的季节差异,以国外及东南沿海发达地区和城市为目标市场,应用现代农业手段,采取一体化经营、工厂化管理、标准化生产、规模化发展的经营方式,按照市场—产品—生产—加工—销售的顺序组织反季

---

① 刘富锦:《亲历连湖模式的确定与推广》,载刘润琦、程广征主编《足迹(上)》,宁夏人民出版社,2010,第 315~320 页。

节生产国外和南方高端市场需求的蔬菜，实现夏菜南下的外向型蔬菜产业化生产模式①。

据 2010 年 7 月 31 日《宁夏日报》报道，宁夏农垦连湖供港蔬菜示范基地，年产各类蔬菜 2.6 万吨，用于供应香港高端市场，年产值约 1.5 亿元，带动第三产业增收 500 多万元，解决富余劳动力 1500 个。连湖农场叶菜市场辐射距离由 500 千米延伸到了 3000 千米以上。在连湖供港蔬菜基地的带动下，巴浪湖农场等地也相继发展起了供港蔬菜产业，2010 年，全区供港菜约 3 万亩②。

在供港蔬菜的高效益吸引下，香港、广东、福建等地客商纷纷到宁夏抢滩入驻，承包经营，"连湖模式"在宁夏各地迅速推广。至 2016 年，全区供港蔬菜面积达 15.3 万亩。与此同时，生产、加工、冷藏、检测、运输技术标准逐步形成，供港蔬菜的现代化生产经营模式深刻影响着宁夏农业的生产方式和发展观念③。

截至 2017 年 12 月底，宁夏全区蔬菜种植企业达 47 家，生产基地约 80 家，种植面积 17.6 万亩。宁夏蔬菜不仅占领了广东、香港等地高端市场，顺利打入北京、上海、福建市场，还成功进入新加坡、马来西亚等海外市场，成为供港蔬菜的"明星产地"④。

第五节　从工程队到西夏苑房地产开发公司

西夏苑房地产开发公司成立于 2002 年，是一家以房地产开发、建筑施工、劳务、物业服务为一体的综合性企业，是农垦所属的全资子公司。虽然"西夏苑"公司成立晚，但若追根溯源，其历程坎坷，

---

① 陈洪仓：《解读"连湖模式"》，《中国农垦》2011 年第 1 期。
② 《连湖农场：每年 2.6 万吨各类蔬菜端上香港市民餐桌》，《宁夏日报》2010 年 7 月 31 日。
③ 《宁夏菜，11 年种成"香港爱"》，《新消息报》2017 年 7 月 3 日。
④ 《打造供港蔬菜"航母"》，《宁夏日报》2018 年 5 月 21 日，第 2 版。

不了解这一历史就难以深刻理解企业的现状。所以，追溯这一发展历程具有十分重要的现实意义。

1965 年 3 月，为解决京津等地"上山下乡"知识青年的住房问题，农垦抽调巴浪湖农场、渠口农场等单位职工组建基建队，完成平吉堡农场的住房基建任务。当年 10 月，转战黄羊滩开发新场区。11 月，农建十三师成立后，基建队改为建筑工程大队被编入四团（黄羊滩农场）。1967 年 7 月，因工作需要，工程大队从四团独立出来，队部位于方家圈（现为园林二队），也是农建十三师师部所在地。1970 年农五师成立后，工程大队归农五师管理，有职工 200 多人。

1974 年，农五师撤销后，当年 10 月，自治区政府批准在师部所辖地成立国营银新农场，归农垦局领导，并将原农五师师部所辖的工程队、宣传队、学校、园林队等单位编入银新农场管理。

农场刚成立时，有土地 6000 余亩，其中耕地 1300 余亩[①]。主要任务是在做好粮食自给的基础上，发展养殖业，为城市供给农副产品，同时担任一定的农业科研和基建任务。1978 年，经宁夏革委会批复，将银新农场改编为农垦局工程处。主要负责农场开荒、勘测、大型农田水利建筑施工、房屋建设等，同时兼营园林、打井、木材加工等业务。当年工程处承揽了区内外众多工程建设项目，建筑安装年产值达 304.7 万元，占工程处总产值的 90.25%，盈利 52.9 万元。

随着建筑安装成为公司主业，1985 年，工程处更名为宁夏回族自治区农垦局建筑工程公司，1994 年更名为宁夏农垦建设实业总公司。20 世纪 80 年代，建筑市场来自民营方面竞争少，市场需求大，加上管理有方，建筑质量好，企业发展迅速。1981～1992 年，累计竣工面积

---

①　由于离市区较近，随着城市扩展，以及基层单位的分离，到 2013 年底，西夏苑房地产公司（原银新农场）土地减少到 2527.47 亩，并有 1500 余亩用于农业生产。大致范围为，东依西北轴承厂家属区，西靠西干渠管理处，南邻银川市高新技术开发区，北与宁夏军区农场接壤。

47.52 万平方米①，相当于 15 座宁夏图书馆（建筑面积 3 万平方米）的建设规模。

从 20 世纪 80 年代中期到 90 年代初，公司利用积累资金新上一批项目，如铁合金厂（宁夏农垦腾飞冶炼有限公司）、宁夏农垦稀土合金厂、钢窗厂、拉管厂、塑料编织厂、稀土微肥厂、马尾纱厂等。在当时国内冶金能源供应紧张的年代，硅铁产品价格不断上升，有的企业曾一度繁荣。如铁合金厂，1988 年，该厂销售产值 990.2 万元，实现利润 310 万元，成为公司的支柱产业。但随着市场的变化、企业规模小、成本居高不下，以及经营不善等原因，这些企业在日趋激烈的市场竞争中逐渐破产或淘汰。到 2002 年，总公司累计欠债 6987 万元，资产负债率高达 158%。

面对资不抵债、濒临破产、群众集体上访的局面。2002 年总公司进行改制，采取土地出让等措施解决企业欠债问题。在农垦局的支持下，由农垦局出资 40 万元，成立宁夏西夏苑房地产开发有限公司，从单一的建筑业务向房地产开发过渡，开始艰难的"二次创业"。

新成立的西夏苑房地产开发有限公司，从开发农垦系统内部住宅入手，逐渐打开市场。先后承建了垦区平吉堡、暖泉、渠口大型奶牛场，开发建设了兴夏苑、金阳花园、家林苑等商住项目。到 2007 年，公司承揽了宁夏职业教育基地拆迁安置工程项目，企业经营获得巨大转机，从此，公司经营指标、上缴税收和职工收入逐年递增，实行扭亏增盈。新的领导班子务实睿智的经营策略，使公司发展产生历史性飞跃。2008 年，实现利润 300 万元；2009 年，实现利润 1030 万元。到 2013 年，公司实现利润 1.15 亿元，职工收入达到 5.5 万元，比全区同类职工平均工资高出 4600 元②。

---

① 《宁夏农垦建设实业总公司志》编纂委员会编《宁夏农垦建设实业总公司志》，宁夏人民出版社，2014，第 59 页。

② 2013 年，宁夏全区城镇非私营单位就业人员年平均工资 5.04 万元。参见《2013 年宁夏城镇单位就业人员平均工资继续保持增长》，《经济与统计》2014 年第 3 期。

从工程队到银新农场，再到建设实业总公司，在"二次创业"中发展起来的西夏苑房地产公司，成为宁夏农垦建设的主力军之一。

2014~2017年，西夏苑房地产公司共建成现代化奶牛场6座，住宅小区3处，现代化大厦1座、商业楼1座，其建设的农垦大厦成为银川市福州街的标志性建筑。在此期间累计使用农民工3万余人次，发放农民工工资2.2亿余元，为带动区域农民就业和增收做出了贡献。

第六节　生猪产业与"灵农"品牌建设

为应对市场经济的激烈竞争，宁夏农垦加强了养猪科研与科技推广工作。1991年，农垦成立养猪新工艺推广领导小组，在灵武、连湖、巴浪湖农场组织试验推广自主研发的"现代（集约）化养猪综合配套技术"。新工艺经过三年试验推广，每头母猪年产仔20.4胎，比传统方法提高40.6%。每头母猪年产活仔猪19.54头，比传统方法增加7.12头。195日龄肉猪体重90公斤，胴体瘦肉率56%以上。农垦的"现代化养猪新工艺"研究课题获自治区1994年宁夏科技进步奖。

推广应用各项科研成果，从根本上改变长期以来饲养工艺不合理、饲养时间长、生产水平落后的局面，垦区生猪养殖逐步迈向生产工艺先进化、猪群繁育良种化、饲养管理标准化、疫病防治规范化的高产、优质、高效益道路。1991~1995年与1986~1990年相比，育肥猪出栏率由81%提高到95.4%。

灵武农场是垦区养猪业的主产地。1995年初，该场向农垦局提出建立现代化养猪场的报告并得到批复。由于资金短缺，通过层层上报后，1998年7月灵武农场养猪厂房改造和更新饲料生产设备的计划，得到国家经贸委和财政部1000万元贴息贷款支持。按照批复，该项贷款主要用于修建饲料厂7000平方米，万头猪厂1万平方米，原种猪厂7045平方米，肉联厂5042平方米。新建的万头现代化猪场、宁夏黑猪原种猪场、肉联厂、技改扩建饲料加工厂、畜牧技术服务站等五大工程完成后，灵武农场全面推广"常年产仔、分段饲养、全进全出、均衡上市"的新工艺，并推广母猪"高床产仔""仔猪早断奶""幼猪网床培育"的饲养，加快了现代化养猪进程，完善了集屠宰、冷藏、运输、销售为一体的销售体系。农场肥猪出栏头数由1995年的8027头增至2004年的22297头，占同期农垦肥猪出栏增长总数的71.8%。

从20世纪90年代初起，灵武农场着力打造"灵农"鲜猪肉品牌，在银川市设立营销网点，在各大超市设立"灵农"专柜。"灵农"牌鲜猪肉因瘦肉多、肉质细嫩、味道鲜美，采取标准化切割分类，赢得消费者的欢迎，被市民誉为"放心肉"，被自治区政府授予"优质产品称号"。在银川上市产量由1988年的25.2万公斤增长到2004年152万公斤[①]。2004年，"灵农"牌鲜猪肉通过农业部农产品质量安全中心认证，成为当时宁夏唯一荣获"无公害农产品认证证书"的产品，灵农畜牧有限公司在银川、吴忠、青铜峡开设销售网点30多个，市场占有率达40%以上。

2010年，宁夏农垦组织实施的首期1.8万头"灵农"牌猪肉产品质量追溯系统建设工作通过农业部专家组验收。灵农公司成为宁夏第一家建立畜产品质量追溯系统的企业。"灵农"牌猪肉产品质量追溯系统建设以公司饲料生产、生猪饲养、猪肉加工销售为主要追溯对象，对产前、产中及产后的投入品质量安全进行全程记录，资料输入农业部信息中心，生成产品追溯条码。消费者可根据产品包装上的条码信息，通过网络、手机短信及电话语音三种方式，对该产品养殖、屠宰及配送环节的质量控制进行查询。

需要特别指出的是，自20世纪90年代以来，我国生猪价格的周期

---

① 《宁夏农垦志》编纂委员会编《宁夏农垦志（1989~2004）》，宁夏人民出版社，2006，第233~234页。

性频繁大幅度波动是导致生猪养殖和经营困难的客观事实和主要原因。根据孙秀玲对我国生猪价格波动机理的研究，2000～2014年，我国生猪价格经历4轮周期波动，生猪价格周期性波动由供给和需求等多重因素产生，其中加工与流通成本、仔猪价格和替代品活鸡价格是影响生猪价格波动的最显著因素。产生这一问题的深层次原因是市场缺乏宏观、准确的总量预测和信息引导机制①。

在这一时期，宁夏及周边区域农村的生猪产业发展迅速，市场竞争愈发激烈，随着交通物流的便利，传统的区域市场不断受到山东、四川、河南等生猪主产区价格的影响，垦区的生猪产业盈利愈加困难。

根据穆林对灵农公司养猪业的分析。2009年、2010年，灵农公司生猪养殖头数分别为21385头和23386头，2011年下降至3700头，2012年继续下滑，2013年有所增加，波动非常明显。其中2011年存栏量的减少是公司为了更有效地配置现有人力、财力、物力，将种猪场与万头猪场的合并经营，改为生产种猪。加之猪肉销售价格的波动等，造成了生猪存栏量的波动。

2010～2013年，灵农生猪屠宰量逐年下降，2013年下降至18000头，比2010年减少22%。屠宰量的减少一方面是因为生猪存栏量的减少，二是由于公司2/3以上猪肉销售是通过各类超市店实现的，受超市管理的制约，销售价格波动性较大。"灵农"牌鲜猪肉属于中高端农产品，在这一时期，"双汇""众品""雨润"等区外大型肉类加工企业的冷鲜肉大举低价进入宁夏市场，对本地市场造成极大的冲击，致使鲜肉销售获利空间变小。

灵武农场生猪存栏量的减少，也导致饲料加工业出现波动。2009年、2010年饲料加工销售量在7600吨左右，2011年加工销售5300吨，

① 孙秀玲：《中国生猪价格波动机理研究（2000～2014）》，中国农业大学博士论文，2015。

2012 年加工销售 5020 吨，2013 年加工销售 6020 吨。2013 年有所增加，是因为公司在强化饲料加工过程的品控管理，确保每批出厂成品饲料质量达标的同时制定新的饲料销售政策鼓励全员销售，逐步扩大了饲料外销市场份额①。

近年来，垦区生猪养殖业整体生产水平依然偏低，猪肉销售市场竞争加剧，销售利润空间缩小，养殖技术人才和市场营销管理人才缺乏，先进科学技术和现代营销理念的应用相对滞后。尽管有诸多困难，"灵农"牌鲜猪肉仍然是最具影响力的宁夏特色产品，在农业供给侧结构性改革中，随着消费结构的转变和提升，做好品牌宣传和品质管控，不断优化销售策略，是高端农产品赢得市场的必由之路。

第七节　垦区社会职能的分离改革

农村垦区的社会职能自改革开放以来，除传统的教育卫生事业外，根据发展的需要，又增添了计划生育、土地管理、环境保护、社区管理和扶贫帮困等内容。进入 21 世纪以来，中央对"三农"工作不断强化，连续以一号文件的形式出台强农惠农富农政策。从全国农垦来看，各垦区面对国内市场经济以及中国加入 WTO 国际农业市场的挑战，积极争取政策扶持，加速自身的体制机制和经营改革。一是集团垦区按照"产业化、集团化、股份化"的要求，不断深化改革，形成一批具有较强竞争力的龙头企业，成为农垦经济的核心竞争力；二是逐步分离农垦企业承担的社会职能。

2000 年 1 月，农业部农垦局魏克佳局长在全国农业工作会议农垦专业会议上指出，农垦企业办社会是历史形成的，解决问题的根本途径是要坚决将企业办社会职能分离出去。有条件分离的垦区，特别是处在

---

① 穆林：《灵农公司发展中存在的问题与对策》，《中国畜禽种业》2014 年第 9 期。

大中城市郊区和经济发达地区、各级地方政府有能力接收的垦区，要尽快将农场、企业办的学校、医院和其他社会服务机构移交地方政府统筹管理。地方政府目前财力有困难的，也可以采取分项分批移交的过渡办法，先将学校等社会服务机构移交给地方政府统筹管理，再逐步将其他社会职能和机构移交出去，所需费用在一定期限内可由企业和政府共同承担，并逐步过渡到由政府承担，过渡期根据双方情况具体协商，一般不超过 3～5 年。农场群较为集中、地方政府短期内难以接收管理的垦区，可采取政府授权、部门派出、系统管理、内部分开的办法，在企业内部设立精干的社区管理机构，将企业的经营职能与政社管理职能分开。同时积极创造条件，实现企业与社会管理机构的完全分离①。

一　垦区教育改革发展与职能分离改革

从 20 世纪 90 年代初至 2004 年，宁夏农垦积极落实教育优先发展的战略地位，强化九年义务教育和职工教育，逐步理顺和完善教育管理体制和办学机制。通过对学校布局的调整，整合了垦区教育资源，培养了一大批具有较高素质的合格人才和劳动者。1989～2004 年共向社会输送各类大中专院校学生 5470 人，1997 年的全区高考文科状元高震就出自银川农垦中学，引起社会的广泛关注。这一时期，全系统共投资 2950 万元建起了面积为 7.02 万平方米的中小学教学楼 21 栋。投资 600 万元，改造中小学危房 3 万平方米，实现了中学二类、小学三类的配置标准②。

2003 年，根据自治区《关于批转自治区经贸委等六部门分离移交

---

① 《魏克佳局长在全国农业工作会议农垦专业会上的讲话》（2000 年 1 月 8 日），载中华人民共和国农业部农垦局编《农垦工作文件资料选编（1996～2003 年）（上）》（内部资料），1997，第 487 页。
② 《宁夏农垦志》编纂委员会编《宁夏农垦志（1989～2004）》，宁夏人民出版社，2006，第 509～501 页。

企业办学校实施意见的通知》和《关于移交宁夏农垦（企业）集团有限责任公司等企业 17 所学校有关事项的通知》精神，宁夏农垦积极对接有关部门和属地政府，利用 3 年时间，有计划、分批次地将企业所办中小学全部移交给地方人民政府管理。截至 2006 年 9 月，垦区所有中小学的移交工作全部完成，共撤并中学 6 所，合并小学及教学点 8 个；移交学校 29 所、教师 818 人、退休教师 278 人、学生 15744 人。学校移交后，解决了农垦教师工资与社会教师同等待遇的问题，教师工资明显提高，企业负担明显减轻，教学环境明显改善。自治区政府和地方政府先后投资 3700 多万元，新建、翻建、改扩建校舍 3.32 万平方米，顺利通过自治区和国家教育部"普九"验收①。

二 垦区医疗改革发展与职能分离

进入 20 世纪 90 年代，我国分步骤先后开展了农村合作医疗制度改革和城镇职工医保制度改革。1997 年《中共中央、国务院关于卫生改革与发展的决定》对城镇职工医保制度改革提出了明确要求，要求"建立社会统筹与个人账户相结合的医疗保险制度""保险费用由国家、用人单位和职工个人三方合理负担"。1998 年，国务院颁布《关于建立城镇职工基本医疗保险制度的决定》，正式确立了我国城镇职工医疗保险制度，即以职工医保为基础，以大额医疗费用补助、公务员医疗补助、企业补充医疗保险、特困人员医疗救助和商业医疗保险为补充组成。职工医保确定了我国基本医疗保险制度社会保险的基本模式②。

随着国家医疗制度的改革，农垦局结合垦区的实际情况，先后研究制定了《宁夏农垦系统医疗机构内部改革实施意见》《宁夏农垦卫生工作"九五"计划》《2010 年宁夏农垦卫生工作规划》《宁夏农垦医疗卫

① 宁夏农垦事业管理局：《加强和创新社会管理 推进农场办社会职能改革》，《中国农垦》2012 年第 12 期。

② 赵斌：《我国基本医疗保险制度发展历程》，《中国人力资源社会保障》2018 年第 1 期。

生改革与发展的实施意见》《农垦企事业单位离休干部医疗保障管理暂行办法》等一系列的改革办法与措施。对垦区设置不合理的医疗机构和网点进行撤并整合，减少了机构和人员。通过改革，在医疗机构内部扩大了经营管理权，实行以企业为立足点，"确保一头，放开一片"[①]，全面拓宽了医疗机构的内部功能。根据医疗机构的数量、规模，按规定统筹考虑人员、床位、经费等卫生资源的配置。1999年，农垦局对所属医疗机构、编制进行了重新审定，实行了定编、定岗、定员，实行干部公开聘任制度，有少数单位实行民主选举制。对卫生技术人员实行公开招聘制。对职称实行评聘分离制，可低职高聘，与待遇挂钩，调动了广大医务人员的积极性。

卫生医疗同教育不同，在改革年代，医疗在面向社会时，具有一定的盈利性。所以，2000年以后，大部分单位根据当时国家的有关政策，将所属职工医院或卫生所改为股份制、公助民营或个体经营。比如西湖农场职工医院2000年由个人承包，企业给予适当补助；银川林场卫生所2000年转由个人经营；简泉农场职工医院2000年改为民营医院，医务人员工资在改革后四年内实行定额补贴，以后自理；连湖农场职工医院2001年改为民营，并更名为连湖医院，面向社会，自主经营；南梁农场职工医院2000年转让给个人经营；平吉堡奶牛场职工医院自2003年起实行自负盈亏。灵武农场职工医院2004年进行股份制改造，成立了董事会和监事会。改制后的院所，除企业明确在限期内补贴逐年递减外，均实行自负盈亏。同时，农垦事业管理局先后撤销了原农垦商业公司、农垦磷肥厂和农垦干校卫生所。

在医疗经费改革方面，2000年后，随着垦区各农场以职工承包土地费置换养老保险和医疗保险费的改革推进，多数单位的职工参加了国

---

① 确保企业医疗预防根本任务的完成，放开对社会服务，开放特需医疗服务，开放特需保健服务。

家社会基本医疗保险。由于参保比例不高，一些农场采取了过渡性的改革安排。比如，连湖、灵武农场参照社会保险的方式，在企业内部制定了医疗保险办法，建立了职工医疗账户，为职工发放医疗卡。按照中央和自治区的有关改革精神落实了离休干部和新中国成立前老工人医疗费的实报实销问题①。

2010 年，根据自治区党委、政府《关于进一步加快农垦改革发展的意见》和自治区政府《宁夏农垦系统医疗卫生机构移交地方管理实施方案》精神，垦区 17 个医疗卫生机构、388 名符合移交条件的医务人员、2200 多万元的净资产全部移交地方政府，移交后的医院（卫生所）按照区域卫生规划纳入基层医疗卫生机构统一调整资源配置，人员工资待遇按照当地同级同类医疗卫生事业单位工作人员工资标准套改发放。

三　垦区公安保卫工作的改革分离

宁夏农垦系统自 1985 年在 14 个农场组建了国有农场公安治安派出所，受农垦局和各企事业单位所在地党委政府双重领导，并在当地公安机关的具体指导下开展治安保卫工作。1988 年年底有公安、保卫组织 25 个，122 人。

1997 年，根据国务院批转公安部《关于企事业单位公安机构体制改革意见的通知》和公安部《关于宁夏回族自治区企事业单位公安机构体制改革方案的批复》精神，经公安部门审核，宁夏农垦 14 个农场公安派出所保留 13 个，撤销西湖农场公安派出所建制。当年 5 月，经自治区人劳厅、公安厅共同组织，在保留的企事业单位公安机构录用人民警察需考试，宁夏农垦系统企业公安派出所 90 人中有 47 人被录用为

---

① 《宁夏农垦志》编纂委员会编《宁夏农垦志（1989～2004）》，宁夏人民出版社，2006，第531～542页。

人民警察。录用人民警察工作结束后，根据自治区公安厅、人劳厅等有关部门的要求，逐步将宁夏农垦系统的公安机构全部移交当地公安机关。从 1997 年 11 月至 2002 年 10 月，共分四批完成移交工作。农场公安治安派出所 1985 年到 2002 年 10 月，共处理治安案件 5000 余起，侦破刑事案件 200 余件，协助侦破重大案件 20 余起，帮助企业民事调解委员会调解民事纠纷近万件，破获各类盗窃案件 20 多起[①]。

垦区公安机构移交地方公安建制后，为加强垦区社会治安工作，根据有关文件精神，部分农场和企业于 2001 年起相继完善或成立保卫组织，负责单位内部的安全保卫、综合治理和禁毒工作。

四　开展社区管理工作

在计划经济体制下，国营农场是一个小社会，垦区的社会职能都要由企业来管，使企业承担了沉重的社会负担。按照现代企业制度要求，农垦企业必须剥离在传统计划经济体制下承担的不属于企业的社会职能。2001 年年底，经农垦事业管理局批准，在玉泉营农场成立农垦系统第一个社区管理委员会，将西夏王葡萄酒业公司和农场剥离出的社会职能及非经营性资产，交给新成立的"玉泉营社区管理委员会"管理。社区管理委员会的经费，采取"核定基数，包干使用，超支不补，节约有奖"的办法。管理费用由西夏王葡萄酒业公司和农场分别承担，农垦事业管理局给予补贴。2002 年后，垦区陆续成立沙湖社区管理委员会、贺兰山农牧场社区、银川啤酒厂社区、平吉堡奶牛场社区等[②]。

社区管理委员会的职能是管理从企业剥离出来的学校、医院、离退休人员和环境卫生、文体活动、计划生育、武装、民政工作以及其他不

---

①　《宁夏农垦志》编纂委员会编《宁夏农垦志（1989~2004）》，宁夏人民出版社，2006，第 573~576 页。

②　《宁夏农垦志》编纂委员会编《宁夏农垦志（1989~2004）》，宁夏人民出版社，2006，第 552 页。

属于企业管理的社会职能和各项社会化服务工作。它的主要工作包括社会救助和福利服务、社区环境卫生和卫生防疫、群众性文体活动、民事调解和人口计划生育管理、社会治安综合治理等。

社区管理机构的建立规范了垦区的社会治理，在地方政府相关对口部门的支持下，垦区各项民生事业取得明显进展。但垦区的社区管理经费多数依靠内部解决，企业负担仍未有效减轻，受人员、经费和地方普惠性政策难以覆盖垦区的影响，社区管理质量与周边城镇相比，还有较大差距。这一问题，随着垦区社会职能逐步移交地方政府，逐渐得到缓解。

第八节 从场镇建设到小城镇建设

国营农场的场镇建设，经历了场部建设和小城镇建设两个发展阶段。我国市场经济制度建立后，产业化发展是国营农场改革发展的时代主题，农业产业化必然引来农民就业，所以农场小城镇式发展是历史的必然。农场的绿色、生态、宜居的自然禀赋和稳定的就业，使得可持续发展的农场城镇化具有广阔的发展前景。

改革开放之前，国营农场场部是农场政治、经济、科技、文化、生活服务的中心，也是城乡经济网络和文化网络的重要组成部分。在20世纪50~60年代的建场初期，农垦大军边开荒、边生产、边建设，先治坡、后治窝，把主要精力和资金用于农田建设和生产上，职工居住地都为兵营式的长排住房。场部的基础设施建设简陋，只有小学、商店、卫生所、电影放映点、有线广播等简单的社会服务业。到了70年代，随着人口的逐渐增加，通过改扩建和新建一批砖木结构的住房，居民区不断扩大，场部的中心地位逐步形成。到了80年代，随着改革开放，农垦事业不断发展，职工收入增加，新建一批庭院结构的住房，生活条件得到改善，农场场部的基础设施建设也有了一定发展。场部道路、环境绿化及卫生比以前大有改观，场部建有托儿所、幼儿园、小学、中学、电影队（院）、职工医院，还建起了图书室、活动室，职工文化体育活动十分活跃。由于场部基础设施建设的改善，农业队的人口开始向场部集中，个体商业者开始摆摊设店，有的农场还开设了集市贸易，场办工业、商业、运输业兴起，供电所、邮政所、农业银行、农机服务、生产资料供应等都进入了场部，农场场部向小城镇的发展有了雏形。这种以农场场部为中心的小而全的社会服务体系，实则无奈之举，按照"不得与民争利"的建场原则，农场一般在荒无人烟的地方建立，由于附近没有社会依托，农场只能自己承担兴办各项社会事业，建立公共服务与公共管理体系。

从 90 年代开始，农场产业结构调整，从单一的经济向多种经济和农工商综合发展，通过对农场场部的综合改造，农场以场部为中心的居住区正式进入小城镇建设阶段。

早在 1982 年，农垦部根据国家建委、国家农委印发的《村镇规划原则》，制定颁发了《国营农场小城镇规划要点》，要求各地把小城镇建设好，但受发展程度所限，宁夏垦区小城镇建设起步较晚。1981 年，渠口农场利用 109 国道距离场部较近的便利，发展马路经济，建设商业大楼和服务型商业网点，之后职工跟进续建，使小城镇初具雏形。1990 年 4 月，宁夏农垦在渠口农场召开了"农垦系统小城镇建设现场会"，会后，各农场开始建机构、筹资金，将城镇建设工作正式纳入规划。

对于小城镇建设的作用和重要性，这一时期，垦区上下亦有比较明确的认识。例如，张世鉴认为，国营农场建设小城镇有利于发展消费品市场，有利于发展生产资料市场，有利于开拓技术市场，有利于开拓劳务市场，有利于将来开辟资金市场[1]。到 90 年代中期，他进一步认为，农场建设小城镇就等于建设市场，建设小城镇有利于发展农垦工业，有

---

① 张世鉴：《国营农场小城镇建设与市场体系的建立》，《农垦经济研究》1987 年第 2 期。

利于发展第三产业，有利于安排富余劳动力和剩余劳动力时间，有利于缩小三大差别①。

随着垦区场镇建设事业的发展，自治区层面也逐渐加大关注。1995年5月，自治区政府在《关于实施沿河开发计划进一步加快引黄灌区建设的决定》中要求："逐步把现有40个中心集镇和15个②国营农场场部所在地建设成为布局合理、基础设施配套、环境优美、具有地方特色的小城镇"。根据决定精神，宁夏农垦成立了国营农场小城镇建设领导小组，并做出规划：从1995年起到2000年，计划用6年左右的时间，先把10个国营农场的场部建设成初具规模的小城镇，先在平吉堡奶牛场、渠口农场试点，待取得经验后再全面铺开。2000年7月，宁夏农垦事业管理局制定了《关于加快发展农场小城镇建设的意见》，要求加大基础设施建设，加快新型住宅房、小康楼、集贸市场建设，形成服务一产，带动二、三产业发展的格局。

通过发展目标的实施，到1999年年底，全垦区15个国营农场有11个建起了办公楼，配合新的房改政策，6个在场部建起了小康住宅楼、职工住宅小区。1990年代至2003年左右，各农场在这一时期，采取自筹、引资开发、多元集资等方式，新建一批基础设施和住宅小区。例如灵武农场从90年代初期开始，投资210万元，建成道路、花园、休闲娱乐设施。2000年，采取引资开发的办法，在农垦系统率先建成第一个12栋单元楼花园住宅小区。暖泉农场受江苏、上海等垦区实施"农场城镇化"战略的启发，于1996年年底启动农场小城镇建设，采取政策扶一点、个人筹一点、银行贷一点、企业补一点的办法，两年间在场部和十一队建成统一设计规划的二层住宅楼209套，建筑面积2.8万平

---

① 张世鉴：《加快小城镇建设是贫困农场脱贫致富的主要途径》，《宁夏农垦经济》1995年第1期。

② 1995年时，宁夏农垦尚有15个国营农场，其中的国营西湖农场于2008年取消建制，划归银川市。

方米。前进农场1999~2004年年底，开发平安小区、沙湖新村两个住宅小区，建筑单元楼11栋，别墅楼61栋，商业平房17套。渠口农场从1995年起发展"马路经济"，85户职工沿109国道两侧先后建筑砖混楼房506间，95户职工建筑砖混平房312间。南梁农场1998年遭受特大山洪灾害后，采取政府支持、农场补贴、职工自筹的方式，先后建成小康楼68套、砖混结构平房68套，扶持职工自建楼房及砖木结构平房50套。平吉堡奶牛场于2004年建成占地96亩，建筑面积3.1万平方米的乳香花园住宅小区，配套广场、休闲娱乐、道路、通讯等基础设施。

2003年，据农垦局与自治区党委政研室、建设厅、财政厅、发改委的共同调查，各农场还有11707户职工34861人住在土木结构、砖窑洞或干打垒的房屋内，分别占农场职工总户数的46%，总人口的47%。此次调查形成《宁夏农垦安居富民工程初步实施方案》上报自治区党委和政府。自治区党委书记陈建国先后四次批示农垦职工住房问题①。2004年，自治区人民政府决定每年拿出1000万元资金扶持农垦系统安居富民工程。此后，国营农场的小城镇建设逐步得到各级政府的实质性支持。2006年，垦区启动危房改造项目，2011年，垦区危房改造首次纳入全国危房改造项目中，截至2015年年底，垦区新建和改造职工住房2万套，惠及5万多名职工群众。各农场在实施过程中，以改善职工住房建设为核心，配套二、三产业等公共服务设施，完善基础配套工程，使得一批有产业特色的小城镇建设初具规模，如玉泉营葡萄小镇、巴浪湖回乐小镇、暖泉葡萄小镇、渠口滨河新村等。

宁夏农垦虽然在新中国农垦中属于成立较早的垦区，但相比周边的城镇而言，其场镇形成的时间相对较晚。由于农场本质上是农业企业，而小城镇规划、基础设施、公共配套设施的建设是一项耗资较大的基础

---

① 《宁夏农垦志》编纂委员会编《宁夏农垦志（1989~2004）》，宁夏人民出版社，2006，第550页。

工程，应属政府职能，但根据"各国营农场场部小城镇建设所需资金，由农垦局协调解决①"的文件精神，外部扶持力度不够，造成一段时期内农场小城镇建设困难重重，此情况自 2004 年以后逐渐得到改善。国营农场的土地属于国有土地，规划涉及人为因素的阻力小，建设的组织化程度高，各居住区多样式统一、分布有序，医院、学校等公共服务部门多位于农场小城镇中心，集贸市场、农资部门等市场要素基本齐全。由于各农场的小城镇尚处于发展中期，城镇形态可塑性强，特别适合整体引进新模式来建造绿色、低碳、生态或特色文化城镇，成本较低。

农垦是历史形成的特殊性组织，其特殊的发展经历奠定了垦区小城镇建设文化上具有农垦、军垦、移民、知青、民族等多元特色。在垦区农场，既有宁夏农垦博物馆、平吉堡场史馆这样的综合博物馆，也有湿地博物馆、枸杞博物馆、羊博物馆、牛博物馆、葡萄酒博物馆，这些博物馆既展现了现代农业特色，也体现了农垦精神的独有特质。由于垦区形成过程中有农建一师、兵团十三师、农建五师、军马场以及部队农场转换成农场的发展历史，不少农场仍保留着军垦时期的遗存及文化，如军垦桥、八一渠、军旅雕塑等建筑，贺兰山农牧场至今仍保留一天四次吹军号作息广播。农场职工大多来自五湖四海，老人多操着不同地方的口音，河南话、安徽话、东北话、浙江话等都能在垦区听到，有的农场还有知青文化和回族文化等特色。

国营农场的小城镇是"因农而兴"，辖区及周边一般都没有大型工业企业，生态环境好，空气清新，每个农场都有自己具有特色的主导产业，如前进的渔业，暖泉的红枣，南梁的枸杞，灵武的杏花，平吉堡的奶产业，连湖、巴浪湖的供港蔬菜，渠口农场则有"山上花果山，山下米粮川"的美誉。21 世纪以来，发展葡萄产业的农场逐渐增多，如

① 参见，1995 年自治区政府办公厅《关于农垦系统小城镇建设有关问题的批复》，《宁夏农垦志》编纂委员会编《宁夏农垦志（1989～2004）》，宁夏人民出版社，2006，第 545 页。

黄羊滩、玉泉营、连湖农场等。其中，玉泉营农场早在 1982 年就开始大规模种植葡萄，是宁夏最早生产葡萄的基地。2010 年该场对小镇建设规划进行了全面修订，形成了以葡萄产业发展总揽小镇建设的集葡萄加工区、酒庄酒堡区、物流仓储区、生活服务区为一体的新小镇规划。建成了玉泉国际酒庄、西夏王国宾酒庄、巴格斯酒庄、鹤泉酒庄、阳阳酒庄和郭公庄园等具有特色的酒庄。巴浪湖农场具有民族特色的回乐花园，青砖黛瓦，风景如画，其近万亩的供港蔬菜生产基地、设施园艺、鲜食葡萄采摘基地等都是发展农业休闲观光旅游的好项目。平吉堡农场在现代农业示范园内建有占地 35 亩的生态庄园，拥有 6 栋欧式风格的小木屋，可食宿、垂钓，也可以采摘庄园种植的蔬果。长山头农场的天湖，是宁夏中部地区最大的湿地公园，受经济能力所限，该游览区尚处于开发之中，其景色独特怡然，前景广阔。前进农场位于沙湖 5A 级旅游区，以景区为依托打造的沙湖水镇正在建设之中，农场辖区内还有待开放的"宁夏镇朔湖国家湿地公园"，占地 2.4 万亩，有较大发展潜力。

宁夏农垦最后一次大规模招工①是 20 世纪 90 年代，距今已经 20 多年，截至 2015 年年底，农垦在职职工 1.33 万人，退休职工 3.2 万人，家属子女 5 万人，生态移民 3.6 万人，自发和劳务移民 5 万多人。多数农场退休职工人数为在职职工的两到三倍，在农场小城镇内工作、学习、生活的人们多数已经不是农垦企业的正式职工，换句话说，国营农场城镇化已经不仅仅是宁夏农垦自己的城镇化，而且是包括农场、周边农村以及来自各地移民的城镇化，只不过集中区在农场而已。

国营农场以农业产业的发展，通过市场的辐射与聚集，吸引周边乡镇的村民和外来移民，围绕农业产业链的各个环节生产就业，形成稳定

---

①　这里所指的招工，意味劳动者从农民身份或城镇居民转变为国企职工，同一般劳务用工有所区别。

的小城镇生态。农场的小城镇建设水平主要有两个方面的影响因素，一是产业发展水平，二是公共服务水平。公共服务和基础设施建设理论上可以通过剥离农场社会职能，移交地方政府，但是由于国营农场内的许多设施具有经营性和公益性双重特性，比如农场内的道路和桥梁建设与维护，公益性和经营性交织在一起，完全地社企分开很难做到，显然这需要自治区更大范围政策上的统筹安排。

农场的城镇化是农业产业化发展的历史必然，中央《关于进一步推进农垦改革发展的意见》明确指出，要推进垦区新型城镇化，远离中心城镇的国营农场要逐步发展成为功能设施齐全、公共服务配套的新型小城镇。毗邻城镇的国营农场，要加大区域资源共享共建力度，与地方政府合作开展城镇开发建设①。所以，构建新型农业经营体系、产业发展体系、城镇建设体系和社会管理服务体系，实现垦地一体化、农业现代化、产业园区化、居住城镇化和管理服务社会化，是国家战略对国营农场小城镇发展的具体目标。要实现这一目标，就必须不断推进垦区与各相关市县区的规划融合、产业融合、城镇化建设融合、社会事业和社会治理融合，探索创新以垦地合作的方式兴办产业园区、联合招商、税收分红等发展路径。

第九节　土地问题的出现与管理

农垦在土地承包方面的乱象从 20 世纪 90 年代初就已有显现。由于实行职工家庭承包责任制后，部分农场大量使用外来务工人员，而承包土地的农民又擅自分包、转包。在此过程中，宁夏自 1983 年起，实施了国家异地扶贫移民开发工作，有计划、有组织地将南部山区的贫困人

---

① 《中共中央国务院关于进一步推进农垦改革发展的意见（2015 年 11 月 27 日）》，人民网，http：//cpc. people. com. cn/n/2015/1202/c64387 - 27878828. html。

口采取"移民吊庄"①的方式，建立移民安置点，其中包括长山头、渠口、南梁、简泉等国营农场。在自治区吊庄移民政策的鼓舞下，部分来自南部山区，承包了农场土地的群众错误地认为，既然承包了农场的土地，或者自主开发荒地，就应该享受吊庄移民政策，希望长期拥有农场国有土地的承包权。

1990年春节前后，西吉、海原、固原三县部分农民因"承包荒地开发"问题同农垦局所属国营玉泉营农场发生纠纷，大批农民到玉泉营农场要地种和到自治区领导机关上访，引起了自治区党委、政府高度重视。通过党委办公厅、自治区政府办公厅组织的联合调查，5月20日，自治区召开专题会议，听取了联合调查组《关于西、海、固三县部分农民同玉泉营农场承包荒地纠纷事件的调查报告》及有关情况的汇报。会议研究认为：造成这次承包荒地纠纷事件的主要原因，是农场个别领导人无法制观念违法发包土地，杨万仓等个别农民违法搞土地转包；农民虽有依靠自己的力量搞开发吊庄的积极性，但不懂法，不明真相而受骗上当，玉泉营农场应对这一事件负主要责任，杨万仓也是有重要责任的。会议提出终止执行承包荒地"合同"等处理意见②，维护了农垦国有土地的合法权益。

在垦区，这一时期因承包土地而发生的纠纷层出不穷，最典型的是"西马银"问题。1994年，西吉县马兴国第一次承包了贺兰山农牧场300亩土地，开始"商事"开发，吸引了该县大批自发移民到此地垦荒种植，通过10多年的发展，形成了占地1万多亩的自发性移民社区③。

---

① "吊庄"是一种形象比喻。指一家人出去一两个劳力，到引黄灌区有灌溉条件的荒地上开荒种植，一户人家在两个庄子之间跑，像钟摆被吊起来两边摆一样。参见中共宁夏回族自治区委员会党史研究室：《宁夏扶贫开发史研究》，宁夏人民出版社，2015，第42页。

② 《关于处理西、海、固三县部分农民同玉泉营农场土地纠纷的会议纪要》1990年6月2日，宁夏农垦志编纂委员会编《宁夏农垦志（1989～2004）》，宁夏人民出版社，2006，第850～851页。

③ 尚久荻：《建构存在：西马银自发移民社区实证研究》，宁夏大学硕士学位论文，2014。

"西马银"问题经自治区多次处理无果后，基于现实的考量，于 2016 年将该区域整体移交银川市西夏区管理。截至 2017 年年底，"西马银"仍有自主迁徙居民插花占用的 3698.6 亩土地与农垦存在争议①。

1997 年至 2008 年 10 年间，农垦系统按照自治区有关文件精神，调动社会力量开发利用土地资源，与此同时，也出现了私自发包、转包、倒卖、炒卖、无序流转和擅自改变土地用途、滥搭乱建等违法违规行为。

如 1998 年连湖分场与宁夏鸿汇达农业综合开发公司签订了 2024 亩土地 30 年承包经营协议，2007 年 8 月该公司又将土地私自转包给自然人郭某，随后郭某又将该宗土地非法转包、倒卖给自流移民兰某。兰某通过非法倒卖该地，引入自发移民 153 户，建房 268 间②。

这一时期，部分市、县（区）和单位借实施生态移民工程、公益事业项目建设等名义，不经自治区政府批准和农垦事业管理局同意，擅自抢占、侵占、批占农垦国有土地，加大了农垦局加强土地管理工作的难度。如：2009 年，永宁县政府在没有征得农垦局同意，未经自治区人民政府批准的情况下，非法强占连湖农场 860 亩土地，将其中约 400 亩土地强行批给宁夏瀛海集团建设水泥生产项目。又如：2009 年 9 月，灵武市未经农垦局同意，擅自批准灵武市国土资源局将灵武农场砖厂的 3 宗工业用地进行招、拍、挂出让，从中赚取土地利润。2011 年，先后又发生了永宁县、青铜峡市、平罗县等市县（区）多次抢占农垦国有农场土地的行为③。

垦区内包括"西马银""河南村"等自发移民在垦区占地的问题，

---

① 《落实银川市政府与宁夏农垦集团协同联动发展工作方案》，宁垦集团办发〔2017〕99 号，宁夏农垦集团网站，http：//www.nxnk.com/XXGK/NKGGFZ/201712/t20171215_1194.html。

② 刘水平、马旭军：《关于加强宁夏农垦国土资源管理工作的调研报告》，2013 年 6 月 28 日，宁夏国土资源厅网站，http：//www.nxgtt.gov.cn/info/4496/185084.htm。

③ 《关于整顿和加强农垦土地管理工作情况的报告》，宁垦发〔2011〕29 号。

凸显了农垦局在土地管理方面的薄弱环节。各农场所在地方政府非法强占农垦土地的行为增大了农垦土地管理的难度。宁夏农垦国有农场土地的无序流转特别是非法转租、倒卖现象，导致了大量外来自流移民和乱搭滥建问题，从而引发了多起土地矛盾纠纷，也影响了农垦土地管理和社会稳定。

为加强垦区土地管理，2002 年 4 月，经自治区编办同意，在宁夏事业管理局设立自治区国土资源厅农垦国土资源分局，行政上由农垦局领导，业务上受国土资源厅领导。其主要职责是负责农垦系统土地管理工作，依法办理有关用地手续。由于农垦国土资源分局在成立之时，尚未赋予行政执法权，在打击土地违法违规方面缺乏有力手段。

进入 21 世纪以来，国家加大"三农"投入，特别是取消农业税及特产税后，土地资源的经济价值日渐显现。维护好、运用好自身的土地权益，依法依规管理好农垦国有土地资源，事关农垦的生存和持续发展。2008 年，国土资源部、农业部联合下发《关于加强国有农场土地使用管理的意见》指出，要严厉查处违法侵占国有农场土地行为。严肃查处擅自改变土地用途和非法侵占国有农场土地的行为，特别是国家机关及其工作人员违法批准收回国有农场土地和违法低价转让国有农场土地使用权的行为。已经登记的国有农场土地被周边农村集体、农民个人以及其他单位非法侵占的，要坚决依法责令退回①。

2009 年 2 月，自治区党委和政府决定检查清理收回农垦违法违规对外承包土地。当年农垦通过调查发现，各农场对外承包土地 1224 宗 32.87 万亩，其中违法违规土地 20.49 万亩。针对情况复杂、矛盾多的现状，自治区农垦局按照"先易后难、分门别类、分轻重缓急、逐步

---

① 《国土资源部农业部关于加强国有农场土地使用管理的意见》2008 年 10 月 13 日，中华人民共和国农业部农垦局《农垦工作文件资料选编（2004～2013）（上）》（内部资料），第 930 页。

收回、逐步规范"的原则，既依法依规，又依情依理，边清理边规范，对不符合法律和政策规定"承包"的土地，非法转包、买卖、私自转包转租"承包"的土地，领导干部以权谋私"承包"的土地等进行重点严查清收。在清收过程中，农垦系统有 4 名正处级干部被免职，2 名干部被警告处分，一批干部被交流换岗，4 名干部子女亲属 2900 亩承包土地被收回。截至 2010 年 6 月，农垦通过法律、行政、经济等手段收回土地 7.7 万亩，其中多为未开发利用、违法违规"承包"土地①。

针对收回土地涉及法律纠纷多、补偿缺口大、重大案件查处难等难题，自治区党委、政府为进一步加大清收查处力度，规范农垦土地管理，确保国有土地保值增值和安全，2010 年 7 月，自治区出台《关于整顿和加强农垦土地管理的决定》，重点对农垦十类土地进行清理整顿，包括严重违规对外承包的土地；非法买卖、私自发包转包转租的土地；违法违规改变土地用途的土地；不履行承包合同违约的土地；领导干部以权谋私承包的土地；实际承包经营面积超出承包合同面积的土地；农垦退休职工仍占用的"承包经营田"和"社会保障田"；未经自治区政府批准，市、县（区）政府及有关部门审批占用的农垦土地；承包后未开发利用的农垦土地（包括封山育林土地）；产业发展和项目建设需要收回的承包土地②。

依据自治区《决定》提出的基本要求、基本原则和 10 项清理整顿重点，统筹考虑历史和现状，遵循据实、依法、合理补偿的原则，经自治区政府同意，农垦局与自治区政府法制办、监察厅、国土厅联合制定印发了《宁夏回族自治区农垦系统清理收回对外承包土地补偿办法》（宁府法〔2010〕37 号），为土地清收补偿工作提供了有力依据，确保清收补偿工作的严肃性和公正性。

---

① 李军、白燕：《宁夏农垦收回双违外包土地 7.7 万亩》，《宁夏日报》2010 年 6 月 23 日，第 1 版。
② 《关于整顿和加强农垦土地管理的决定》，宁党发〔2010〕33 号文件，2010 年 7 月 9 日。

2011年，农垦国土资源执法监察支队成立，建立起局（集团）、农场、子公司、队四级监察体系，在全垦区配备土地巡查员。随着机构健全，管理人员的增加，土地动态巡查制度的落实，土地管理法律法规的大力宣传，垦区各级党政干部，特别是领导干部和垦区职工的土地法律意识明显增强，国土资源管理秩序有了明显好转，国土资源违法违规的势头得到了遏制。

截至2013年年底，农垦累计清理收回违法违规对外承包土地25.82万亩，避免了国有土地资产流失，确保了粮食生产、现代农业建设、生态移民安置和重点项目建设用地①。

加强土地管理是农垦生存和发展永恒的主题。对农垦来说，最大的教训就是1990年代至2010年左右垦区在土地管理方面的混乱和薄弱。农垦的发展历史清晰地表明，土地是农业企业生存之本，是企业经营性资产，土地承载着企业发展和经济收益来源的使命，失去了土地资源，农垦就是无本之木。垦区上下只有对这一问题有了深刻认识，才能守得住、管得好，农垦的土地确权以及合法权益的保护工作才能真正取得实效。新时期，农垦加快了土地确权的工作力度，建立了退休人员交回土地制度，垦区的土地管理逐渐走向法治化，土地资本的运营逐渐走向市场化。

小　结

我国经济体制改革从有计划的商品经济到商品经济，再到社会主义市场经济，在经济体制转轨过程中，政府与市场的分工尚未完善，良性的价格机制尚未形成，农垦在长期计划经济体制下形成的机制不活、结

---

① 韩建军：《宁夏清理收回25万余亩违法违规对外承包地》，《中国国土资源报》2014年4月3日，第1版。

构不合理、企业社会负担过重等深层次矛盾不可能在短期内解决，加上农垦特殊的组织形式和本质上的农业企业属性在激烈的市场竞争中的弱势地位，出现阶段性的困难不可避免。

从农业角度看，1991 年、1992 年全国范围内再次出现"卖粮难"问题。而且"卖粮难"和"粮油贵"同时出现，"卖猪难"和"吃肉贵"同期并存。初级农产品市场不待见，高端农业产品有价无市，或者价格波动大，难以形成稳定连续生产。在购销体制的市场化过程中，由于蛛网现象①的存在，粮食等相关农产品出现波峰浪谷的状态，影响农业的稳定性。市场的不稳定、信息的不对称，使得农垦在这一时期频繁调整种植养殖和副业生产的产业主攻方向，难以形成稳定的产业结构。

从工业角度看，与农垦企业较为类似的乡镇企业在市场经济确立初期，也一度遇到困难。1989～1991 年，我国加大了宏观调控的力度。在国家治理经济过热、整顿经济秩序的大环境中，乡镇企业的发展势头放缓。1990 年，乡镇企业的企业数量和职工数量首次出现了负增长②。但是乡镇企业多数是集体企业、个体私营企业，体制机制灵活，在开放搞活的国家调整政策中，能够迅速掉头转向，特别是在股份制改造方面动作迅速，效果明显。而农垦企业是国有企业，虽然农垦意识到了产权制度改革好处诸多，股份制改造是必然选择，但行动起来却没有乡镇企业那么便利。由于历史和地理原因，农垦有企业办社会的负担，企业改制势必牵涉到社会职能剥离问题，如果不剥离，新的股东和投资者不会贸然进来。再加上改制后，企业担心失去财务包干等优惠政策，

①　蛛网，价格和产量的连续变动用图形表示犹如蛛网。在市场机制自发调节的情况下，农产品市场经常发生蛛网型波动，从而影响农业生产的稳定性。在现实生活中，农产品广泛存在着发散型蛛网波动现象。参见王守聪编《打造中国农业领域的航母——新时期农垦改革发展理论与实践》，中国农业出版社，2018，第 29～30 页。

②　邹晓涓：《1978 年以来中国乡镇企业发展的历程回顾与现状解析》，《石家庄经济学院学报》2011 年第 2 期。

担心老职工和富余人员的下岗失业，在诸多因素影响下，企业改制动作缓慢。

从全国垦区来看，进入20世纪90年代，有相当一部分企业在市场经济竞争中很不适应。1993年全国农垦企业亏损面占30%，有的垦区亏损企业数量占企业总数的比例超过了40%。有关资料报道，全国垦区有相当一部分企业已经到了完全负债经营的地步[1]。

以大武口建材厂为例，该厂在20世纪80年代初，是农垦企业乃至宁夏农业企业中的佼佼者，年平均盈利达65万元，这是农垦建材厂最辉煌的时期。到80年代后期，大武口、平罗地区各类制砖企业猛增到40多家。在区域生产能力严重过剩的情况下，制砖企业之间展开价格竞争，集体、个体新建制砖企业，由于经营上的灵活，如给回扣好处费等，无退休职工、无各种职工福利补贴等负担，其经济效益也就大大好于国营企业。进入市场经济后，煤电油料机械等材料大幅上涨，而建材厂并没有随着市场变化调整生产结构，仍然以制砖生产为主，机遇一失再失，导致企业经营严重困难，到2000年只能交由前进农场托管[2]。

2001年，自治区党委政府根据农垦的实际情况，在1996年出台《关于加强农垦工作的意见》的基础上，又制定出台《关于加快新时期农垦改革与发展的意见》，先后赋予农垦体制改革、土地经营、国有资产管理、税收优惠等10多条扶持政策，逐步解决垦区职工农转非户口问题、社保问题、低保问题、社会职能移交问题等。这些政策的出台，不仅改善了垦区经济环境，促进了经济发展，而且减轻企业社会负担、改善了职工生活条件。自治区党委书记陈建国提出的利用3~5年时间实施"农垦安居富民工程"，改善了职工住房条件。这一时期，自治区财政在农业扶持资金、工业技改资金、日元贷款项目等方面对农垦给予

---

① 农丁：《深化农垦企业改革亟待解决的难题与对策》，《宁夏农垦经济》1995年第1期。
② 于学峰：《对农垦大武口建材厂产品结构调整问题的思考》，《宁夏农垦经济》1995年第3期。

了大力支持，有力促进了农业产业化发展①。

为应对市场经济的强烈冲击，农垦局认识到，企业要发展，职工要富裕，必须全面优化农垦所有制结构，在进一步完善"两自理""四到户"的同时，积极探索土地租赁、土地流转和股份合作制等多种公有制有效实现形式，组织引导职工大力发展职工自营经济，采取鼓励发展非公经济的办法充实产业基础。另外，千方百计跟随市场变化调整产业结构，2002 年起制定并实施"八个一"产业工程②，并通过资产结构和企业组织结构的调整，组建产业集团公司。

在集团化改造中，农垦加大对羊产业、乳业、葡萄产业的投资力度，通过鼓励和吸引外部的国有资本、集体资本、中外私有资本特别是职工个人资本参股，形成各企业间相互参股、经营者和劳动者共同入股、招商引资社会联股的多样化的混合经济，形成了市场牵龙头、龙头带基地、基地带农户的发展格局。在对外开放方面，宁夏农垦与山东张裕集团开展葡萄基地合作，与北京首都旅游集团合资开发沙湖景区，与丹麦嘉士伯联营扩大西夏啤酒，与香港优之菜合作建设外向型出口蔬菜基地等。

为了实施科技兴垦战略，农垦与西北农林科技大学共同组建博士科技工作站，与中国农业大学、东北财经大学以及澳大利亚和山东省的科研机构建立了科技合作关系，先后开展了肉羊杂交改良、作物良种繁育基地建设、无公害枸杞栽培技术、发酵系统计算机调节控制体系等 20多项（其中省部级项目 2 项）工农业技术项目的研究、应用和推广，并将科技渗透到农业产业化经营的每个环节。到 2005 年，垦区无公害

---

① 农业部农垦局编《农垦农业产业化经营实践与探索》，中国农业出版社，2005，第 192页。

② "八个一"产业工程，2002 年提出并实施。即到 2005 年，发展 100 万只肉羊产业，10 万头奶牛产业首期 3 万头，10 万头猪产业，10 万吨啤酒产业，1 万吨葡萄酒及枸杞果酒产业，1 亿公斤无公害绿色食品产业，10 万亩水产养殖业，开发建设 1 个阅海湿地生态旅游区。

绿色品牌占自治区认定品牌的50%，科技贡献率超过50%，20多项成熟生产技术的普及，让连湖柿子、农牧场黄瓜、渠口茄子、灵武辣椒等14个无公害绿色品牌和上百个名优特色产品送出区外，走出国门。

在提高产业化经营水平的同时，农垦局还大力实施品牌战略，打造"沙湖""西夏王""贺兰山"等知名品牌。2003年西夏王干红干白葡萄酒、"碧宝"牌SOD富硒枸杞、金夏大米（民营）、大夏白酒（民营）等四个产品获得宁夏区级名牌产品称号，占全区名牌产品的1/4。

2006年起，农垦提出建设"绿色农垦"口号，设想大力发展生态旅游和观光旅游，将垦区的沙湖、阅海、天湖、暖泉农牧生态园、南梁枸杞园、农牧场黄旗口山庄、平吉堡奶牛园、玉泉葡萄庄园等旅游资源整体打包，实行"绿色开发"，并推出"平原沙湖、塞外阅海、玉泉山庄、高山天湖、黄旗胜景、暖泉早春、南梁秋悦、简泉苇荡、椿树口岸、渠口龙首"十大旅游概念。限于当时宁夏旅游和休闲产业市场的规模，这一设想虽然没能实现，但旅游业应形成综合体的发展思想仍然是当今旅游业发展转型的主要方向。

令人遗憾的是，在这一时期，垦区的啤酒、乳业、白酒、枸杞、牛羊肉等优势产业在招商引资和股份合作过程中，集团企业未能充分发挥主导作用。在西湖农场的整体移交中，农垦局也未能坚持争取更有利的权益。由于急于摆脱困境，这一时期，农垦局在土地承包方面管理过于放松，一度出现农场企业"空心化"现象。面对垦区出现的经济困难，自治区在加大扶持力度的同时，也试图用"撤场建镇"的方式解决垦区经济问题①。当然这一改革思路并没有得到实施。

大力推进"三化"（产业化、集团化、股份化），是农垦应对市场

---

① 2001年自治区党委、政府出台的《关于加快新时期农垦改革与发展的意见》第8条指出：选择个别具备改制条件的农场进行撤场建乡（镇）试点。在妥善安排离退休人员生活和做好农场职工思想工作的前提下，通过国有资产无偿划拨，核销部分债务，以土地经营权置换身份等方式，撤场建乡（镇），整体划入辖区市、县，纳入地方行政序列。

经济发展的必由之路。产业化能够统筹协调农垦一、二、三产业的发展，是这一时期农垦工作的主线；集团化是多数垦区改革的主要模式，也是发展的重要方向；股份化是对产业化、集团化在资本结构上的基本要求。农垦的"三化"之路，虽然艰辛曲折，但目标已经明确，只有坚定地走下去，垦区的各项事业才能兴旺发达。

第六章　深化农垦体制改革与加快产业调整

　　进入 21 世纪以来，党的十六大、十七大持续推动国有企业国有资产管理体制改革。十六大提出，国家要制定法律法规，建立中央政府和地方政府分别代表国家履行出资人职责，享有所有者权益，权利、义务和责任相统一，管资产和管人、管事相结合的国有资产管理体制。贯彻落实十六大精神，中央、省、市（地）三级国有资产监管机构相继组建，《企业国有资产监督管理暂行条例》《企业国有资产法》等法规规章相继出台。党的十六届三中全会《关于完善社会主义市场经济体制若干问题决定》中提出建立归属清晰、权责明确、保护严格、流转顺畅的现代产权制度是构建现代企业制度的重要基础。党的十七大明确提出，深化国有企业公司制股份制改革，健全现代企业制度，优化国有经济布局和结构，增强国有经济活力、控制力、影响力仍然是国有企业改革的重要任务。

　　为落实中央的要求，农业部 2004 年提出，全国农垦要大力推进"三化"（产业化、集团化、股份化）。张宝文副部长在全国农业工作会议农垦专业会议上指出，产业化是对农垦农工商综合经营的重大创新，它能够统筹协调农垦一、二、三产业的发展，把农垦改革与发展的很多重要方面有机地结合起来，是农垦工作的一条主线。集团化是多数垦区改革的主要模式，也是发展的重要方向。各垦区正反两方面的经验证明，只有推进集团化，才能有效整合垦区资源，保护和发展农垦先进生产力，提高农垦的市场竞争力，使农垦的优势和示范作用得到充分发挥。股份化是对产业化、集团化在资本结构上的基本要求，只有实行股份化，产业化、集团化才有活力，才能适应激烈的市场竞争需要，才能真正形成有国际竞争力的大企业、大集团和现代产业体系①。

党的十七大召开后，中国农垦提出了要加强现代农业建设，"建设大基地、培育大企业、形成大产业"，明确农垦改革的原则是"企业增效、职工增收、示范带动能力增强"。集团化垦区管理体制改革的重点，是要完善法人治理结构，建立现代企业制度。加快公司制改革步伐，以股份制改革为重点，进一步优化集团资本结构，增强集团母公司的控制力。

党的十八大以来，中央空前重视"三农"工作，持续加大对国家粮食安全的关注，习近平总书记在 2013 年中央农村工作会议上指出："中国人的饭碗任何时候都要牢牢端在自己手上。"② 新常态背景下，农垦的改革面临重大挑战与发展机遇，一方面，国际大宗农产品价格低于国内，面临 WTO 贸易黄线所限的价格补贴政策已用到极致，绿色、生态的生产方式不断催高农产品成本；而另一方面，国家高度重视粮食安全及"一带一路"建设，也为农垦发展带来重大机遇。农业部农垦局抓住这一机遇，于 2014 年启动了"国际大粮商"培育计划，积极推进"联合、联盟、联营"发展战略，先后成立中国农垦种业联盟、中国农垦天然橡胶产业联盟、中国农垦乳业联盟，并积极筹建冷链物流、节水灌溉等联盟组织，这些大型行业联盟的组建，标志着农垦已进入以大整合推动大发展为主题的时代。

2015 年 11 月，中共中央国务院下发《关于进一步推进农垦改革发展的意见》，要求农垦改革要以保障国家粮食安全和重要农产品有效供

---

① 《张宝文副部长在全国农业工作会议农垦专业会议上的讲话》2003 年 12 月 26 日，中华人民共和国农业部农垦局编《农垦工作文件资料选编（2004～2013 年）（上）》（内部资料），2016 年 5 月，第 6 页。

② 《中国人的饭碗要端在自己手上》，《人民日报》2014 年 1 月 7 日，第 1 版。

给为核心，以推进垦区集团化、农场企业化改革为主线，依靠创新驱动，加快转变发展方式，推进资源资产整合、产业优化升级，建设现代农业的大基地、大企业、大产业，全面增强农垦内生动力、发展活力、整体实力，切实发挥农垦在现代农业建设中的骨干引领作用，为协同推进新型工业化、信息化、城镇化、农业现代化提供有力支撑。2016 年 5 月 25 日，习近平总书记在黑龙江省考察时提出，农垦要"努力形成农业领域的航母"[①]。习近平总书记的指示是新时代农垦改革发展的基本方略和根本遵循，为农垦事业指明了前进方向。

党的十九大以来，全国各垦区以垦区集团化农场企业化改革为主线，国有农场办社会职能改革和土地确权发证，落实开展农垦职工养老保险等改善民生政策专项改革。

围绕国家"三化"改革和现代农业建设目标，宁夏农垦在西部大开发、宁夏跨越式发展、全面小康建设中，梯次推进体制机制创新和经营管理创新，加快向现代企业转型。不断围绕市场调整和优化产业结构，加快优势特色产业发展。并在新时期明确了打造一流大型现代农业企业集团目标，确立了"宁夏农垦，引领健康生活"企业使命。截至2018 年年底，宁夏农垦集团公司资产总额 168 亿元，全年实现营业收入 27.4 亿元，实现利润 1.2 亿元，职均收入达到 4.09 万元。[②]

第一节 体制改革的梯次推进

为适应市场经济体制改革，1997 年前后，宁夏农垦组建了农垦企业（集团）有限责任公司，与宁夏农垦事业管理局实行两块牌子、一

---

① 《农业农村部举办"努力打造中国农垦现代农业航母专题研讨班"》，农业农村部网站，2018 年 5 月 26 日，http://www.gov.cn/xinwen/2018 – 05/26/content_ 5293890.htm。

② 《在宁夏农垦集团有限公司第二届第一次职工代表大会上的讲话》，《宁夏农垦》2019 年第 1 期。

套班子、一套机构。在各农场实行一套班子、两块牌子，保留农场行政职能的过渡性改革。

2008 年，国务院《关于进一步促进宁夏经济社会发展的若干意见》中指出要"充分发挥宁夏农垦对现代农业的引领和示范作用，促进其加快发展"，党的十七届三中全会也提出了要"推进国有农场体制改革""发挥国有农场运用先进技术和建设现代农业的示范作用"。宁夏农垦抢抓机遇，会同相关部门，在充分调研和借鉴兄弟垦区改革经验的基础上，系统提出了加快宁夏农垦改革发展的意见，多渠道向自治区党委、政府和国务院政策研究部门反映情况、争取支持。2009 年 2 月，自治区党委、政府研究制定了《关于进一步加快农垦改革发展的意见》（宁党发〔2009〕9 号），赋予了宁夏农垦相当于地级市政府的 5 项管理权限和 9 条扶持政策。意见决定，要逐步对自治区农垦事业管理局与农垦集团总公司实现政企分开、政事脱钩，实行两块牌子、一套班子、交叉任职，过渡期 3 年。意见要求把农垦所属的 14 个国有农场、9 个特色优势产业公司实施资源整合，组建以"贺兰山""西夏王""沙湖"品牌命名的三大实业公司。

当年 7 月，按照自治区党委、政府"强杆细枝、壮大集团实力"的要求和现代企业制度，将管理型的农垦企业集团改组为经营型的农垦集团总公司。将原农垦企业集团所属的 23 个子公司按区域进行整合重组，组建了以"沙湖""贺兰山""西夏王" 3 大品牌命名的 3 个实业公司①及 23 个子分公司，形成以 4 个全资子公司和 2 个控参股公司为经营主体的母子公司关系，推进农垦集团由管理型企业向经营型企业转变，增强集团公司的管控能力和投融资能力。

改革后，农垦事业管理局履行垦区行政协调和社会统筹职能，代表

---

① 这一时期的组织架构为，宁夏农垦集团除直属的控参股公司外，将其他企业按区域和产业特色划归为西夏王实业公司、贺兰山实业公司、沙湖实业公司管理。比如西夏王实业公司下属的宁夏农垦渠口农业发展公司（渠口农场），称为宁夏农垦西夏王实业有限公司渠口农业分公司。

自治区政府履行出资人职责，享有国有资产所有权，依法管理国有资产，加强对国有农场的社会事务管理，指导农垦集团依法经营。农垦集团行使国有资产经营权，享有国有资产收益权，确保国有资产保值增值。暂时实行两块牌子、一套班子，机构人员分设。这样的管理体制，一方面有利于对上反映情况、争取政策、解决问题，另一方面有利于做强做大农垦集团，平稳实现向集团化过渡。

在场企分离方面，坚持和完善国有农场与职工家庭农场统分结合的双层经营机制，按照生产经营职能与社会管理职能相分离的原则，对农场和其他企业的经营资产、公益性资产进行审计确认，将经营性资产和资源整合到区域实业公司，组建成专业化子分公司，承担和拓展农场生产经营职能。公益性资产留在农场，实行定员定编，负责管理辖区内的行政事务、社会事业和公共服务；对农场实行全预算化管理，采取"以钱养事"等办法，保证国有农场正常的运转和社会事业、基础设施建设投入。2012 年，垦区成为全国 8 个国有农场办社会职能改革试点单位之一。

在干部人事方面，2009～2013 年，自治区党委先后调整充实了 9 名厅级领导干部到农垦局和集团公司任职。按照"公开、平等、竞争、择优"和"老人老办法、新人新政策"的原则，面向全国、面向社会、面向垦区，选聘企业中高层管理人员 76 名，其中面向全国招聘 9 名；压缩农场领导干部 52.6%、管理人员 62%；选拔和轮岗机关处级干部，平均年龄由 50 岁降到 47 岁；解聘或召回在企业兼职补薪的机关事业单位人员；调整集团公司职能部门，重新聘任企业人员职务，完成了宁夏农垦有史以来涉及范围最广、人员最多、交流调整力度最大的一次干部人事制度改革[①]。

在争取政策方面。改革后，自治区有关部门对垦区经济社会发展实

---

①　郭雪华、廖周：《宁夏农垦加快改革与产业发展报告》，《2014 宁夏经济蓝皮书》，宁夏人民出版社，2014，第 271 页。

行了计划单列管理，在安排年度财政预算、重点建设项目、计划统计、专项规划上对农垦单列下达。调整了农垦土地出让金收支政策，将农垦土地分局改设为农垦国土资源局，受自治区政府委托依法管理农垦土地。2010年7月，自治区党委、政府出台了《关于整顿和加强农垦土地管理的决定》。授予农垦核发"一书两证"和乡村建设规划许可证的权限。将垦区道路建设纳入通畅工程，职工危房纳入危房危窑改造计划，垦区小城镇建设纳入沿黄城市带建设规划，在项目建设上给予支持。核销不良资产3.71亿元，化解社会公益性负债5690万元。自治区财政也在税收、基础设施建设、农场管理、耕地保护、生态移民等方面也给予了经费支持。

这一改革对于农垦在现代农业建设中，推进发展方式转变，壮大龙头企业，统筹优势产业发展起到了积极作用。但由于三大实业公司在公司治理中多了管理层级，而且在实际运行中，实业公司对效益好的企业管不了、效益差的管不好，随着市场的变化和垦区的产业发展，这一组织架构需要在改革中进一步调整。

一　深化集团体制改革

党的十八大以来，习近平总书记站在党和国家发展全局的战略高度，针对国有企业改革发展做出了一系列重要指示批示，用一系列相互联系、相互贯通的重大理论创新和科学判断，深刻回答了新形势下国企国资改革发展中的重大理论和实践问题，形成了以做强做优做大国有企业为核心要义的系列重要论述，为国企改革提供了强大的思想武器和科学指南。

2014年6月，为深入贯彻党的十八大精神，巩固改革发展成果，激发农垦发展活力，宁夏区党委、政府又出台《关于进一步深化农垦改革发展的实施意见》（宁党发〔2014〕23号）。7月3日，自治区党委和政府召开深化农垦改革发展动员大会。

自治区党委书记李建华指出：要以建立现代企业制度为核心，坚定不移地深化改革，坚定不移地加快发展，把农垦集团打造成全国一流的大型现代农业集团，走出一条具有宁夏特色的现代农垦发展之路①。

此次改革确定了宁夏农垦市场化、企业化改革发展定位和方向，提出了深化管理体制、事业单位、内部机构、职工房屋产权制度等 4 项改革任务，给予垦区享有国家和自治区各类普惠性政策、财政支持和税收优惠、建设产业园区、城镇建设、资本运作、垦地合作、干部队伍建设等 7 条支持政策。重点解决农垦市场化程度不高、体制机制不活、社会负担过重等问题。

按照农垦整体转企改制的要求，核销了农垦事业管理局金额预算事业编制和领导职数。本着"老人老办法"的原则，将原农垦事业管理局在职人员过渡为企业职员。撤销了原农垦事业管理局、农垦集团的 18 个职能部门，重新设置了符合现代企业要求的 13 个部门。农垦顶层管理体制由原来的"一套班子、两块牌子"，转变成了适应市场化、企业化发展的集团化管理体制。由此，宁夏农垦事业管理局完成了它的历史使命，退出自治区事业管理序列，不再作为实体机构存在。

在母子公司管理体系方面，按照精简、效能原则，推行扁平化管理，让子分公司真正成为市场主体。将 3 个实业公司、33 个子分公司和 14 个国有农场，合并重组为 30 个全资（控股）子公司、8 个参股（合资）公司，变三四级管理为二级管理。将原国有农场与农业发展公司"两块牌子、两套班子"，转变成公司（农场）"两块牌子、一套班子"的管理模式，压减管理人员，提高经营效能。

在企业法人治理结构方面，依法修订了集团公司章程，明确了出资

---

① 《打造现代农业的"国家队"——宁夏农垦深化改革发展纪实》，《宁夏日报》2014 年 9 月 23 日，第 1 版。

人、党委会、董事会、经营管理层和监事会职权。规范设立了董事会，内设了战略规划、薪酬与考核和审计3个委员会。完善了董事会、党委会、总经理办公会议事规则等基本制度，形成"三会一层"①，各司其职、各负其责、协调运行的法人治理结构。

在剥离社会职能方面，按照自治区政府关于《农垦系统生态移民安置区移交地方管理实施方案》（宁政办发〔2015〕62号），自2015年起，将农垦系统负责建设的易地扶贫搬迁移民安置区、中部干旱带县内生态移民安置区和"十二五"中南部地区生态移民安置区移交属地政府。其中，南梁农场安置区移交西夏区，简泉农场安置区移交石嘴山市，长山头农场安置区、渠口农场安置区和太阳梁安置区移交中宁县，暖泉农场安置区移交贺兰县，连湖农场安置区移交青铜峡市。截至2017年年底，完成8个生态移民安置区的验收、移交工作和16家企业（农场）职工家属区"三供一业"②移交工作。截至2018年年底，宁夏农垦先后承担3期生态移民安置任务，搬迁安置移民9061户43715人，提供土地11.45万亩，垫支各类资金3.89亿元③。

在深化农垦事业改革方面，将农垦国土资源局、农垦沙湖自然保护区管理处、农垦农业综合开发办公室分别移交自治区国土资源厅、林业厅、农业综合开发办公室管理，继续为农垦集团公司提供相关服务。农垦农林牧技术推广服务中心作为事业单位由农垦集团公司管理。农垦职工中等专业学校（农垦干部学校）事业编制和人员移交宁夏职业技术学院，与宁夏农校合并办学。学校在移交中，只是人员、编制移交，房

---

① "三会一层"指股东大会、董事会、监事会和高级管理层。
② "三供一业"是指企业的供水、供电、供热和物业管理。2016年6月11日，国务院国资委、财政部发布《关于国有企业职工家属区"三供一业"分离移交工作指导意见》。2016年开始，在全国推进国有企业（含中央企业和地方国有企业）职工家属区"三供一业"分离移交工作，对相关设备设施进行必要的维修改造，达到城市基础设施的平均水平，分户设表、按户收费，交由专业化企业或机构实行社会化管理。
③《振奋精神 实干兴垦 为建设实力强产业优职工富农场兴生态美的新农垦而努力奋斗——在中共宁夏农垦集团有限公司第一次代表大会上的报告》2018年12月15日。

屋校舍等资产全部留给农垦集团，农垦集团把学校改为农垦集团培训中心，主要承担垦区干部、职工和专业人员的继续教育、职业教育培训等工作①。

从 2009 年深化改革到 2015 年年底，宁夏农垦集团营业收入从 20.9 亿元增加到 31 亿元，增加 30%；利润总额从 0.35 亿元增加到 1.21 亿元，增长了 2.46 倍；资产总额从 38.6 亿元增加到 140 亿元，增长了 2.63 倍②。

2014 年的深化农垦改革是全区深化国有企业改革的"第一炮"，也为全国农垦推进"垦区集团化、农场企业化改革"提供了可靠范本。2015 年、2016 年，海南农垦、黑龙江农垦到宁夏农垦考察改革发展做法和经验。宁夏农垦这一时期的改革发展经验得到农业部农垦局充分肯定和支持。

在中央对国企分类改革的推进下，2015 年 11 月，中共中央国务院下发《关于进一步推进农垦改革发展的意见》，这是中央 24 年磨一剑，从战略上明确了新时期农垦的功能定位和深化改革的顶层设计。《意见》明确指出，农垦是国有农业经济的骨干和代表，是推进中国特色新型农业现代化的重要力量。要求农垦以保障国家粮食安全和重要农产品有效供给为核心，全面推进垦区集团化、农场企业化和社会管理属地化。要建设现代农业的大基地、大企业、大产业。鼓励垦区根据实际进行差别化探索。2016 年 5 月 25 日，习近平总书记在黑龙江考察时做出重要指示，强调要以垦区集团化、农场企业化为主线，推动资源资产整合、产业优化升级，建设现代农业的大基地、大企业、大产业，努力形成农业领域的航母。

---

① 高跃辉：《宁夏农垦集团改革历程及启示》，《中国农垦》2017 年第 2 期。
② 高跃辉：《宁夏农垦集团改革历程及启示》，《中国农垦》2017 年第 2 期。

二 专项试点工作

为落实农垦新时期的战略目标和改革路径，坚守"不能把国有经济改没了、把农业改弱了、把规模改小了"底线，鼓励垦区根据实际进行差别化探索，农业部决定在全国各垦区组织开展深化农垦改革专项试点工作。当年 6 月 14 日，农业部印发《深化农垦改革专项试点工作方案》。方案提出的试点任务，包括加快集团公司直属企业整合重组、推进国有农场企业化改革和公司化改造等 20 项试点任务，旨在加快发展现代农业，推动农垦经济转型升级。

在专项试点工作中，农垦首先围绕现代农业、现代牧业、葡萄产业、旅游服务产业 4 个板块，按照"4 + N"发展格局，在集团本部优化设置了农场事业部、现代牧业事业部、酒业事业部和服务业事业部，逐步推行企业事业部制管理，事业部薪酬绩效与所服务管理的企业效益挂钩。在"去行政化"进程中，按现代企业要求开展"废、改、立"，建立修订完善制度 43 项，规范项目、财务、资产、薪酬等管理，逐步建立现代企业管理体系和党建工作制度体系。按照"大公司上市，小公司股改"的思路，积极推进旅游、奶业、草业、葡萄等优势产业板块挂牌上市，启动了勘测设计院等轻资产公司股权多元化改革。围绕产业、项目、股权投资，于 2016 年 4 月发起组建了宁夏农垦金融控股有限公司，着力打造农垦集团的投融资平台和金融产业板块。

在推进垦地融合发展方面。主动与地方政府对接，相继与石嘴山市、中卫市、固原市、银川市西夏区，在规划衔接、产业发展、基础设施建设、土地资源保护与利用、精准扶贫、旅游合作、高效节水农业、马铃薯种薯繁育、草畜产业等方面签订合作协议，着力推进农垦与地方规划融合、产业融合、城镇化建设融合、社会事业和社会治理融合，加快垦地协同发展。

在国有资产管理上，全面清查登记各单位依法清收的"三违"土地及退休人员交回土地的归属和经营状况，在暖泉农场开展资产规范管理试点和土地经营规范管理试点工作，对集团公司投资建设的房屋产权进行全面清查登记，确保农垦国有资产保值增值、不流失。加快推进农垦土地确权及土地评估注资工作，2016 年完成银川市区划内 232 宗、14.5 万亩土地的确权分割办证工作。

2017 年 3 月，自治区党委、政府出台《关于解决农垦改革发展有关问题的实施意见》（宁党办〔2017〕28 号）（以下简称《意见》），对农垦现代企业制度、经营机制、社会事业建设提出了具体的改革意见，并加大在垦区内全面落实自治区有关普惠政策、财税金融和人才队伍建设方面的支持力度。

《意见》指出，要明确企业党组织在法人治理结构中的法定地位，明确国有资产出资人和农垦集团公司职权职责，严格落实和维护董事会依法行使重大决策、选人用人和薪酬分配权利。推进农垦集团公司二级子公司法人治理结构建设，充分保障经理层自主经营权。

农垦可以采取土地入股等方式，注资参股其他行业，推动国有资产保值增值。积极推进优势产业公司股份制改造，力争到 2020 年培育2～3 家上市公司，利用农垦金融投资控股平台发展壮大金融服务等新产业、新业态。农垦集团公司可通过证券交易、产权交易等方式，依法处置低效无效资产①。

明确农垦集团公司是农垦国有土地管理的责任主体，对所属土地实行集中统一管理。依法清收违法违规承包土地，已被判决拍卖承包经营权的土地，买受人与发包人须依法重新签订协议，承包经营期满后依法收回，交由农垦集团公司管理。

在推进企业经营创新方面。建立以资本为纽带的集团公司母子公司

---

① 自治区党委办公厅、人民政府办公厅印发《关于解决农垦改革发展有关问题的实施意见的通知》，《宁夏回族自治区人民政府公报》2017 年第 4 期。

管理体制，明确子公司独立法人地位。探索在农垦中小型实体企业、服务型企业、营销类企业等开展混合所有制和股份制改革试点，积极引导多元化投资，激发农垦内生动力。加大招商引资力度，吸引区内外工商资本重组优化国有资产，参股农垦企业经营。

在分配制度改革方面。建立经营业绩与收入相匹配的收入分配制度，突出子公司经营业绩，实施目标责任效能考核，子公司在完成经营目标后，对超额利润部分，拿出一定比例用于经营层和职工绩效奖励。对于条件成熟且发展潜力较大的业务板块或下属公司，本着增量激励为主的原则，支持鼓励通过核心团队（员工）持股、收益分红、模拟股份、关键技术折股、期股期权等方式，建立有竞争力的激励约束机制。

鼓励农垦通过收购、兼并、合资等方式在境外、区外开展农业和经贸合作。加大农垦与市、县（区）在产业发展、土地利用、特色园区建设、商贸等领域合作，建立土地有偿使用、税收分成、投资利益共享机制。农垦土地上的合作合资企业及农垦子公司在各市、县（区）注册创办的各类企业税收地方留成部分，由各市、县（区）和农垦集团按照一定比例分成。

支持农垦示范推广农业新品种、新技术、新装备、新模式，发挥农垦机械、技术等优势，为周边农户提供农机作业、农资供应、农产品加工和购销等社会化服务。坚持草畜一体发展，打造饲草生产供应、科学养殖、鲜奶生产、畜产品、奶肉制品研发和精深加工全产业链。推进旅游产业提档升级。支持农垦发展电子商务、"互联网＋"等新业态、新模式。

在剥离国有农场办社会职能方面。利用两年时间，采取分类分步分项方式，逐步移交属地政府，不搞一步到位，做到办公设施、人员和职能同步划转。对具备整体移交条件的环卫绿化、土地执法、基础设施建设、社会保障、民政优抚、就业培训等社会职能，彻底分离，一次性移交属地政府。对"三供一业"公益性职能，按照自治区政策规定，推进分离移交，实行市场化管理。暂不具备移交条件的社会职能，采取政府授权委托、购买服务等方式赋予国有农场相应管理权限，提供公共服务。对国有农场办社会职能形成的债务进行甄别，属于政府应偿还的债务纳入政府债务统一管理，符合呆坏账核销条件的按照相关规定予以处理。

农垦职工房屋产权制度改革方面。本着尊重历史、着眼现实、分类处理的原则，摸清农垦职工住房占用土地、建成年代、产权来源、出资购买等情况，明确登记范围，逐步推进房产确权颁证。对农垦集中新建翻建的职工住房或小区，由农垦集团提供土地、房产权属资料。对没有土地权属来源资料的，由国土资源部门会同农垦集团集中补办。对没有房产权属来源资料的，由住房城乡建设部门会同农垦集团集中统一补办竣工验收等手续。在此基础上，按照属地管理原则，由农垦集团统一申请，不动产登记机构审核颁证。对农垦职工转让住房土地产权的，在缴纳土地使用权出让金等有偿使用费用后，依法办理登记变更手续，颁发不动产权证。对暂不具备确权条件的分散居住等老旧房屋，按照场镇规划建设，推进集中安置，逐步办理产权登记手续。

《意见》强调，国家和自治区推进国企改革和强农惠农富农政策对农垦全覆盖。将农场场镇及生产队、居民点建设、城乡社区建设、主干道路等基础设施建设与维护管理纳入地方经济社会发展规划、城乡规划、土地利用总体规划、美丽乡村建设规划、公共服务体系规划，并同步组织实施。已移交的农垦国土资源局、农垦沙湖自然保护区管理处和农垦农业综合开发办公室，要保证人员力量，继续为农垦服务。自治区财政支持农垦发展资金扶持政策以及对农垦集团所属企业所得税的地方留成部分的减免政策执行到2018年。

在农垦人才队伍建设方面。允许农垦按照市场化方式选聘和管理职业经理人。实行企业经理层成员任期管理和目标考核管理。按照企业人事制度，选聘农垦集团公司中层及以下经营管理人员。建立健全以合同管理为核心、岗位管理为基础的市场化用工制度，推进全员绩效考核，形成各类管理人员能上能下、员工能进能出、收入能增能减的动态管理机制。

从 2015 年到 2017 年年底，宁夏农垦密集出台改革措施，围绕优势产业，调整组合组织架构，先后下发《关于对农垦集团部分所属公司实施整合重组的通知》（宁垦集团发〔2015〕131 号）、《关于对集团公司部分企业整合重组的通知》（宁垦集团发〔2016〕16 号）、《关于集团公司部分企业变更名称的通知》（宁垦集团发〔2016〕52 号）和《关于对有关企业建立法人治理结构及进行整合重组的通知》（宁垦集团发〔2017〕27 号），对系统组织架构进一步改革，集团总部内设 16 个部门，集团直接管理 24 家子分公司，有集团控股 4 家，参股 8 家，1 个事业单位和 2 个生态移民管委会。对贺兰山奶业、宁夏枸杞企业（集团）等公司进行了优化组合。对银川林场进行了"林业公益企业"改革。通过改革，进一步明晰了集团公司和控参股公司的职能职责。集团公司抓大放小活小，主要负责发展战略决策、资本运营管理、人力资源配置、财务控制审计、目标绩效考核；各子公司依据资源和资产占有情况，负责完成集团下达的营业收入、利润总额、净资产收益率和职工收入等指标，自主经营、自负盈亏、自我发展、自担责任，成为集团公司的生产经营利润中心。

三 国有农场企业化改革和公司化改造试点工作

2016 年 6 月，农业部在宁夏召开会议启动了全国深化农垦改革发展专项试点工作。宁夏农垦按照农业部农垦局制定的《深化农垦改革专项试点工作方案》确定的 20 项改革试点任务，结合垦区实际，筛选上报了 11 项改革发展专项试点任务书。9 月，农业部批准宁夏农垦等 6 个垦区作为全国农垦改革发展综合示范区，赋予了宁夏农垦 7 项新的改革专项试点任务，主要是：农垦集团化整合重组、股权多元化改革，国有农场企业化改革和公司化改造，积极发展多种形式的适度规模经营，国有资产监管体制，垦地合作，加强党的领导和党的建设等。

为搞好企业化改造，宁夏农垦首先编制了新时期发展战略，确立了"经营客户，融合发展"的核心战略思想，"宁夏农垦，引领健康生活"的企业使命，"责任、合作、创新、生态"的企业价值观，分三个阶段打造具有全球竞争力的现代农业产业平台，成为宁夏首个具有发展战略的国有大型企业。

2017年9月，宁夏农垦集团出台《农垦集团推进国有农场企业化改革和公司化改造试点实施方案》，重点解决制约农场企业化改革公司化改造中存在的土地资源分配不合理、管理机制不活、经营效益不高、主导产业发展不突出等关键性问题，进一步建立健全现代企业制度，形成"一场一特、一场一品、一场一业"的发展格局。其实施内容主要包括五个方面。

一是推进农场办社会职能移交。将农场承担的基础设施、公共服务、社区管理等社会管理和公共服务职能纳入地方政府统一管理。

二是完善农场公司管理体制。建立农场职工代表大会、董事会、监事会、经理层为组织领导体制的法人治理结构。围绕枸杞、葡萄酒、大米等优势产业，集团统筹组建二级专业化公司，在条件成熟的农场组建二级经营核算单位。

三是每个农场突出1～2个主导产业，形成"一业为主、多业并举"的产业结构，以龙头企业带动各基地产业发展订单农业，组织标准化生产，加大品牌宣传。

粮食产业，突出绿色高效种植，推行标准化生产、产业化经营，开展统一经营与服务，拓展代收、代储、代加工及综合加工业务。特色经果林，按照绿色、有机、全程质量可追溯的要求，以西夏王酒业公司、宁夏枸杞企业集团有限公司为龙头，带动葡萄、枸杞、苹果等林果的基地建设、产品加工和市场销售，实行统一技术、统一品牌、统一包装、统一销售,实现全产业链发展。

草畜产业,按照"十统一"管理模式,形成"种植苜蓿和青贮玉米—饲养高产奶牛和高档肉牛—饲草料过腹肥田"高效循环的现代农业产业链,提高产业组织化程度和龙头企业带动作用,对与奶产业、肉牛养殖业关联的饲料、草业、生物肥料等资源进行整合,实现草畜一体化经营。

农旅融合产业,如葡萄产业、生态渔业、设施农业等产业,突出自身现代农业及旅游资源的优势,打造农旅结合的现代农业庄园,拓展科技示范、休闲观光、加工销售、文化教育、健康养老等功能,实现一、二、三产业融合发展。

经营方式上,在不改变土地承包关系及土地用途的情况下,由农场为职工提供生产经营全过程的服务。标准化、机械化作业率高、人工劳动投入相对较低的产业可选择全程托管,如依托高效节水灌溉种植的玉米、小麦、苜蓿等;劳动密集型产业可选择菜单式托管,只提供农资农技服务经营,如林果产业的葡萄、枸杞等经济作物。对于职工长期承包类的土地,农场通过流转、反租倒包的形式发展自主经营产业,让职工获得土地承包收益,农场获得生产性收益。围绕种子、大米、葡萄、枸杞等产业积极发展订单农业,组织订单生产,推行优质、绿色、标准化种植。

土地管理方面,协调推进国有土地使用权确权登记发证工作,杜绝非法占地、用地,按照第二次全国土地调查确定的土地性质及规模,加强与属地沟通,依法依规管好土地。推进土地资源资产化和资本化运作。对于非经营性土地,通过合理的有效利用,实现"以用代管"。对于经营性土地,其中:职工承包类土地,进一步规范承包合同,尤其加强对退休职工承包土地的收回,由农场自主统一经营;对外承包土地及短期性承包土地,采取市场运作模式,节约、集约、合理利用土地,通过租赁、合作、竞价、招拍挂等方式,发展适度规模经营,实现土地收益率最大化。制止职工承包土地私自转让经营权，禁止将土地所有权入股进行对外合作。

在此次改革中，重点对前进、灵武农场开展公司化改造试点，组建农场下属二级专业化经营公司，开展具有特色的产业结构调整与管理转型工作。

2017年10月，自治区全面深化改革领导小组召开第二十三次会议，审议通过了《关于我区农垦改革发展相关问题及解决建议》。会议指出，走市场化道路是农垦集团可持续发展的必由之路。要加快建立灵活高效的经营机制。坚持既定的改革路子，以建立现代企业制度为核心，按照市场规则和需求，紧紧围绕葡萄酒、奶业、旅游业等优势产业，大力引进先进生产要素，通过优化重组、参股经营等方式把企业逐步做大做强；大胆探索发展混合所有制经济，吸引多元化社会资本投资，为农垦发展提供源头活水；突出企业经营效益和国有资产保值增值，积极开展股份制改革试点，增强企业发展内生动力。要充分调动农垦改革发展的积极性，加快建立农垦二级子公司法人治理结构，深化收入分配制度改革。会议强调，农垦上下要珍惜难得机遇，撸起袖子加油干，坚定不移把农垦改革推向深入，奋力打造全国一流农业企业集团①。

11月，农垦开始国有农场办社会职能移交工作，按照农场办社会职能一次性全部移交属地政府的要求，截至2018年6月，完成了14个国有农场办社会职能移交属地政府管理签约。根据与地方政府的签约，14个农场共确定移交人员388人，其中从事社会管理职能岗位人员165人，从事社会服务职能岗位人员223人；移交资产共计78.3亿元，其中账面资产原值4.3亿元，土地等资产74亿元；移交土地面积大约4.1万亩②。

---

① 《宁夏研究部署农垦改革发展有关工作》，《宁夏日报》2017年10月2日，第1版。
② 《我区全面完成农垦国有农场办社会职能移交签约》，《宁夏日报》2018年6月13日，第1版。

四　农场统一经营的改革

随着科学技术的进步，农业正从"靠天吃饭的自然式"逐步转向以订单农业、精准农业等为代表的现代化农业，开始从田间进入工厂，从农户的小型精致经营走向企业化的大型精密规模经营，这势必要求农场采取与之相匹配的经营模式即农场统一经营模式。受农业科技水平、人员综合素质、综合管理水平等多种因素的制约，家庭农场承包模式，仍然是多数农场生产经营的主要模式。在深化改革中，随着土地的清收，农场企业能够经营的土地逐渐增多，巴浪湖等农场开始探索统一经营，发挥土地集中连片的优势，提高土地产出率和农业生产力，效果非常明显。

巴浪湖农场在深化改革之前，农场经营长期亏损，负债率曾高达255％。2009 年，农场打破原有土地承包经营模式，将农场所属土地进行重新调整与再分配，职工"养老保险田"置换地由原来的每人 5 亩调整到 7 亩，且落实到职工承包合同或挂靠到农场集中经营田，收回所有管理干部和退休职工的"养老保险田"置换地。采取农场集中经营土地模式，使农场集中经营土地面积达 1 万亩，建成了 6000 亩永久性供港蔬菜生产基地、3000 亩自治区级永久性设施园艺、蔬菜生产基地，形成供港蔬菜、设施园艺、优质粮食和奶牛四大优势产业。截至 2015 年年底，农场化解、偿还了全部历史遗留债务，实现营业收入 9850 万元，实现利润 201.5 万元，职工人均年收入 2.6 万元[1]。

第二节　不断壮大粮食、葡萄、奶和旅游产业

2009 年，宁夏农垦按照各农场资源条件和产业发展情况，提出了

---

[1] 《努力建设现代农业大基地、大企业、大产业——农垦系统打造现代农业航母》，《经济日报》2016 年 7 月 18 日，第 11 版。

"432111"①产业倍增的发展思路，围绕农垦现代农业示范基地，规划布局"2个中心4个示范区"②。土地的资本化是农垦产业发展的关键。2011年，农垦集团采取土地使用权抵押担保方式，成功发行18亿元公司债券用于葡萄种植基地和奶牛养殖基地项目建设。2012年，宁夏农垦整垦区被农业部认定为国家级现代农业示范区。新时期以来，农垦集团公司以产业为主线，以资产为纽带，对所属公司、农场的资源资产进行整合，组建粮食、葡萄、奶牛、旅游、种业、资本运营等专业公司，在一些农场培育出了符合本场实际的产业支撑，基本形成"一场一特"的发展格局。在不断推行公司扁平化管理中，努力打造从良种繁育、基地建设、精深加工、市场营销到售后服务的全产业链。

一　增强粮食产业传统优势

粮食产业是垦区的传统优势产业，深化改革以来，农垦把粮食产业放在现代农业首位，把提高单产作为实现粮食增长的主攻方向，积极开展粮油作物高产攻关、实施标准化生产，保障大宗农产品供给能力。2013年，粮食总产37.8万吨，实现了"十连增"。大力培育优良品种，年繁制种面积达6万亩，占到全区的1/5。年提供良种3.2万吨，在保证垦区需要的同时也为周边市县提供了支持，良种覆盖率达到了98%，粮食生产优质化率91%以上。培育出了一批粮食作物新品种，其中"正业8号"是宁夏第一个玉米雄性不育杂交种，"兴贮1号"是拥有独立知识产权的优质玉米品种。在发展规模化、集约化种植方面，重点推广优质高产专用新品种应用、测土配方施肥、全程机械化作业、保护性耕作等技术成果，建设45万亩优质商品粮基地。为延长粮食下游产

---

① "432111"：40万亩优质粮食、30万亩葡萄、20万亩水产、10万头奶肉牛、10万亩外向型设施蔬菜、10万头生猪。

② "2个中心4个示范区"：现代种苗繁育中心和马铃薯脱毒中心，现代奶牛养殖示范园区、粮食高产攻关示范区、设施园艺示范区和大型农业机械展示区。

业链，2010 年，投资成立宁夏农垦沙湖农业科技股份有限公司，建成了沙湖大米加工厂，配套建设了有机水稻标准化生产基地 1 万亩，绿色水稻标准化生产基地 5 万亩，生产的"沙湖"大米销往全国部分大中城市。

新时期以来，宁夏农垦集团根据资源禀赋和市场需求变化，更加注重技术创新和提高产品竞争力，积极推动农业发展从主要依靠物质要素投入，转到依靠科技引领、体制机制创新和提高劳动者素质上来。通过种植业结构调整、新技术新品种引进示范、高效节水灌溉施肥等综合措施，不断提高劳动生产率、土地产出率、资源利用率。

在种植业板块，重点抓基地建设，以生产绿色、优质、安全、健康农产品为抓手，发展订单农业，开展绿色基地认证，按照"五统一"要求，组织标准化生产，建设优质水稻基地 10 万亩、玉米基地 30 万亩。加大沙湖米业产品结构调整和营销力度，把"沙湖"牌大米打造成"宁字号"主打品牌。在种业发展上，选址新建种子加工中心，建立新品种展示园，加大新品种选育及自有品种推广，为粮食种子自繁自育自供打好基础，积极"走出去"，按照"龙头企业＋基地＋农户"模式，发展外繁种子基地 2 万亩，把贺兰山种业打造成"育繁推"一体化的现代种业公司。

在特色种植业上。依托宁夏枸杞产区优势，稳步扩大南梁枸杞种植基地，在长山头、巴浪湖、暖泉、前进等农场新增绿色、有机枸杞基地，采取统一技术、统一品牌、统一包装、统一销售，扩大市场份额，再造农垦枸杞产业新优势。持续加强巴浪湖设施园艺，连湖、巴浪湖供港蔬菜种植基地建设，打造渠口"花果山"有机水果品牌。充分利用前进、简泉等湿地资源，大力发展适水产业。基本形成"一企一业""一场一特"产业格局。

截至 2017 年年底，宁夏农垦通过农业供给侧结构性改革，调整优化作物结构，初步确立了优质粮食、优质牧草、现代种业、特色经果林、绿色瓜菜等 5 个特色种植业格局。创建农业部万亩高产示范区 5 个，粮食总产 38.4 万吨。自主研发的玉米宁禾 0709 成为宁夏首个获得国家保护权的新品种。新增绿色、有机枸杞基地 4300 余亩，完成 4 个枸杞烘干点及加工包装技改设计。扩大了供港蔬菜和设施园艺种植面积，垦区绿色、有机瓜菜得到社会广泛认可。

二　引领示范贺兰山东麓葡萄产业

1996 年，宁夏计划委员会组织专家对贺兰山东麓不同区域进行实地考察，提出了《贺兰山东麓优质酿酒基地规划方案》。2003 年，贺兰山东麓通过葡萄酒国家地理标志产品保护区认证。根据自治区相关规划，宁夏垦区有近 50 万亩适于葡萄种植的土地处于贺兰山东麓百万亩葡萄长廊的核心地段。

2003 年 7 月，根据自治区经济贸易委员会批复，农垦以玉泉营农场为核心企业组建母子体制的西夏王葡萄产业集团。玉泉营农场为集团母公司，西夏王葡萄酒业有限公司、玉泉葡萄酿酒研究所为集团控股公司，西夏王野生饮品有限公司为集团全资子公司。2007 年 5 月，宁夏农垦与张裕葡萄酒业集团签订了《年加工 5 万吨葡萄酒及 2 万吨葡萄种植基地合作项目》，张裕葡萄酒公司在黄羊滩农场建设 3 万亩酿酒葡萄基地，当年建成 5000 亩。

2008 年，宁夏农垦规划建设 30 万亩优质葡萄基地。当年，宁夏玉泉葡萄山庄获"国家级工业旅游示范景点""自治区生态农业观光旅游基地"称号。2009 年 8 月，由自治区政府和商务部主办，宁夏农垦事业管理局承办的中国·宁夏贺兰山东麓葡萄产业国际合作发展论坛在银川举行，国内外 150 多名著名葡萄酒专家参加了论坛。2011 年 4 月，玉泉营酿酒葡萄示范基地被自治区政府列为第一批自治区现代农业示范基地。

2011 年，按照自治区政府要求，自治区发展改革委牵头编制了《中国（宁夏）贺兰山东麓葡萄产业带及文化长廊发展总体规划》，要求各地按照"一优三高"①的思路规划建设贺兰山东麓葡萄文化长廊，大力发展葡萄产业及相关的体验经济、会展经济和文化旅游经济，通过文化打造、生态引领、产业推动，打造一个竞争力强、辐射面广、国内最大、全球知名的葡萄文化生态经济产业带。

截至2013年年底，垦区建成葡萄基地13.2万亩，成为全国单个企业在自己的土地上拥有葡萄基地规模之最。建成了西北最大、年繁育5000万株种苗的葡萄苗木繁育中心，累计为社会提供优质种苗8000万株。建成年生产能力3万吨的西夏王葡萄酒厂及玉泉国际葡萄酒庄、国宾酒庄，成为国家级农业产业化重点龙头企业。培育出了中国驰名商标——"西夏王"葡萄酒品牌，产品多次荣获国际国内大奖，2013年被外交部确定为"外交使节酒生产基地"，入选"亚洲品牌500强"，获"亚洲十大最具影响力品牌奖"。规划建设了玉泉葡萄小镇、玉泉葡萄酒加工园区，法国酩悦轩尼诗、北京伊斯特、北京中坤集团等知名企业相继来垦区投资置业。垦区葡萄产业初步形成了葡萄苗木繁育和规模化种植、葡萄酒加工销售、特色酒庄建设、科技研发创新、葡萄酒文化旅游、城镇园区配套的完整产业链条，也打造了引领和带动自治区贺兰山东麓葡萄文化长廊建设的"龙头"企业。

2014～2016年，农垦稳定葡萄种植面积，根据市场需求优化葡萄品种，牢牢把握"好葡萄酒是种出来的"，加快低质低产园改造，全面推行标准化种植。在市场拓展方面，进一步整合西夏王现有品牌品系，理顺与代理商关系，稳固区内市场。通过建立直营店、设立宁垦专柜等方式，加快开拓区外市场。依托宁垦电商和体验馆等平台，线上、线下并进，不断提高市场占有率。全力打造玉泉葡萄特色小镇，调整完善总体规划，编制玉泉特色小镇核心区、玉泉酒庄等区域修建性详规。

① "一优三高"，以优良品种、高新技术、高端市场、高效益统领现代农业发展，参见宁夏回族自治区人民政府2012年政府工作报告。

2017 年，葡萄酒产业以销促产，加快新品研发，葡萄烈酒和白兰地新品实现批量生产，填补了贺兰山东麓产区的空白。整合葡萄酒品牌，将原有 100 多个品系整合为 5 大系列、28 个单品。宁夏农垦福建、浙江特色优势产品体验中心落成，陕西、江苏、山东、香港等地销售局面逐步打开，西夏王体验店、品牌形象店达 350 多家，铺市终端近 6000 家，年销售量增长 50%。

三 奶产业走向草畜一体化

宁夏农垦是"宁夏奶牛的摇篮"，为进一步提升产业发展水平，垦区探索出一条草畜一体化发展的新路子。新时期以来，农垦以科技引领，积极推进"三品一标"① 认证，加入农产品质量追溯体系，强化监管，确保农产品质量安全。自 2009 年起，宁夏农垦采取资产划拨方式，将分散在垦区各农场的 14 个国有规模化奶牛场和乳制品加工企业进行整合，组建成宁夏农垦贺兰山奶业公司。14 个规模化奶牛场中，5000 ~ 10000 头规模现代化奶牛场有 4 个，奶牛存栏 3.6 万头，年产鲜奶 21 万吨以上，占宁夏全区的 1/10，成母牛平均单产 10 吨、最高达 12 吨，成为自治区有影响力的奶业龙头企业。2012 年 7 月，开工实施贺兰山农牧场、平吉堡、暖泉等 3 个新建大型奶牛场建设项目，灵农畜牧第二、第三奶牛场和平吉堡奶牛场一分场、连湖农场奶牛场 4 个扩建项目以及 1.2 万头奶牛引进项目。当年 10 月 14 日，3600 头澳大利亚奶牛入住宁夏农垦茂盛草业公司奶牛场，这是宁夏农垦利用发行的 18 亿企业债资金引进的第一批进口优质奶牛。

农垦采取"公司+基地+农户"合作模式，打造优质牧草基地 4.6 万亩，拉动宁南山区苜蓿种植 20 万亩，年生产加工优质牧草 3 万余吨，形成了集种植、加工、销售为一体的产业体系，茂盛草业公司成功跻身

---

① 三品一标：无公害农产品、绿色食品、有机农产品和农产品地理标志。

为全国第二大草业企业。积极寻求知名品牌和战略投资，合资合作建设现代化乳品加工企业，进一步延伸奶产业链条。2013年，农垦与上海唐朝集团合作的有机奶项目通过有关部门认证。2014年9月，国务院副总理汪洋在视察宁夏农垦时，对农垦草畜一体化给予了充分肯定。同月，他还在一份内参中做出"宁夏农垦规模养殖很有前景，望予以重视支持"的批示。

为落实2015年中央1号文件精神和农业部打造农垦国际大粮商的"联合、联盟、联营"战略，当年，宁夏农垦与重庆、陕西农垦共同发起建立中垦乳业股份有限公司，发挥中国北方优势奶源基地和乳品加工企业的各自优势，抱团发展。

2016年6月，农业部办公厅下发《关于组织开展深化农垦改革专项试点工作的通知》（农办垦〔2016〕18号），通知要求，加快推进集团公司直属企业整合重组。将各类分散化的优势产业资源和企业进行集中整合重组，形成"垦区集团＋产业公司"的发展格局，提升主导产业市场竞争力和垦区整体经济实力。按照农业部的部署和要求，宁夏农垦重点围绕农垦奶业等主导产业开展了试点改革。

2017年，农垦集团对垦区草畜产业进行整合重组，将全国第二大草业企业的农垦贺兰山茂盛草业公司整合到贺兰山奶业公司，组建新的贺兰山奶业公司，形成了集良种奶牛养殖、优质牧草生产、优质鲜奶生产加工为一体的专业化公司，实现草畜一体化的企业经营模式。整合后，农垦贺兰山奶业公司以旗下贺兰山茂盛草业公司为基础，内联外拓，整合农垦简泉草业公司、内蒙古上海庙草业公司，建立1.5万余亩牧草基地；同暖泉、平吉堡、灵武等农场建立苜蓿草合作关系，7000多亩基地为奶牛场年提供苜蓿草7000余吨；同简泉、暖泉、平吉堡等7个农场建立青贮玉米种植供应合作关系。截至年底，贺兰山奶业公司饲草种植基地达16万亩，年产优质苜蓿2万多吨、青贮玉米饲料20多万吨，成为奶牛饲草供应的有力保障。

健全法人治理结构，明确党组织的地位作用。按照农垦改革和国企改革的要求，在奶业公司健全董事会、监事会、职代会、经理层的设置，完善"三会一层"运行机制。集团公司对奶业公司董事会、监事会、经理层、党委班子职数进行重新核定，适当增加进入董事会的党组织领导班子成员人数，减少经理层人员进入党委班子人数。完善"双向进入、交叉任职"的领导体制，公司党委书记、董事长"一肩挑"。

整合后，贺兰山茂盛草业公司成为贺兰山奶业公司的子公司，全面负责奶业公司奶牛饲草供应，与垦区农场建立饲料供应关系，共同打造优质苜蓿和玉米青贮饲草料基地，对奶牛场粪污进行还田利用。奶业公司收购饲草料并提供相应的技术服务。奶业公司与农场在饲草基地建设和饲草供应上坚持市场化运作，以质定价。

在标准化养殖方面。采取"十统一"的工业化管理模式发展畜牧业，制定了以优质、高产、高效为核心内容的奶牛生产管理标准，提高技术、管理、设施和设备标准，做到标准到位、硬件到场、设施先进；坚持养殖场每天监测分析、公司每月综合分析。在管理上对标伊利畜牧公司，在技术上对标澳亚牧场，从各个环节特别是技术上保证畜产品和乳品质量安全。

在完善与绩效考核相配套的薪资制度上，按工作性质、技术技能、劳动强度、工作时间等进行定档定级，不同档级享受不同的薪资，根据考核情况晋档晋级。修订场长月度绩效考核工资方案，增加总产、成本考核比重。修订牛场季度评比竞赛办法，设定单产进步奖、繁殖受胎率奖、饲料成本指数奖等 9 个奖项进行评比，充分调动广大基层员工积极性。

建立宁夏大学、宁夏农科院、自治区畜牧工作站等产学研基地，创建"宁夏奶牛科技研究所"、奶牛科技创新平台，常年开展技术指导和推广服务工作；联合开展奶牛养殖关键技术、秸秆饲料综合利用等一系列科研项目，获得省部级科技进步各类奖项；推广应用全混合日粮饲养

（TMR）、奶牛性能测定（DHI）、性控快繁、优质青贮收获加工等多项关键技术。

通过推广标准化管理、改善奶牛场软硬件设施，奶牛场标准化管理水平不断提高，奶牛单产逐年攀升，由 2006 年的 7.6 吨提升到 2017 年的 10 吨，最高单产达到 12 吨，引领示范作用明显。整合后的贺兰山奶业公司市场竞争力和经济实力得到进一步增强，2017 年资产总额达到 18.66 亿元，实现利润 5020 万元①。

四　垦区旅游业逐渐走向综合体

2009 年以来，农垦坚持保护与开发并重，深度挖掘沙湖集湖泊、湿地、沙漠多种地质地貌景观于一体的稀有特质，通过建设湿地博物馆，推出音乐剧场、沙湖观鸟、"渔歌唱晚"等生态观光活动，促进文化与旅游的融合，将沙湖建设成为年接待 120 万人次的国家 5A 级旅游区、中国十大魅力休闲湖泊、全国 35 个王牌景点和中国旅游百强景区，2013 年实现旅游收入 2.8 亿元。

2016 年 7 月，《宁夏全域旅游发展三年行动方案》发布后，宁夏农垦在集团本部设立了负责垦区旅游发展工作的业务部门。结合 2016 年开展的宁夏农垦集团发展战略咨询，宁夏农垦集团将旅游产业与奶产业、葡萄产业、种植业一起确定为集团未来发展的四大主导产业，并制定了宁夏农垦旅游产业发展战略，确立了"构建大旅游格局，成为西北休闲度假旅游引领者"的发展定位。2017 年 3 月，《宁夏回族自治区"十三五"全域旅游发展规划》出台后，集团又对《宁夏农垦集团"十三五"规划》相关内容进行了充实，提出了"积极融入自治区全域旅游发展，加快构建集生态观光、休闲度假、农业体验为一体的农垦旅游

---

① 宁夏农垦集团有限公司：《推进企业整合重组　提升主导产业市场竞争力》，《中国农垦》2018 年第 2 期。

产业格局①"。

其发展重点为：一是完成沙湖景区总体规划修编，确立了"一带一镇七区"大沙湖旅游区空间布局，加快"大沙湖休闲度假旅游板块"建设，加大景区营销宣传，举办房车旅游大会、水上运动旅游文化节等活动。二是依托农垦葡萄产业优势，加快建设玉泉葡萄小镇，打造葡萄酒休闲度假旅游产品。三是发挥农垦平吉堡奶牛场、前进农场毗邻银川市和沙湖景区的区位优势，培育发展田园观光、农事体验、自主采摘等乡村休闲度假旅游产品，推动"旅游＋农业"融合发展，建设国家现代农业庄园。四是保护天湖湿地原始自然生态，通过招商引资方式，适时启动天湖生态旅游区建设，发展生态体验旅游产品。五是以沙湖宾馆为主体，深度挖掘宁夏餐饮文化，提升沙湖宾馆餐饮品牌②。

五　打造特色产品直营店

2018 年 1 月，投资成立宁夏农垦硒谷农产品有限公司，在城市中心区设立"硒谷庄园"（宁垦农庄）农垦特色产品直营店。该店汇集了全国农垦系统优质农产品，宁夏农垦旗下的"西夏王"葡萄酒、大米、清真牛羊肉、绿色蔬菜等产品。硒谷庄园依托宁夏农垦优质农产品基地资源，致力于整合全国农垦系统优质农产品，以线上线下全渠道模式打造农产品全产业链③。

第三节　农垦改革发展历史经验

宁夏农垦成立近 70 年来，始终贯彻执行中央及自治区的决策部署，在保障农副产品供给、引领示范现代农业、安排城乡就业、发展

---

① 马慧斌：《打造全域旅游的宁夏农垦样本》，《中国农垦》2018 年第 1 期。
② 马慧斌：《打造全域旅游的宁夏农垦样本》，《中国农垦》2018 年第 1 期。
③ 钱琳：《宁夏农垦硒谷庄园实体店开业》，《中国农垦》2018 年第 3 期。

民族地区经济等方面发挥了重要作用，为自治区经济社会发展做出了重要贡献。改革开放以来，纵观中国农垦及宁夏垦区，在体制机制、产业发展、职能演变等方面的改革发展成果，主要有以下几点经验值得关注。

一 必须在改革中坚持农垦的战略定位与发展方向

改革开放以来，历届中央领导集体对农垦在改革中的地位与方向是一以贯之的。一个总的方针是，紧紧围绕发挥好中国农垦"做示范、保供给"重要职能和边疆垦区"屯垦戍边"的特殊职能。1978 年，国务院要求，"要高速度地把国营农场建设成为社会主义现代化的农业生产基地""农业机械化，农场要先化"① 1991 年，中央要求农垦农业企业的示范作用应体现在"农业专业化、商品化、现代化过程中"②。纵观 40 年来农垦的改革发展，坚持好农垦的定位和发展方向，事业就能不断取得胜利，但如果在改革中放弃这一定位，将垦区等同于一般企业组织，农垦事业就难以为继。例如，有的垦区在市场经济确立初期就提出要大搞"国退民进"，导致垦区地位丧失。实事求是地说，农垦如果不搞规模化的大农业，就不能成为国有农业经济的骨干和代表，农垦作为一个特殊组织也就没有了存在的必要。纵向来看，"发展—不适应—改革—发展"的螺旋上升路径也是农垦改革的必经之路。尽管存在诸多困难，农垦在改革的浪潮中坚持了正确的定位与职能作用的发挥，没有"私分散伙"，也没有停步不前，在社会化大生产和生产专业化的进程中逐渐站稳了脚跟，越发显示出国有大型农业企业的优势和作用。正因为农垦在改革中坚持了正确的定位，在新时期，继续实践邓小平同志

---

① 农垦部政策研究室等编《农垦工作文件资料选编》，农业出版社，1983，第 839、844 页。
② 《中共中央关于进一步加强农业和农村工作的决定》，《中华人民共和国国务院公报》1991 年第 42 期。

提出的农业"二次飞跃"① 思想才有了物质基础和组织保障②。

实际上，新时期以来，在全国农业的改革层面，土地流转、生产合作化、土地托管等典型经验层出不穷，我国的农业经营正在由小机械小规模生产向大机械大规模作业经营转变，这是农业适应国内国际两个市场的重大变化，而农业的产业化、规模化、组织化正是中国农垦的优势所在。值此背景下，2015 年 11 月，中央时隔 24 年后再次出台全面指导农垦改革发展的专门文件，明确指出"农垦是国有农业经济的骨干和代表，是推进中国特色新型农业现代化的重要力量"，要"努力把农垦建设成为保障国家粮食安全和重要农产品有效供给的国家队、中国特色新型农业现代化的示范区、农业对外合作的排头兵、安边固疆的稳定器"③。2016 年 5 月，习近平在黑龙江考察时，对农垦提出"努力形成农业领域的航母"的指示。中央纲领性的文件和习总书记系列重要讲话精神，不仅总结了农垦自成立以来的地位和作用，同时还赋予了新的历史内涵④。

现阶段，农垦改革已进入深水区，各垦区正在按照中央的要求推进深化改革专项试点工作，从改革经验得知，只有坚持农垦战略定位，服务国家战略需要，坚守"三条底线"⑤，激发改革的内生动力，抱团合

---

① 1990 年 3 月 3 日，邓小平在与中央负责同志的谈话中指出："中国社会主义农业的改革和发展，从长远的观点看，要有两个飞跃。第一个飞跃，是废除人民公社，实行家庭联产承包为主的责任制。这是一个很大的前进，要长期坚持不变。第二个飞跃，是适应科学种田和生产社会化的需要，发展适度规模经营，发展集体经济。这是又一个很大的前进，当然这是很长的过程。"参见《邓小平文选（第三卷）》，人民出版社，1993，第 355 页。
② 廖周：《我国农垦改革历程及经验》，《农业部管理干部学院学报》2016 年第 3 期。
③ 《中共中央国务院关于进一步推进农垦改革发展的意见》（2015 年 11 月 27 日），新华网，http://news.xinhuanet.com/politics/2015 - 12/01/c_ 1117322798.htm。
④ 廖周：《我国农垦改革历程及经验》，《农业部管理干部学院学报》2016 年第 3 期。
⑤ "三条底线"，即农垦改革要始终坚持国有属性、始终坚持以农为本、始终坚持发挥农垦的规模优势。2016 年 6 月 21 日，农业部党组成员杨绍品指出，要"始终坚守深化农垦改革试点的基本方向，决不能把国有经济改没了、决不能把农业改弱了、决不能把经营规模改小了"。参见《深化农垦改革专项试点工作启动会在银川召开》，中华人民共和国农业部农垦局网站，http://www.nkj.moa.gov.cn/dongtai/201606/t20160622_ 5183153.htm。

力，建立现代农业的大基地、大企业、大产业，做好"中"字头的产业联盟，才能真正成为农业领域的航母。对宁夏农垦而言，打造中国农垦"航母"战斗群中不可忽视的"战舰"是新时代赋予的历史使命。为此，宁夏农垦在集团化、企业化、市场化改革过程中，明确了打造一流大型现代农业企业集团目标，确立了"宁夏农垦，引领健康生活"企业使命，充分发挥"国企最讲质量、国企最讲健康、国企最讲信誉、国企最讲安全"的优势，推进供给侧结构性改革，着力生产健康、绿色、有机、无公害农产品。农垦只有主动服从服务于国家战略大局，才能在使命担当中获得永续发展。

二 必须坚持在上下联动的机制中推进分类分级、循序渐进的改革

中国农垦系统在体量上相当于一个中等省区①，在全国 31 个省区市有 1700 多个国营农场、5000 多个国有及国有控股企业。分布在各地的垦区成长历史、经济实力、发展水平、社会地位、政策环境不尽相同。在管理体制上既有党政军合一、中央直管的新疆兵团，也有省部双重领导的广东、黑龙江垦区，在其他由地方管理的垦区中，还分为省级管理和农场归属市县管理两种体制。即使同一垦区，农场与农场之间也有较大差别②。

所以，农垦集经济型、社会性、区域性为一体的特殊性和垦区之间所在地域经济社会发展水平的差异性决定了农垦的改革必须是一个分级分类、循序渐进的过程。虽然农垦改革的总目标是垦区集团化、农场企业化，但如果不顾垦区利益，急于去行政化，没有激发广大农工改革的内生动力，为了改革而改革，只能问题越改越多，这在过去部分垦区的

① 2015 年农垦生产总值 6902.48 亿元，拥有 36.2 万平方千米土地，占地总量仅次于云南省（39.4 万平方千米），是广东省面积的两倍。
② 廖周：《我国农垦改革历程及经验》，《农业部管理干部学院学报》2016 年第 3 期。

改革中存在深刻的教训。同样，有的垦区故步自封、自我封闭，总想多保留几个公章，多管几个部门，负担越来越重，改革成本陡增，频失良机，导致其与所在地方农业发展水平相比，逐渐丧失国有农业企业的优越性。

宁夏农垦在深化改革中，注重改革的节奏和力度，采取试点先行，梯次推进，先实行"一个机构、两个牌子"的管理模式，一方面大力推进集团化，另一方面运用行政手段推动国营农场社会职能改革和行业指导服务，最后水到渠成，取得了较好的改革成果。

在农垦改革实践中，还有一个重要的问题就是改革中的上下联动机制，农垦改革能否实现分类分级、循序渐进，很大一部分取决于上下联动机制，这需要垦区处理好政企关系、社企和垦地关系。由于历史原因，农垦相对封闭的经济社会系统，容易导致政策上的边缘化，国有政策、惠农政策在垦区总是不能实现全覆盖。有些是地方政府的认识问题，有些是垦区自身问题。原农业部农垦局魏克佳局长就政策环境，有过一段生动的讲话，他说："政策不是等来的，而是争来的，是深化改革得来的。谁去争？这就要靠我们上下一起努力。"①

在善于运用上下联动机制、争取改革发展政策上，较为典型的事例就是宁夏垦区的改革。2009～2014年，宁夏农垦争取自治区党委政府出台了3份改革意见和1份加强土地管理的专项决定，连续4个省级文件顺利推动了集团化的梯次改革，其改革探索和所取得的成绩得到了汪洋副总理的充分肯定。2017年，自治区又先后出台《关于解决农垦改革发展有关问题的实施意见》《关于我区农垦改革发展相关问题及解决建议》，为农垦改革发展和若干关键问题的解决提供了强有力的政策支持。由此可见，上下联动推动政策互动是农垦改革的重要法宝。

---

① 《2003年魏克佳局长在全国农业工作会议农垦专门会议上的总结讲话》，载中华人民共和国农业部农垦局编《农垦工作文件资料选编（1996～2003年）（下）》，2005，第926页。

实际上，中央和自治区历次的改革文件同样也吸收了大量地方垦区的成功探索，然后才上升为理论指导。所以，地方垦区在改革中，只要认准了中央和自治区的大政方针，就不能等，不能靠，一面按照上级政策干，一面积极争取地方政府的配套，同时与中央主管部门上下联动，以有为谋求有位，在过去改革实践中，这样的联动机制总能取得好的成效。

三 必须坚持以人民为中心，让广大农垦建设者共享改革发展成果

改革的目的是解放生产力，发展生产力，不断改善人民群众的生活。受到历史、体制和政策等方面的影响，垦区在民生方面普遍存在欠账较多等问题。从计划经济体制向市场经济体制转变的过程中，事实上仍然存在工农业产品价格"剪刀差"，垦区把有限的积累投入二、三产业的发展中，受体制所限，地方上的政策又难以覆盖垦区，导致部分农工群众在改革中获得感不强。正确处理好国家、集体和职工的三方利益，增进职工群众的福祉，是改革的出发点和落脚点，只有职工群众的生活有了明显改善，改革才能有内生动力和发展活力①。

20世纪90年代以来，在国家和自治区政策的支持及垦区干部职工的努力下，农垦总体上有步骤地开始解决社会保障、税费负担、基础设施、社区服务、危房及棚户区改造和垦区扶贫等关系民生的重大问题，解决了改革的后顾之忧，有效保障了垦区稳定，增强了农垦职工的主人翁责任感。

党的十八大以来，习近平总书记围绕以人民为中心这个主题，提出了许多新思想新观点新论断新要求，党的农垦事业把以人民为中心的发展思想付诸改革实践，取得许多新的成就。2015年的中央关于

---

① 廖周：《我国农垦改革历程及经验》，《农业部管理干部学院学报》2016年第3期。

农垦的改革意见更是对职工权益、社会保障提出了更高的要求，并明确要求财政部要"将农垦全面纳入国家强农惠农富农和改善民生政策覆盖范围"①。自治区也加大了在垦区内全面落实自治区有关普惠政策的支持力度。建设发展成果共享、惠及垦区更多领域的改革，必将激发最广大职工群众的主动性和积极性，推动农垦事业不断取得新进步。

四 必须坚持以创新为第一动力，提升垦区产业核心竞争力

习近平总书记指出，坚持创新发展，就是要把创新摆在国家发展全局的核心位置，让创新贯穿国家一切工作。从宁夏农垦发展史中得知，垦区的地位和产业发展每一次取得的进步都与创新密不可分。在产业上，垦区最先建成奶牛养殖场，产出宁夏第一桶牛奶；建成的糖厂和啤酒厂，生产出宁夏第一袋白砂糖和第一杯啤酒；引进酿酒葡萄种植和葡萄酒加工，出品宁夏第一瓶葡萄酒；发展旅游业和湿地经济，打造宁夏第一个国家 5A 级景区；领先发展设施农业，创出"连湖模式"，为全区蔬菜产业找到新的市场和出路。

在农业科技上，垦区的机械化、富硒枸杞、灵农黑猪、粮食单产、奶牛单产、滩羊选育、高端葡萄酒酿造、质量追溯等创新不仅有力推动自身产业发展，也使得垦区地位不断获得提升。在体制改革方面，宁夏农垦是较早推行家庭职工农场和"两费自理"改革的垦区，在推进垦区集团化、企业化改革方面亦走在全国垦区前列。

在新时期，农垦要率先实现农业现代化，就要走在农业科技创新和应用的前列，不断推进农垦农业科技创新，以科技创新推动产品创新，以产品创新推动品牌创新。要积极推动农业经营体系创新、

---

① 《中共中央国务院关于进一步推进农垦改革发展的意见》（2015 年 11 月 27 日），新华网，http://news.xinhuanet.com/politics/2015－12/01/c_1117322798.htm。

对外合作开发创新、分配机制创新，以创新荡除遗留的突出问题，用创新培育新的产业增长点，用创新发掘增长动力，用创新提升核心竞争力。

五 必须建设好农垦文化，以农垦文化、农垦精神凝聚改革发展的共同意志

文化是黏合剂，精神是凝心聚力的魂魄。农垦建设者来自五湖四海，在融合发展中，形成了以兵团精神、北大荒精神等一系列农垦精神为核心的农垦文化，农垦文化在产生和发展的过程中，启发了农垦建设者的进取意识、铸就了英雄气概、凝聚了智慧和力量，并通过文化辐射交流促进了地方的文化发展。农垦精神是农垦文化的灵魂，在各垦区的表现上既有个性，又有共性。1986 年，王震同志为农垦精神进行过精辟的概括，他说："什么是中国农垦创业者的精神呢？我以为，最主要的，一是艰苦奋斗，一是勇于开拓。"① 创业之初，农垦建设者们在沙漠戈壁、亘古荒原、沼泽湿地、热带丘陵，披荆斩棘，开荒种地，其艰苦程度，后人难以想象。正是在这样的背景条件下，在艰苦卓绝的创业和改革发展的实践中逐渐形成并发展的农垦精神和农垦文化，烙印着时代特点和行业特色，是农垦建设者综合素质的集中反映，更是农垦系统的无形资产和无价之宝②。

在新时期，党和国家对农垦改革发展提出了新要求，农垦文化面临发展环境和自身体制机制的变化，应对这一变化，需要赋予农垦精神以新的时代内涵。在文化建设方面，应加快构建既有农垦历史传承、又有农垦现代风貌的企业文化，筑起农垦发展的灵魂，真正建立以文化传承精神、以文化凝聚人心、以文化引领企业未来发展的价值理念。改革的

---

① 《当代中国的农垦事业》编辑委员会编《当代中国的农垦事业》，中国社会科学出版社，1986，第 2 页。
② 廖周：《我国农垦改革历程及经验》，《农业部管理干部学院学报》2016 年第 3 期。

实质就是以大无畏之精神，挑战自我，再次创业，创业就需要艰苦奋斗，改革要主动实行变革，变革要勇于开拓创新。所以，以"艰苦奋斗、勇于开拓"为核心的农垦精神，是改革开放前后两个时期的历史结晶，只有大力弘扬推进农垦文化建设，才能不断汇聚推动农垦改革发展的强大精神力量。

参考文献

文献汇编类

［1］北京农业大学农业经济法研究组编《农业经济法规资料汇编（第7辑）》（内部资料），1981。

［2］《邓小平文选（第3卷）》，人民出版社，1993。

［3］《中国民族问题资料·档案集成》编辑委员会编《当代中国民族问题资料·档案集成（第4辑）》，载《中国少数民族自治地方概况丛书（第30卷）》，中央民族大学出版社，2005。

［4］国家体改委办公厅编《十一届三中全会以来经济体制改革重要文件汇编（上）》，改革出版社，1990。

［5］国务院军队转业干部安置工作小组办公室编《军队干部转业复员工作文件汇编（1950～1982）》，劳动人事出版社，1983。

［6］《当代中国农业合作化》编辑室编辑《建国以来农业合作化史料汇编》，中共党史出版社，1992。

［7］《马克思恩格斯选集（第1卷）》，人民出版社，1995。

［8］《毛泽东选集（第3、4卷）》，人民出版社第2版，1991。

［9］宁夏回族自治区农垦局：《宁夏回族自治区农垦统计资料汇编（1986～1990）》（内部资料），1991年12月。

［10］宁夏回族自治区农垦局计财处编《宁夏回族自治区农垦统计资料汇编（1981～1985）》（内部资料），1987。

［11］宁夏回族自治区农垦局计财处编《宁夏农垦统计资料汇编（1952～1980）》（内部资料），1982。

［12］宁夏农垦事业管理局财务处编《宁夏农垦统计资料汇编（1991～1995）》（内部资料），1997年12月。

［13］宁夏农垦事业管理局计划财务处编《宁夏农垦统计资料汇编（1996～2000）》（内部资料），2001。

［14］中华人民共和国农业部编《新中国农业60年统计资料》，中国农业出版社，2009。

［15］农垦部政策研究室等编《农垦工作文件资料选编》，农业出版社，1983。

［16］中华人民共和国农业部农垦司等编《农垦工作文件资料选编（1983－1990年）》，（内部资料），1991。

［17］中华人民共和国农业部农垦局编《农垦工作文件资料选编（1991－1995年）》，（内部资料），1997。

［18］中华人民共和国农业部农垦局编《农垦工作文件资料选编（1996－2003年）（上、下）》，（内部资料），2005。

［19］中华人民共和国农业部农垦局编《农垦工作文件资料选编（2004－2013年）（上、下）》，（内部资料），2016。

［20］习近平：《习近平谈治国理政（第二卷）》，外文出版社，2017。

［21］中共中央文献研究室编《建国以来毛泽东文稿（第四册）》，中央文献出版社，1990。

［22］中共中央文献研究室编《建国以来毛泽东文稿（第五册）》，中央文献出版社，1991。

［23］中共中央文献研究室编《建国以来重要文献选编（第七册）》，中国文献出版社，2011。

［24］中共中央文献研究室编《建国以来重要文献选编（第一册）》，中央文献出版社，2011。

［25］中共中央文献研究室编《毛泽东年谱（1893～1949）（上）》，中央文献出版社，第2版，2005。

［26］中共中央文献研究室编《新疆生产建设兵团工作文献选编（1949～2014）》，中央文献出版社，2014。

［27］中共中央宣传部编《习近平总书记系列重要讲话读本（2016年版）》，人民出版社，2016。

［28］中共中央文献研究室、中国人民解放军军事科学院：《建国以来毛泽东军事文稿（上）》，中央文献出版社，2010。

［29］自治区档案馆藏农垦档案（1950～1985年）。

著作类

［1］巴浪湖农场志编纂委员会编《巴浪湖农场志》，（内部资料），1994。

［2］陈育宁、田家官主编《宁夏社会保障体系研究》，宁夏人民出版社，1996。

［3］陈育宁主编《宁夏通史》，宁夏人民出版社，2008。

［4］储敏伟等：《我国社会保障的和谐发展之路》，中国财政经济出版社，2008。

［5］张进海主编《当代宁夏日史（第三卷）（1966.5～1976.10）》，宁夏人民出版社，2010。

［6］《当代中国的农垦事业》编辑委员会：《当代中国的农垦事业》，中国社会科学出版社，1986。

［7］方英楷等编《中国历代屯垦资料选注》，新疆人民出版社，2003。

［8］甘肃省地方史志编纂委员会编纂《甘肃省志（第十九卷）·农垦志》，甘肃人民出版社，1993。

［9］ 顾洪章主编《中国知识青年上山下乡始末》，人民日报出版社，2009。

［10］ 郭书田等编《周总理与农垦事业》，中国农业出版社，2000。

［11］ 黄河水利科学研究院编《黄河引黄灌溉大事记》，黄河水利出版社，2013。

［12］ 黄羊滩农场志编纂办公室编《宁夏回族自治区国营黄羊滩农场场志（1965～1985）》（内部资料），1989。

［13］ 江东然：《博览群书的毛泽东》，吉林人民出版社，1993。

［14］ 经济资料编辑委员会辑《为实现建设社会主义农村的伟大纲领而斗争——全国农业发展纲要（修正草案）文集》，财政经济出版社，1958。

［15］ 乐子型编《回忆与思考》（内部资料），2009。

［16］ 李书卷主编《毛泽东屯垦思想研究》，新疆人民出版社，2000。

［17］ 李贻格：《宁夏历代屯垦考》，《农业通讯》1947年第10～12期。

［18］ 连湖农场志编纂委员会编《连湖农场志（1954～2008）》，2009。

［19］ 梁星亮主编《陕甘宁边区史纲》，陕西人民出版社，2012。

［20］ 灵武农场志办公室编《灵武农场志》，（内部资料），1990。

［21］ 刘成林、赵柳成、蔡志远、方英凯等：《邓小平农垦思想研究》，新疆人民出版社，2000。

［22］ 刘继光：《中国历代屯垦经济研究》，团结出版社，1991。

［23］ 刘培植：《国营农场四十年》，中国农业科技出版社，1989。

［24］ 刘润琦、程广征主编《足迹（上、下）》，宁夏人民出版社，2010。

［25］ 刘天明：《移民大开发与宁夏历史文化》，宁夏人民出版社，2008。

［26］ 孟昭春主编《黑龙江省农垦经济发展史（1981～2005）》，黑龙江人民出版社，2009，第145页。

［27］《南梁农场志》编纂委员会编《南梁农场志》，（内部资料），1996。

［28］《宁夏水利志》编纂委员会编《宁夏水利志》，宁夏人民出版社，

1992。

[29] 宁夏百科全书编纂委员会编《宁夏百科全书》，宁夏人民出版社，
1998。

[30] 宁夏国史编审委员会编《当代宁夏史通鉴》，当代中国出版社，
2004。

[31] 宁夏军事志编纂委员会编《宁夏军事志（上、下）》，宁夏人民出
版社，2001。

[32] 宁夏农垦干部（中专）学校编《宁夏农垦中专学校校志》（内部
资料），2014。

[33] 宁夏农垦国营渠口农场编《渠口农场志》（内部资料），2010。

[34] 宁夏农垦建设实业总公司编《宁夏农垦建设实业总公司志》，宁
夏人民出版社，2014。

[35] 宁夏农垦经济学会编《宁夏农垦经济的改革与发展研究》，宁夏
人民出版社，1989。

[36] 宁夏农垦经济研究会编《科技兴垦：来自宁夏垦区的报告与经
验》，宁夏人民出版社，1992。

[37] 宁夏农垦事业管理局编《劳模风采（1950～2010）》（内部资料），
2010。

[38] 《宁夏农垦志》编纂委员会编《宁夏农垦志（1950～1988）》，宁
夏人民出版社，1995。

[39] 宁夏农垦志编纂委员会编《宁夏农垦志（1989～2004）》，宁夏人
民出版社，2006。

[40] 宁夏农业志编纂委员会编《宁夏农业志》，宁夏人民出版社，
1999。

[41] 宁夏农业志编纂委员会编《宁夏农业志》，宁夏人民出版社，1999。

[42] 宁夏通志编纂委员会编《宁夏通志·农业卷（上、下）》，方志出
版社，2009。

［43］宁夏通志编纂委员会编《宁夏通志·工业卷（上、下）》，方志出版社，2007。

［44］宁夏通志编纂委员会编《宁夏通志·军事卷》，方志出版社，2004。

［45］农垦部政策研究室编《中国农垦事业大事记（1949～1981）》（内部资料）。

［46］农业部农垦局：《中国农垦改革发展30年》，中国农业出版社，2008。

［47］农业部农垦局编《农垦农业产业化经营实践与探索》，中国农业出版社，2005。

［48］《暖泉农场志》编纂委员会编《宁夏回族自治区暖泉农场志（1955～1995）》（内部资料），1995。

［49］《平吉堡奶牛场志》编纂委员会编《宁夏平吉堡奶牛场志（1986～2005）》（内部资料），2006。

［50］平吉堡奶牛场编《宁夏回族自治区国营平吉堡奶牛场志（1960～1985年）》（内部资料），1988。

［51］《前进农场志》编纂委员会编《前进农场志（1952.8～1992.8）》，宁夏人民出版社，1992。

［52］曲伟主编《黑龙江屯垦史（第4卷）》，社会科学文献出版社，2018。

［53］《沙湖志》编纂委员会编《沙湖志（1989～2011）》（内部资料），2012。

［54］邵腾伟：《培育农垦国际大粮商研究》，科学出版社，2017。

［55］市政协文史委课题组编《银川知青移民与上山下乡》（内部资料），2013。

［56］唐启宇：《历代屯垦研究（上下）》，正中书局，1944。

［57］田澍：《西北开发史研究》，中国社会科学出版社，2007。

[58] 万国鼎:《中国田制史》,商务印书馆,2011。

[59] 王守聪主编《打造中国农业领域的航母——新时期农垦改革发展理论与实践》,中国农业出版社,2018。

[60] 魏永理主编《中国西北近代开发史》,甘肃人民出版社,1993。

[61] 吴存浩:《中国农业史》,警官教育出版社,1996。

[62] 新疆生产建设兵团史志编纂委员会、兵团党委党史研究室编《新疆生产建设兵团史料选辑·兵团援建兄弟省区:甘肃农建十一师、宁夏农建十三师·20》,新疆人民出版社,2010。

[63] 新疆生产建设兵团史志编纂委员会、兵团党委党史研究室编《新疆生产建设兵团史料选辑·中央领导与兵团专辑·14》,新疆人民出版社,2004。

[64] 张泽咸等:《中国屯垦史(中册)》,农业出版社,1990。

[65] 银川移民史研究课题组编著《银川移民史研究》,宁夏人民出版社,2015。

[66] 余荣光:《家庭农场场长手册》,甘肃科学技术出版社,1989。

[67] 袁宝华等编《中国改革大辞典》,海南出版社,1992。

[68] 张君约:《历代屯田考(上下)》,知识产权出版社,2014。

[69] 张岂之:《中国历史·中华人民共和国卷》,高等教育出版社,2002。

[70] 张远成:《当代宁夏简史》,当代中国出版社,2002。

[71] 赵俪生主编《古代西北屯田开发史》,甘肃文化出版社,1997。

[72] 郑彦卿编著《宁夏五千年》,宁夏人民出版社,2001。

[73] 政协东阳市委员会文史资料委员会编《东阳文史资料选辑(第二十三辑)》,人民日报出版社,2006。

[74] 中共宁夏回族自治区委员会党史研究室编《宁夏扶贫开发史研究》,宁夏人民出版社,2015。

[75] 中共中央文献研究室编《周恩来传(4)》,中央文献出版社,2011。

［76］ 中国城市信息交流研究部编《中国农垦企业大全》，中国城市经济社会出版社，1990。

［77］ 中国科学院内蒙宁夏综合考察队编《中国科学院内蒙宁夏综合考察队宁夏回族自治区有关农业考察研究专题报告集》，科学出版社，1965。

［78］ 中国农垦编辑部编《农垦改革二十年风采录》（内部资料），1999年11月。

［79］ 中国人民政治协商会议银川市委员会文史资料委员会编《银川文史集粹》，宁夏人民出版社，1998。

［80］ 中国社会科学院经济研究所现代经济史组编《中国革命根据地经济大事记（1937～1949）》，中国社会科学出版社，1986。

［81］ 中华全国工商业联合会主编《全国非公有制经济代表人士抒怀》，中华工商联合出版社，2002。

［82］ 中华人民共和国农业部农垦局：《中国农垦五十年》，中国农业出版社，2000。

论文类

［1］ 安志银：《稳妥推进职工住房改革》，《宁夏农垦经济研究》1991年第3期。

［2］ 白光：《对场办工业企业完善承包经营的几点思考》，《宁夏农垦经济研究》1988年第3期。

［3］ 白光、谢玉明、陈生寿：《发展联合促进生产搞活经济——对我区农垦企业横向经济联合的调查》，《宁夏农垦经济研究》1987年第2期。

［4］ 陈洪仓：《解读"连湖模式"》，《中国农垦》2011年第1期。

［5］ 陈于敬：《发展农业机械化促进粮食生产再上新台阶》，《宁夏农垦

经济研究》1991 年第 3 期。

[6] 程德泉：《中国农垦：农业"国家队"》，《国家人文历史》2013 年 17 期。

[7] 冯国成：《1990 年农垦生产财务决算浅析》，《宁夏农垦经济研究》1991 年第 2 期。

[8] 冯国成：《宁夏农垦 1992 年生产财务决算浅析》，《宁夏农垦经济研究》1993 年第 2 期。

[9] 付文奇：《实行共同投入法是解决国营农场农业后劲不足的必要措施》，《宁夏农垦经济研究》1987 年第 4 期。

[10] 高鸿宾：《在全国农业工作会议农垦专业会上的讲话》，《中国农垦》2008 年第 2 期。

[11] 高跃辉：《宁夏农垦集团改革历程及启示》，《中国农垦》2017 年第 2 期。

[12] 耿万荣：《浅谈国营农场农业劳动力的不合理转移问题》，《宁夏农垦经济研究》1991 年第 2 期。

[13] 郭书田：《农垦辉煌五十年》，《中国农垦经济》，1999 年第 11 期。

[14] 洪夏晨：《从啤酒花市场变化谈今后我局啤酒花生产》，《宁夏农垦经济研究》1991 年第 4 期。

[15] 黄国勤：《改革开放 30 年我国农业发展的回顾与展望》，《科技和产业》2009 年第 9 期。

[16] 计财处：《宁夏农垦国营农场"七五"时期职工家庭生活水平情况简报》，《宁夏农垦经济研究》1991 年第 3 期。

[17] 蒋生俊：《经营得当养猪效益显著》，《宁夏农垦经济研究》1988 年第 2 期。

[18] 靳文瑞：《巴浪湖、简泉两农场内部工农之间职工收入差距的浅析》，《宁夏农垦经济研究》1988 年第 1 期。

［19］ 靳文瑞：《对我区国营农场兴办职工家庭农场情况的调查》，《宁夏农垦经济研究》1986 年第 1 期。

［20］ 局计财处：《1992 年宁夏农垦职工家庭收支情况调查》，《宁夏农垦经济研究》1993 年第 3 期。

［21］ 局计财处：《宁夏农垦国有农场 1988 年职工家庭收支状况》，《宁夏农垦经济研究》1989 年第 2 期。

［22］ 孔凡伟：《关于银川林场开放建设指导方针的初步探讨》，《宁夏农垦经济研究》1989 年第 2 期。

［23］ 李捷：《抗美援朝的战略决策及其对新中国的重要意义》，《当代中国史研究》2010 年第 6 期。

［24］ 李克强：《以改革创新为动力加快推进农业现代化》，《求是》2015 年第 4 期。

［25］ 廖周：《毛泽东的屯垦思想研究》，《农业部管理干部学院学报》2014 年第 3 期。

［26］ 廖周：《宁夏古代屯垦史的几个特点》，载《宁夏地方历史文化论丛（第二辑）》，甘肃人民出版社，2017。

［27］ 廖周：《宁夏农垦国营农场场镇发展历程及特点》，载《第二届中国古村镇保护与利用研讨会论文集》，四川大学出版社，2017。

［28］ 廖周：《我国农垦改革历程及经验》，《农业部管理干部学院学报》2016 年第 3 期。

［29］ 廖周：《现阶段解决我区自发移民问题的有关政策探析》，《中共银川市委党校学报》2012 年第 5 期。

［30］ 廖周：《新中国农垦史研究综述》，《农业部管理干部学院学报》2013 年第 2 期。

［31］ 廖周：《新中国农垦事业发展的两条重要历史经验》，《中国农垦》2015 年第 10 期。

［32］ 林恭：《银北种稻学术讨论会简况》，《宁夏农业科技》1983 年第

6 期。

［33］林子明：《改革开放是宁夏农垦种植业生产发展的巨大动力》，《宁夏农垦经济研究》1991 年第 3 期。

［34］林子明：《水稻生产在发展宁夏农垦经济中的地位》，《宁夏农垦经济研究》1988 年第 1 期。

［35］刘成果：《农业部副部长刘成果同志谈农垦经济体制改革问题》，《中国农垦》1993 年第 12 期。

［36］刘岳杰：《开沟种稻是开发利用低洼盐碱地资源的有效途径》，《宁夏农垦经济研究》1987 年第 4 期。

［37］刘振周、潘英天、张友士：《建国后的宁夏军垦始末》，《宁夏史志研究》1992 年第 4 期。

［38］柳登旺：《关于农垦企业深化改革急待解决的两个突出问题——区农垦局党委书记、局长柳登旺同志给局党委的一封信》，《宁夏农垦经济研究》1988 年第 1 期。

［39］柳登旺：《因地制宜发挥优势宁夏农垦建设 十大商品生产基地初见成效》，《宁夏农垦经济研究》1988 年第 2 期。

［40］柳登旺：《在改革中前进的宁夏农垦事业》，《宁夏农垦经济研究》1989 年第 3 期。

［41］柳建辉：《也谈中国知青史的历史分期》，《中国青年研究》1996 年第 1 期。

［42］马慧斌：《打造全域旅游的宁夏农垦样本》，《中国农垦》2018 年第 1 期。

［43］马建军：《丝绸之路"宁夏段"申报世界文化遗产预备点突出的普遍价值》，《宁夏师范学院学报（社会科学）》2010 年第4 期。

［44］马建平：《浅析宁夏枸杞生产滑坡的原因》，《宁夏农垦经济》1995 年第 4 期。

［45］马文兴：《正确认识农业形势促进农业生产持续稳定发展》，《宁

夏农垦经济研究》1991 年第 1 期。

[46] 卯明：《关于宁夏农垦的优势困境及其发展对策》，《宁夏农垦经济研究》1988 年第 3 期。

[47] 明舟：《关于宁夏农垦种植业规模经营问题的探讨》，《宁夏农垦经济研究》1988 年第 4 期。

[48] 明舟：《农垦经济在宁夏农业经济中的地位和作用》，《宁夏农垦经济研究》1987 年第 2 期。

[49] 《宁夏农垦局所属农场巩固和完善各种生产责任制的情况》，《国营农场经济研究资料》（内部资料）1981 年第 16 期。

[50] 宁夏农垦集团有限公司：《推进企业整合重组 提升主导产业市场竞争力》，《中国农垦》2018 年第 2 期。

[51] 宁夏农垦局体改办调查组：《关于我区农垦农业改革有关问题的调查报告》，《宁夏农垦经济研究》1994 年第 1 期。

[52] 宁夏农垦事业管理局：《加强和创新社会管理推进农场办社会职能改革》，《中国农垦》2012 年第 12 期。

[53] 宁夏统计局：《2013 年宁夏城镇单位就业人员平均工资继续保持增长》，《经济与统计》2014 年第 3 期。

[54] 农丁：《加快农业技术改造振兴农垦经济》，《宁夏农垦经济研究》1986 年第 1 期。

[55] 农丁：《深化农垦企业改革亟待解决的难题与对策》，《宁夏农垦经济》1995 年第 1 期。

[56] 农垦部工业局赴宁夏调查组：《宁夏农垦工业是怎样推行经济责任制的》，《中国农垦》1981 年第 11 期。

[57] 皮德义、王江鹏：《访宁夏农垦局局长柳登旺》，《中国农垦》1986 年第 6 期。

[58] 骈玉明：《宁夏农垦博物馆建成开馆》，《中国农垦》2008 年第 11 期。

[59] 钱琳：《宁夏农垦硒谷庄园实体店开业》，《中国农垦》2018 年第

3 期。

[60] 乔亚庆：《农用生产资料的价格供应及其对我区农业生产的影响》，《宁夏农垦经济研究》1988 年第 3 期。

[61] 商恺：《拨云雾见青天——报道新生事物一例》，《新闻研究资料》1982 年第 6 期。

[62] 树林：《抓住机遇加大力度把职工自营经济推向一个新的发展阶段》，《宁夏农垦经济》1995 年第 2 期。

[63] 王恩茂：《在庆祝新疆生产建设兵团成立三十周年大会上的讲话》，《党的文献》2004 年第 6 期。

[64] 王树林：《发挥技术优势 实行横向联合 提高企业经济效益》，《宁夏农垦经济研究》1991 年第 2 期。

[65] 王新候：《暖泉农场六队"两费"自理情况调查》，《宁夏农垦经济研究》1993 年第 4 期。

[66] 王宇林：《略论农垦工资中的矛盾成因及对策（上）》，《宁夏农垦经济研究》1991 年第 3 期。

[67] 王宇林：《农垦社会保险制度改革初探》，《宁夏农垦经济研究》1991 年第 2 期。

[68] 吴冠英：《对农垦企业深化改革发展经济几个问题的思考》，《宁夏农垦经济研究》1994 年第 1 期。

[69] 吴冠英：《更新观念 振奋精神 专心致志发展农垦经济》，《宁夏农垦经济研究》1993 年第 2 期。

[70] 吴冠英：《重新认识场办工业在农垦经济中的地位和作用》，《宁夏农垦经济研究》1991 年第 2 期。

[71] 吴冠英、谢玉明：《二〇〇〇年宁夏农垦工业发展展望》，《宁夏农垦经济研究》1987 年第 3 期。

[72] 湘平：《简论邓小平农垦思想的主要内容》，《毛泽东思想研究》2006 年第 3 期。

[73] 严纪彤、王柏玲：《宁夏国营农场养猪生产三十年的回顾与展望》，《宁夏农垦经济研究》1989 年第 2 期。

[74] 颜忠民：《关于邓小平农垦理论研究》，《新疆农垦经济》1999 年第 2 期。

[75] 杨贵瑚：《当前我区国营农场肥猪生产经营问题与对策》，《宁夏农垦经济研究》1987 年第 3 期。

[76] 杨贵瑚：《认真做好农垦小型商业企业承包租赁经营》，《宁夏农垦经济研究》1987 年第 4 期。

[77] 杨华：《邓小平关于兵团屯垦思想的政治智慧与实践》，《党史博采》2017 年第 1 期。

[78] 于长川：《总结经验完善财务包干制》，《宁夏农垦经济研究》1986 年第 2 期。

[79] 于学峰：《对农垦大武口建材厂产品结构调整问题的思考》，《宁夏农垦经济》1995 年第 3 期。

[80] 余里人：《解放思想是发展农垦职工自营经济的关键》，《宁夏农垦经济》1995 年第 4 期。

[81] 玉泉营农场工会：《多种经济齐发展 脱贫致富迈大步》，《宁夏农垦经济》1994 年第 2 期。

[82] 豫杰：《要重视国营农场的农业投入》，《宁夏农垦经济研究》1989 年第 3 期。

[83] 张立业：《关于我区糖厂原料短缺和效益较低的原因与对策》，《宁夏农垦经济研究》1987 年第 3 期。

[84] 张世鉴：《关于进一步完善职工家庭农场的几点意见》，《宁夏农垦经济研究》1986 年第 1 期。

[85] 张世鉴：《国营农场小城镇建设与市场体系的建立》，《农垦经济研究》1987 年第 2 期。

[86] 张世鉴：《国营农场要重视市场研究》，《宁夏农垦经济研究》

1986 年第 2 期。

［87］ 张世鉴：《加快小城镇建设是贫困农场脱贫致富的主要途径》，
《宁夏农垦经济》1995 年第 1 期。

［88］ 张中善：《关于改革农垦职工住房制度的初步设想》，《宁夏农垦
经济研究》1988 年第 1 期。

［89］ 赵斌：《我国基本医疗保险制度发展历程》，《中国人力资源社会
保障》2018 年第 1 期。

［90］ 赵柳成：《第三代中央领导集体的农垦思想》，《兵团党校学报》，
1999 年第 5 期。

［91］ 赵柳成：《第三代中央领导集体的农垦思想》，《兵团党校学报》
1999 年第 5 期。

［92］ 赵依茂、张水林：《关于发挥渠口农场苹果生产优势的意见》，
《宁夏农垦经济研究》1989 年第 1 期。

［93］ 邹晓涓：《1978 年以来中国乡镇企业发展的历程回顾与现状解
析》，《石家庄经济学院学报》2011 年第 2 期。

附　录

宁夏农垦集团机构沿革（1950～2019）

1950	51	52	53	54	55	56	57	58	59	1960	61	62	63	64	65	66	67	68	69	1970	71	72	73	74
A				甘肃省农林厅 农场管理局 1954.9～1957.4 农垦局 1957.4～1958.9				B		C	宁夏农林厅农垦局 1961.3～1963.2		宁夏农垦局 1963.2～1968.12						D	宁夏农林局农垦处 1970.3～1973.7				
中国人民解放军农业建设第一师 1952.2～1955.10															中国人民解放军生产建设兵团农业建设第十三师 1965～1970.3					中国人民解放军兰州军区生产建设兵团第五师 1970.3～1974.6				

宁夏农垦局
1973.7～1995.9

宁夏农垦管理局
1995.9～2009.7

宁夏农垦事业管理局
宁夏农垦企业（集团）有限公司
1995.9～2009.7

宁夏农垦事业管理局
宁夏农垦集团有限公司
2009.7～2014.6

宁夏农垦集团有限公司
2014.6 至今

A. 宁夏省农场管理局（1954.7.21～1954.9.9）　　B. 宁夏农林厅农垦局（1958.9～1960.2）
C. 宁夏农垦局（1960.2～1961.3）　　D. 农垦局革命领导小组（1968.12～1970.3）

注：本表部分资料来自《宁夏农垦志（1950～1988）》，宁夏人民出版社，1995，第536页附表Ⅶ-1。

宁夏农垦集团有限公司组织机构（2019）

集团内设机构

办公室（督查室、信访办）
人力资源部（党委组织部）
纪检监察部
群工部（工会、宣传文化部）
发展规划部
资产管理部
财务管理部
政策研究和法律事务部
农业发展部（农场事业部）
企业管理部（服务事业部）
市场开发部（酒业事业部）
现代牧业事业部
安全生产和质量监管部
审计部
董事监事工作部
移民办公室

事业单位

宁夏农垦农林牧技术推广服务中心

直属子公司

宁夏农垦贺兰山奶业有限公司
宁夏西夏王葡萄酒业有限公司
宁夏西夏房地产开发有限公司
宁夏农垦山牛羊产业（集团）有限公司
宁夏农垦长山头农场有限公司（长山头农场）
宁夏农垦渠口农场有限公司（渠口农场）
宁夏农垦巴浪湖农场有限公司（巴浪湖农场）
宁夏农垦连湖农场有限公司（连湖农场）
宁夏农垦灵武农场有限公司（灵武农场）
宁夏农垦玉泉营农场有限公司（玉泉营农场）
宁夏农垦黄羊滩农场有限公司（黄羊滩农场）
宁夏农垦平吉堡农场有限公司（平吉堡奶牛场）
宁夏回族自治区国营银川林场
宁夏农垦贺兰山牧业（集团）公司
宁夏枸杞企业（集团）公司（南梁农场）
宁夏农垦暖泉农牧有限公司（暖泉农场）
宁夏农垦前进农场有限公司（前进农场）
宁夏农垦简泉农场有限公司（简泉农场）
宁夏农垦贺兰山畜牧有限公司
宁夏农垦灵农畜牧有限公司
宁夏农垦平吉堡生态庄园有限公司（有限公司）
宁夏农垦勘测设计院（有限公司）
宁夏农垦培训中心（大武口建材）
宁夏农垦硒谷农产品有限公司

控股公司

宁夏沙湖旅游股份有限公司
宁夏农垦沙湖农业开发股份有限公司
宁夏农垦田野农资有限公司
宁夏农垦金融控股有限公司

参股公司

宁夏西夏嘉酿啤酒有限公司
宁夏宁垦电子商务有限责任公司
宁夏农垦华茂新能源有限公司
宁夏华农清洁能源有限公司
奇正沙湖枸杞有限公司
宁夏进宝尔乳品有限公司
酩悦轩尼诗夏桐（宁夏）葡萄园有限公司
宁夏长和翡翠葡萄园有限公司

生态移民管委会

南梁农场生态移民管委会
简泉农场生态移民管委会

资料来源：根据宁夏农垦集团网站，http://www.nxnk.com/ZZJG/NSJG/，2019年7月1日。

后　记

　　2018 年 5 月的一天，我在银川看到宁夏农垦新开的一家名为"硒谷庄园"（后来改名为宁垦农庄）的直销店，走进去看到很多既熟悉又陌生的农垦商品，说熟悉是因为"西夏王""碧宝""沙湖"等都是农垦老牌子，说陌生是因为品种和包装多数变了样。把店里的商品挨个看了一遍之后，我买了一杯"平乐宝"酸奶，这是新品，以前只喝过农垦的"平吉堡"酸奶。刚入口，我就被这香滑浓郁的纯正奶味惊艳到了。心想，这么好喝的酸奶，为啥不见宣传呢？再一想，农垦大概就是这样，没有走近就难以了解她。

　　用一句网红歌词来形容，我和农垦的缘分就是"确认过眼神，我遇上对的人"。2011 年，我通过公开招考进入农垦，在集团办公室工作，在当时巨大的就业压力下，农垦录取了我，其深情厚谊无以言表。虽然只有短短一年时间，但在这个平台，我得到的远远多于我的付出。在农垦的一年，每日清晨伴着《我们是光荣的农垦战士》等垦区特色音乐，步入民族北街 57 号办公楼，这是一种很奇妙的职场体验，企业文化会慢慢渗透到你的骨子里，以至于我此时此刻脑海里还能想起好几首农垦歌曲的旋律。

　　我到宁夏社会科学院工作后，在院领导和所领导的支持鼓励下，多数时间围绕中国农垦史写一些文章，由于诠才末学，并未取得什么成绩。搞当代史研究，组织推动是弥补个人能力不足的重要力量。2016年，我申报自治区社科规划项目获得通过，宁夏农垦史研究在自治区党委宣传部社科规划办和院党组的支持下进度加快。由于课题已经立项，我在收集资料、评审出版等重要环节都特别顺利。

在此过程中，特别感谢所有关心和支持我研究农垦史工作的领导、同事和朋友。感谢自治区档案局邢启超、张小妮、张伟芳等老师帮助查找复印档案资料。感谢宁夏图书馆参考咨询部张洪宁老师和宁夏社会科学院图资文献中心王耀老师，为我找到对课题非常有帮助的研究资料。感谢农垦同事彭春梅、钱琳帮助联络垦区各单位，收集史志资料。感谢农业农村部农垦局袁艳梅、桂丹老师的资料支持。感谢宁夏社会科学院院领导、科研处对农垦史研究给予的宽松环境、鼓励和出版支持。感谢自治区党委宣传部白超、包懿老师的关心和支持。感谢社会科学文献出版社陈颖老师对书稿润色、修改、校对所付出的艰辛劳动。感谢岳父岳母和妻子多年来对我工作的支持。感谢我的母亲，没有她一段时期帮助照料孩子吃穿上学，这项工作恐怕还要推迟更长时间。后记是我表达感恩之情的难得机会，没有什么能够比得上把大家对我的帮助说出来更为舒畅。写下此文已是出版的最后环节，我想到哪里就写到哪里，感谢并无先后。

宁夏农垦的历史，应该是一部波澜壮阔的创业史、改革史、发展史，而我可能并未把它完全呈现，内心很是惭愧。回过头来看，书稿存在诸多缺憾。一方面，由于驾驭史料的能力不足，在材料的取舍之间存在大量的主观判断，有的论述还很浅薄。另一方面，近30年的文书档案并未完全对外开放，一些重要的专题报告和会议纪要难以采用。文中引用的口述史料多已公开发表，是具有一定文化水平的农垦职工所撰写的，自己调查采访而来的很少，对于多数农垦建设者而言，他们的历史体验并没有更多地反映到文本中。此外，在当代史研究中，遵守宣传纪律和规避复杂关系是绕不开的环节，加上文字水平有限，

文中肯定存在这样或那样的问题。真诚欢迎各位读者提出批评，如有
指教请发送至邮箱 liaozhou@ pku. org. cn，见信必复。

廖　周

2019 年 9 月

图书在版编目（CIP）数据

宁夏农垦史 / 廖周著 . -- 北京：社会科学文献出
版社，2019.12
（宁夏社会科学院文库）
ISBN 978 - 7 - 5201 - 5743 - 8

Ⅰ.①宁…　Ⅱ.①廖…　Ⅲ.①农垦 - 农业史 - 宁夏
Ⅳ.①F329.43
中国版本图书馆 CIP 数据核字（2019）第 229828 号

·宁夏社会科学院文库·

宁夏农垦史

著　　者 / 廖　周

出 版 人 / 谢寿光
组稿编辑 / 陈　颖
责任编辑 / 陈　颖

出　　版 / 社会科学文献出版社·皮书出版分社（010）59367127
　　　　　　地址：北京市北三环中路甲 29 号院华龙大厦　邮编：100029
　　　　　　网址：www. ssap. com. cn
发　　行 / 市场营销中心（010）59367081　59367083
印　　装 / 三河市尚艺印装有限公司

规　　格 / 开　本：787mm × 1092mm　1/16
　　　　　　印　张：19.5　字　数：267 千字
版　　次 / 2019 年 12 月第 1 版　2019 年 12 月第 1 次印刷
书　　号 / ISBN 978 - 7 - 5201 - 5743 - 8
定　　价 / 98.00 元

本书如有印装质量问题，请与读者服务中心（010 - 59367028）联系